本书得到云南财经大学博士学术基金全额徐

U0517524

长寿风险对我国社会养老保险

财务可持续的影响及应对策略研究

周娅娜◎著

中国财经出版传媒集团

经济科学出版社

Economic Science Press

图书在版编目（CIP）数据

长寿风险对我国社会养老保险财务可持续的影响及
应对策略研究/周娅娜著 . —北京：经济科学出版社，
2020. 9
ISBN 978 - 7 - 5218 - 1883 - 3

Ⅰ. ①长…　Ⅱ. ①周…　Ⅲ. ①社会养老保险 -
风险管理 - 研究 - 中国　Ⅳ. ①F842. 612

中国版本图书馆 CIP 数据核字（2020）第 176417 号

责任编辑：于海汛　李　林
责任校对：杨　海
责任印制：李　鹏　范　艳

长寿风险对我国社会养老保险
财务可持续的影响及应对策略研究
周娅娜　著

经济科学出版社出版、发行　新华书店经销
社址：北京市海淀区阜成路甲 28 号　邮编：100142
总编部电话：010 - 88191217　发行部电话：010 - 88191522
网址：www. esp. com. cn
电子邮件：esp@ esp. com. cn
天猫网店：经济科学出版社旗舰店
网址：http://jjkxcbs. tmall. com
北京季蜂印刷有限公司印装
710 × 1000　16 开　14. 75 印张　255000 字
2020 年 11 月第 1 版　2020 年 11 月第 1 次印刷
ISBN 978 - 7 - 5218 - 1883 - 3　定价：59. 00 元
（图书出现印装问题，本社负责调换。电话：010 - 88191510）
（版权所有　侵权必究　打击盗版　举报热线：010 - 88191661
QQ：2242791300　营销中心电话：010 - 88191537
电子邮箱：dbts@ esp. com. cn）

摘　要

　　我们目前所生活的时代是一个长寿时代。纵观全球，无论作为社会整体现象，还是个人切身感受，人口平均寿命延长已是一个不可逆转的既定事实。然而，在人类欣喜于活得更长久的同时，预期寿命延长对经济社会发展，尤其是养老保险体系，带来了巨大的冲击和挑战。在特定的养老保险制度安排下，人口预期寿命的延长意味着公共养老保险成本上升，直接关系到养老保险基金的偿付能力。过去的二十多年里，预期寿命延长给西方传统公共养老保险计划举办者施加了较大压力，使他们承担了更长期、更不确定的风险，导致政府公共养老金支出严重膨胀。因此，有关长寿风险及其对养老保险制度财务可持续性的冲击逐渐成为世界性的难点问题和学术界的热点话题。

　　改革开放以来，伴随人均收入持续增加、社会政策逐步扩展和医疗卫生技术不断进步，我国居民平均预期寿命大幅提升。然而，由于我国社会养老保险发展历史较短，且长寿风险的形成又具有长期性和隐蔽性，加之受"长寿是福"等传统文化影响，社会养老保险蕴含的长寿风险问题并未引起广泛关注和重视。现行制度设计严重低估了人口预期寿命，诸多制度参数尚未构建与人口预期寿命相联动的调整机制，这不仅给我国社会养老保险制度可持续发展埋下重大隐患，而且造成政府过度集中承担了长寿风险，加大了政府财政支出压力。随着我国社会养老保险从制度全覆盖向人员全覆盖转变，人口平均预期寿命的持续增加、高龄化现象的凸显将会对社会养老保险财务可持续性带来严重挑战。鉴于此，深入研究我国社会养老保险面临的长寿风险问题，从长寿风险视角评估社会养老保险财务可持续性并提出有效的应对策略，无疑具有重要的理论价值和现实意义。

　　基于党的十九大精神，在始终把增进民生福祉作为发展的根本目的这一现实背景下，本书以我国现行的社会养老保险制度为切入点，立足于我国人口预期寿命加速增长的发展态势，以实现社会养老保险财务可持续为总体目标，综合运用经济学、人口学、精算学等多学科方法，研究我国社会养老保险面临的长寿风险问题，并探索可行的制度优化措施和应对策略，以期为促进社会养老保险积极应对长寿风险冲击、更好保障"老有所养"做出理论贡献和政策参考。

本书共分7章，各章主要研究内容和观点如下：

第1章，导论。本章主要阐述本书的选题背景、研究意义、国内外研究现状、研究思路、研究方法、主要创新点及不足。

第2章，长寿风险影响养老保险财务可持续研究的理论基础。本章主要阐述了支撑本书开展研究的相关理论基础，主要包括养老保险经济学、人口转变理论、风险管理理论和社会保险精算理论，这些理论是本书研究的基石，也是指导本书研究的理论和思想武器。

第3章，长寿风险及其对养老保险财务机制影响的理论分析。首先，厘清长寿风险的内涵、分类和特征，并将其与人口老龄化进行辨析，得出长寿风险是人口老龄化深入发展必然趋势的结论。其次，简要概述了养老保险财务机制的概念、构成及基本模式。最后，从理论上研究了长寿风险影响养老保险财务机制的传导途径，认为长寿风险可通过经济增长、养老金给付久期、参保人口数量以及微观主体行为四条途径影响养老保险财务机制，并从数理角度分析了长寿风险对三种主要公共养老保险财务机制的影响，分析指出在公共养老保险目标下无论何种财务机制都将会受到长寿风险冲击，并没有单一、完美的财务机制能化解应对长寿风险。

第4章，我国社会养老保险面临的长寿风险问题审视。首先，梳理了我国社会养老保险的演进历程，总结了现行社会养老保险制度设计的基本特征。其次，分析了我国社会养老保险面临的长寿风险现状和未来发展趋势，在此基础上，从我国人口预期寿命延长的既定事实和社会养老保险制度设计缺陷的现实约束，分析了我国社会养老保险面临长寿风险的主要原因。最后，采用我国1995～2014年31个省份的面板数据，从实证维度验证了预期寿命延长对我国养老保险支出水平的影响。研究结果表明，人口预期寿命延长与我国养老保险支出增加呈显著正向关系，已成为近年来影响我国养老保险支出水平增加的重要因素。

第5章，长寿风险对我国社会养老保险财务可持续的影响评估。本章的基本逻辑是人口预期寿命延长会对人口总量产生影响，从而导致社会养老保险参保人口数的变动，进而影响养老保险基金财务收支状况。首先，通过构建参保人口预测模型，测算了长寿风险对基本养老保险参保人口及制度抚养比的影响。结果表明，长寿风险导致了养老保险参保人口差和制度抚养比差异将会逐年增大。其次，构建养老金精算模型，在上述参保人口预测结果基础上，测算了现行制度下长寿风险对社会养老保险基金征缴收入、基金支出、当期结余和累计结余的影响，测算结果显示，预测期内长寿风险对基金总体支出规模的影响程度远远高于对基金收入规模的影响，从而导致了基金当期结余和累计结余一直保持赤字，且随着时间延长赤字规模逐年扩大，到 2050 年基金当期赤字规模和累计赤字规模将分别达到 11507.89 亿元和 101348.34 亿元，这表明在现有的基本养老保险制度安排下，制度本身无法化解和应对长寿风险冲击，基金偿付能力和制度的财务可持续性受到严重挑战。最后，通过政策模拟与敏感性分析，以期找到提升制度抗长寿风险能力的优化路径和政策，为本书后续提出的对策建议提供依据。

第 6 章，社会养老保险应对长寿风险的国际经验及启示。首先，从全球视角出发，归纳总结了国际社会养老保险防范和化解长寿风险的改革趋势，指出将预期寿命与养老保险挂钩是国际社会养老保险应对长寿风险改革的重要创新举措。其次，分析了德国、智利、瑞典和日本四个典型国家公共养老保险应对长寿风险的改革实践与经验。最后，基于上述分析总结了提升我国社会养老保险制度应对长寿风险能力的启示：一是社会养老保险应对长寿风险的改革应立足国情，因地制宜；二是加快发展第二三支柱养老保险；三是构建与预期寿命相关联的自动调整机制。

第 7 章，我国社会养老保险应对长寿风险的政策思路和对策建议。在明确我国社会养老保险防范化解长寿风险总体思路、基本目标和原则的前提下，从加快推进社会养老保险制度优化步伐、建立养老保险与预期寿命相联动的调整机制、大力发展补充养老保险、建立社会养老保险精算管理系统、强化养老保险基金投资运营、建立国有资本充实社保基金长效机制、鼓励老年人口就业七个方面提出了提升我国社会养老保险防范化解长寿风险能力的对策建议。

本书可能的创新之处有：（1）本书重点探讨了长寿风险对我国社会养老保险财务可持续发展的影响，拓宽了我国社会养老保险可持续发展研究的视野领域。如何提升养老保险可持续发展能力是世界各国公共养老保险面临的重大难题，目前关于养老保险可持续发展问题的研究，较多是基于人口老龄化特别是生育率视角展开的，而从长寿风险视角进行的研究则较为稀缺。本书将长寿风险纳入养老保险可持续发展分析框架，从一个新的视角深入探究了我国社会养老保险的财务可持续性问题，并提出了相应的防范应对策略和解决方案。因此，本书研究是一个新的有益尝试。（2）本书注重从理论研究上剖析长寿风险对养老保险财务机制的影响机理，探索了长寿风险对公共养老保险财务机制影响的传导途径。同时结合我国社会养老保险制度运行现状，从制度分析视角，探讨了长寿风险对我国社会养老保险财务可持续影响的程度并提出了有较强针对性的对策建议。此外，本书还从多层次养老保障体系视角分析了其对长寿风险分散和转移的影响，而上述分析也少见于前期国内研究中。（3）本书从实证上检验了预期寿命延长与我国养老保险支出增加的正相关性，在此研究基础上结合城镇职工基本养老保险，综合预测分析了长寿风险对养老保险基金收入、基金支出和基金收支缺口的影响，从定性与定量的结合上探讨了长寿风险对社会养老保险基金长期平衡的影响程度。

目　录

第1章　导论 ………………………………………………… 1

　　1.1　选题背景和研究意义 ………………………………… 1
　　1.2　相关文献研究综述 …………………………………… 7
　　1.3　研究思路、内容及研究方法 ………………………… 15
　　1.4　可能的创新点与不足 ………………………………… 20

第2章　长寿风险影响养老保险财务可持续研究的理论基础 ……… 22

　　2.1　养老保险经济学 ……………………………………… 22
　　2.2　人口转变理论 ………………………………………… 25
　　2.3　风险管理理论 ………………………………………… 27
　　2.4　社会保险精算理论 …………………………………… 30

第3章　长寿风险及其对养老保险财务机制影响的理论分析 ……… 33

　　3.1　长寿风险的内涵和外延 ……………………………… 33
　　3.2　社会养老保险财务机制的理论阐释 ………………… 45
　　3.3　长寿风险对社会养老保险财务机制影响的理论分析 … 52

第4章　我国社会养老保险面临的长寿风险问题审视 ……… 65

　　4.1　我国社会养老保险的演变历程及现行制度设计 ……… 65
　　4.2　我国社会养老保险面临的长寿风险现状与趋势 ……… 75
　　4.3　我国社会养老保险面临长寿风险的主要原因分析 …… 80
　　4.4　预期寿命对我国养老保险支出影响的实证
　　　　分析——基于省级面板数据 ………………………… 99

第5章　长寿风险对我国社会养老保险财务可持续的影响评估 ……… 110

　　5.1　长寿风险影响我国社会养老保险财务可持续的分析框架 …… 110

　　5.2　长寿风险对我国社会养老保险参保人口的影响 ………… 113

　　5.3　长寿风险对我国社会养老保险财务状况的影响 ………… 125

　　5.4　政策模拟与敏感性分析 ………………………………… 132

第6章　社会养老保险应对长寿风险的国际经验及启示 …………… 144

　　6.1　社会养老保险防范化解长寿风险的改革趋势 …………… 144

　　6.2　典型国家社会养老保险应对长寿风险的改革实践与经验 … 158

　　6.3　社会养老保险应对长寿风险的国际经验对中国的启示 … 182

第7章　我国社会养老保险应对长寿风险的政策思路和对策建议 …… 186

　　7.1　我国社会养老保险应对长寿风险的政策思路 …………… 186

　　7.2　我国社会养老保险应对长寿风险的对策建议 …………… 189

参考文献 ……………………………………………………… 206

附录1　两个基准情形下基本养老保险参保人口及参保人口
　　　　结构预测 ………………………………………… 219

附录2　两个基准情形下基本养老保险基金收支状况预测结果 ……… 225

后记 …………………………………………………………… 228

第 *1* 章

导　论

1.1　选题背景和研究意义

1.1.1　选题背景

如何让人类活得更长久、更健康，是全世界人类共同追求的目标，人类生存寿命长短已成为衡量社会进步的重要指标之一。纵观全球，无论作为社会整体现象，还是个人切身感受，全球人口平均寿命延长已是不争的事实。从 18 世纪工业革命开始，得益于经济水平的发展、医疗技术的进步特别是流行病学的发展，以及细菌治病理论研究的重大突破，人类的生活水平得到了大幅度提高，世界人口的死亡率得到了明显的改善，全球化带来的新药物、新疗法，让更多人得以保住性命，人类存活的时间跨度明显延长。1950~1955 年全球新出生人口的平均预期寿命仅为 46.81 岁，而 2015~2020 年达到 71.66 岁，预计到 2100 年将达到 83.16 岁。虽然目前人口预期寿命还存在地区差异，北欧、北美等发达国家和地区人口预期寿命明显高于亚洲和非洲地区，但整体上都呈现出上升趋势，且随着时间推移地区间的人均预期寿命差异在逐渐缩小（见图 1-1）。

此外，人口预期寿命不仅体现在出生时预期寿命的延长，还表现为老年人口剩余寿命的不断延长（见图 1-2），1950~1955 年全球 60 岁人口的剩余寿命只有 14 岁，如今已增加到 20.65 岁，预计到 21 世纪末将达到 26 岁。

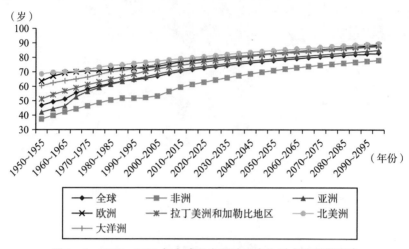

图1-1 1950~2100年全球及主要地区出生时人均预期寿命

资料来源：联合国人口司数据，https：//esa. un. org/unpd/wpp/，预测数据为中方案。

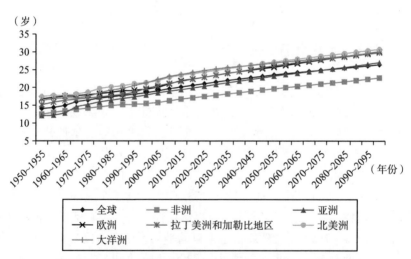

图1-2 1950~2100年全球及主要地区60岁人口剩余寿命

资料来源：联合国人口司数据，https：//esa. un. org/unpd/wpp/，预测数据为中方案。

人类预期寿命的显著增加，这是现代社会取得的巨大成就之一。然而，在人类欣喜于活得更长久的同时，这一趋势对经济、社会和卫生政策，尤其是养老保险体系，构成了巨大的挑战[1]。在西方发达国家建立养

---

① Whitehouse, E. R., Life - Expectancy Risk and Pensions: Who Bears the Burden? [R]. Social, Employment and Migration Working Paper, No. 60, OECD Publishing, Paris, 2007.

老保险制度初期，能达到退休年龄享受养老金待遇的只是少数幸运儿，而现如今养老保险制度覆盖下的绝大多数人都能享受这一权利，且个人领取养老金的平均时间在不断增加。在政策不改变的情况下，寿命的延长意味着公共养老保险①的成本上升，特别是近些年来退休年龄剩余寿命的超预期延长，给传统社会养老保险体系中的养老金计划举办者施加了较大的压力②，让他们承担了更长期、更不确定的风险，已导致政府公共养老金支出严重膨胀③。有研究资料表明，在英国 0 岁人口预期寿命被低估 1 年，养老金支出水平（公共养老金支出占 GDP 的比重）将会平均增加 0.3%④，65 岁人口剩余寿命被低估 1 年，养老金负债的现值估计至少增加 3%⑤，同时，瑞再报告也指出如果人口预期寿命每增加 1 年，则会额外增加退休金计划 5% 的费用（Tamm and Kirova，2011）。从以上的数据可以清晰看出预期寿命改善对养老保险计划的影响是严峻的，是不容小觑和忽视的。在既定的养老保险制度安排下，随着预期寿命的持续性改善，社会养老保险的财务平衡将会出现重大危机，若不加以重视会给养老保险制度的可持续发展带来极大威胁。降低退休一代的养老金待遇水平或大幅度提高在职一代的缴费水平，不仅在政治上缺乏可行性，同时会对经济效率产生扭曲。因此，在过去的二十多年里，有关长寿风险及其对养老保险制度财务可持续性的冲击逐渐成为了世界性的难点和热点问题，为了回应长寿风险这一世界性的难题⑥，寻求养老保险基金的财务可持续运行，西方发达国家纷纷通过积极进行公共养老保险制度改革来缓解由于寿命持续性改善而带来的财政支付压力。

聚焦于我国来看，改革开放以来，我国人口预期寿命也得到了大幅度提高。通过对历次人口普查数据的梳理可知我国人口预期寿命延长的趋势保持跟国外一致的路径，预期寿命延长在我国也是一个不可逆转的既定事实。

---

①　在国外将政府举办的养老保险通常称为公共养老保险，而在国内将其称为社会养老保险，两者是同一概念，在文中两者互换使用，此外，若无特别说明，文中的养老保险计划或养老金计划均指社会养老保险。

②　由于预期寿命延长的不确定性使得计划退休的个人不确定他们要活多久，他们需要为退休后的消费提供多少资金，以及他们将得到多少政府支持；而政府和企业若向其雇员和国民承诺过高的养老金待遇水平，则会导致不可持续的预算。

③　苏潘. 名义账户制及其对改革战略的影响，载罗伯特. 霍尔茨曼等著，郑秉文等译. 名义账户制的理论与实践——社会保障改革新思想［M］. 北京：中国劳动保障社会出版社，2009.

④　数据来源于：欧盟委员会和经济政策委员会 2009 年的老龄化报告。

⑤　Biffis, E. and D. Blake, Mortality - Linked Securities and Derivatives［R］. Discussion Paper PI - 0829，The Pensions Institute，Cass Business School. 2009.

⑥　曾燕，郭延峰，张玲. 基于长寿风险与 OLG 模型的延迟退休决策［J］. 金融经济学研究，2013（4）.

新中国成立时全国人口的预期寿命只有 44.59 岁①，1981 年达到 67.77 岁（男性为 66.28 岁，女性为 69.27 岁），1990 年达到 68.55 岁（男性为 66.84 岁，女性为 70.47 岁），2015 年人口预期寿命进一步增加达到 76.34 岁（男性为 73.64 岁，女性为 79.43 岁），其中北京、上海等地的人口预期寿命已超过 80 岁，达到了发达国家的水平。短短三十多年间，我国人口平均预期寿命提高了 8.57 岁，并且这一增长趋势还在进一步延续。

我国传统的养老保险制度建立于 20 世纪 50 年代初，为了适应经济改革的步伐，从 90 年代初开始进行了一系列的改革和完善。经过 20 多年的发展，我国养老保险制度无论从质上还是从量上都取得了巨大的成就，为数以万计的退休职工提供了老年收入保障，化解了他们的养老后顾之忧，也为促进国家经济建设、保证社会的良性运转提供了"安全网"和"稳定器"。伴随着我国养老保险制度不断完善走向成熟，我国养老保险基金的支出也在大幅度提高（见图 1-3）。在 1990 年我国基本养老保险支出总额为 149 亿元，2000 年达到 2116 亿元，10 年间养老金的支出增加了14.2 倍，2010 年养老金支出总额突破了万亿元大关，达到了 10755 亿元，相对于 2000 年的水平来说翻了 5 倍，此后我国养老金支出总额一直保持万亿元规模，2017 年支出总额已达到 40424 亿元。不仅养老金支出的

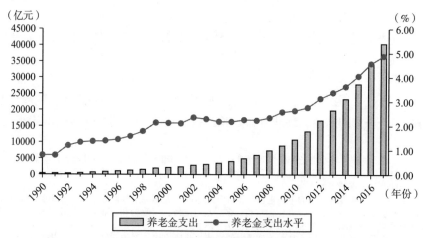

图 1-3 1990~2017 年我国养老金支出情况

资料来源：《中国劳动统计年鉴》《中国统计年鉴》，经作者整理。

---

① 王晓军，赵明. 寿命延长与延迟退休：国际比较与我国实证［J］. 数量经济技术经济研究，2015（3）.

绝对数在增加，养老金支出占 GDP 的比重在相同时间段也呈现出总体上升的趋势，1990 年养老金支出占 GDP 的比重仅为 0.8%，2000 年达到 2.12%，2008 年以来上升速度明显加快，2010 年达到 2.63%，2017 年支出水平进一步提高已接近 5%。

党的十九大报告提出："要增进民生福祉，在老有所养上不断取得新进展，保证全体人民在共建共享发展中有更多获得感"；同时，十九大报告还提出："加强社会保障建设，全面实施全民参保计划"。可见，为了增进民生福祉，更好保障老有所养，需要逐步扩大养老保险覆盖面，基本形成人人享有社会养老保险的格局，需要养老保险待遇充足且能分享经济发展成果。在此目标下，国民整体预期寿命的持续改善必然会对我国社会养老保险的财务负担能力提出更高要求。然而，我国社会养老保险由于发展历史较短，加之受传统"寿文化"影响，长寿风险在我国目前并未受到广泛重视和关注，现有社会养老保险运行的诸多制度因素缺乏对人口寿命延长的动态调整，与全球相比，我国长寿风险更加严重且已成为我国养老保险体系面临的主要风险之一[①]。因此，在长寿风险背景下，如何防范化解社会养老保险蕴含的长寿风险，提升制度可持续发展能力，更好保障老有所养已成为一个迫切需要研究的问题。

基于此，本书以我国现行的社会养老保险制度为切入点，立足于我国人口预期寿命加速增长的背景，以实现我国社会养老保险财务可持续发展为总体目标，综合运用多学科方法，着重围绕解答以下几个问题：我国社会养老保险产生长寿风险的原因是什么？它对我国养老保险财务可持续发展会产生什么影响？影响程度如何？以及存在哪些潜在的可行应对措施？

1.1.2 研究意义

1. 理论意义

进入 21 世纪，伴随着长寿时代的来临，长寿风险才逐渐进入人们的研究视域。相比国外，我国长寿风险及其管理的理论研究相对滞后，处于研究的起步阶段，存在很多研究真空地带和盲点。从文献搜索来看，目前对长寿风险的研究主要集中在"长寿风险对企业年金的影响""商业保险

① 王晓军，姜增明. 长寿风险对城镇职工养老保险的冲击效应研究 [J]. 统计研究，2016 (5).

公司长寿风险管理"以及"长寿风险证券化"等方面，缺乏基于公共养老保险领域视角来探讨长寿风险及其管理的系统化研究。在养老保险可持续发展研究方面，虽然有众多学者进行了大量的研究，但研究的主要基调都是基于人口老龄化特别是生育率视角展开，鲜有研究关注长寿风险对社会养老保险财务可持续性的影响。本书将长寿风险纳入社会养老保险领域，一方面，从长寿风险的视角研究了我国社会养老保险的财务可持续性问题，厘清了长寿风险对养老保险财务机制的影响机理和传导途径，丰富了我国养老保险可持续发展研究的视野领域。另一方面，深挖了引致我国社会养老保险长寿风险产生的深层次原因，并且从全球视角出发，归纳总结了社会养老保险防范化解长寿风险的国际改革趋势以及典型国家应对长寿风险的改革实践经验，为我国社会养老保险寻找防范化解长寿风险的应对之策提供了可借鉴的改革思路和理论依据，弥补了我国社会养老保险长寿风险及其管理研究的薄弱环节。

2. 现实意义

养老保险待遇的终身年金给付方式使得养老保险支出成本对人口预期寿命变化较为敏感，长寿风险的存在会使得养老金支出超预期增长，影响养老保险基金收支平衡，进而会加大政府的财政支出压力，最终对经济长期稳定和社会长久和谐产生严重影响。为此，党在十八届三中全会《中共中央关于全面深化改革若干重大问题的决定》中明确指出："建立更加公平可持续的社会保障制度，实现基础养老金全国统筹，坚持精算平衡原则，研究制定渐进式延迟退休年龄政策"，[①] 以及在党的十九大报告明确提出的："按照兜底线、织密网、建机制的要求，全面建成覆盖全民、城乡统筹、权责清晰、保障适度、可持续的多层次社会保障体系。尽快实现养老保险全国统筹"[②] 等重要内容，均与应对养老保险长寿风险密切相关，因此，有必要对这一问题进行全面深入系统的研究。本书运用数理人口模型、计量方法以及预测模型，从实证角度评估了长寿风险对我国基本养老保险财务可持续的影响，并在此基础上，将国际公共养老保险防范化解长寿风险的经验启示与我国具体国情相结合，提出了防范化解我国社会养老保险长寿风险的政策思路和对策建议，以期实现提升我国社会养老保险可持续发展能力，从而更好保障老有所养。

---

①② 　中华人民共和国中央人民政府门户网站，http：//www.gov.cn。

1.2　相关文献研究综述

1.2.1　关于长寿风险的研究

1. 长寿风险的理论研究

（1）长寿风险的定义。目前国际上对长寿风险尚未有统一的定义，主要存在以下几种界定：①将长寿风险定义为个人或总体人群未来的平均实际寿命高于预期寿命产生的风险（MacMinn，2006；Stallard，2006；Brown et al.，2006），这是国外学术界占主流的长寿风险定义，并且认为长寿风险主要由波动风险（Volatility Risk）、死亡率水平风险（Mortality Level Risk）和死亡率趋势风险（Mortality Trend Risk）三个风险因素构成（Zugic et al.，2010），波动风险和死亡率水平风险可利用大数法则和多元化投资消除或降低，趋势风险无法进行有效管理（Blake et al.，2009）。②将长寿风险定义为预期寿命延长或死亡率下降的不确定性（Antolin，2007），这种界定强调了长寿风险与死亡风险相类似，都是来源于不确定性风险，主要体现为对群体未来死亡率的趋势变化状况无法进行精准估测。③认为长寿风险是一个经济风险概念，从经济学的视角来进行界定，例如美国国家经济研究局在 2006 年的金融创新报告中指出长寿风险就是活得时间太长，但储蓄太少、退休太早，以及钱花得太快。瑞士再保险公司 2007 年研究报告则将长寿风险定义为个人或群体的寿命延长，但没有为生活提供经济保障而带来的风险①。④从更宽泛的视野定义长寿风险，认为长寿风险与队列或一代人预期寿命长度的增加有关（Whitehouse，2007）。国内学者关于长寿风险的界定也多沿袭了上述的观点，段白鸽（2015）、周志凯（2009）、王云波（2011）等学者认为长寿风险是实际生存寿命（余命）超过预期寿命（余命）的风险。黄顺林和王晓军（2011）认为长寿风险是死亡率长期下降的不确定性。尚勤等（2009）、高全胜等（2011）、李志生等（2011）、郭金龙（2013）等则从寿命的延长或偏离与

---

① 瑞士再保险公司. 年金：长寿风险的私营解决方案 [J]. Sigma，2007（3）.

养老经济保障相结合的视角来对长寿风险进行界定，金博轶（2013）认为长寿风险就是预期寿命增加给养老金或保险公司带来的风险。李佳（2015）则认为预期寿命的增加就是长寿风险。

（2）长寿风险研究中的死亡率预测。死亡率预测是养老保险计划财务安排的基础，对养老保险的财务可持续具有重要作用，长寿风险主要来源于人口预期寿命的意外性变动，因此对长寿风险度量的关键是对死亡率进行建模并预测[①]。在死亡率的预测研究中主要存在三种类型的死亡率预测模型，第一类是基于生物医学的方法，试图从医疗场景中构建未来的死亡率，但这种方法会持续性的低估预期寿命；第二类是因果模型，主要基于影响死亡率的社会经济因素着手对未来死亡率进行预测；第三类是目前死亡率预测中应用最为广泛的方法——死亡率趋势外推模型，其主要基于历史的死亡率数据进行建模，通过拟合模型进行趋势性外推，最终得到未来死亡率的预测值，此类模型被广泛用于保险公司的年金产品定价、准备金提取以及保险公司长寿风险度量和管理等方面。从趋势外推模型的发展历程及特征来看，这类模型的发展经历了静态模型、动态模型和连续模型三个阶段，有关的模型如表1-1所示。

表1-1 死亡率趋势外推模型

模型		研究者	特点	不足
静态模型	De Moivre 模型	德莫渥（De Moivre）	模型形式简洁，使用简单、便利	未考虑死亡率随时间变动的因素
	Gompertz 模型	龚珀茨（Gompertz）		
	Makeham 模型	马克哈姆（Makeham）		
	Weibull 模型	威布尔（Weibull）		
	HP 模型	海利格曼（Heligman et al.）		
离散型随机动态模型	Lee-Carter 模型	罗纳德·李（Ronald Lee），劳伦斯·卡特（Lawrence Carter）	考虑了死亡率随时间变动的因素，可求出死亡率的预测值及区间估计	随机性分析不充分，对死亡率复杂变动的刻画仍在进一步完善中
	多因素年龄—时期模型	伦肖（Renshaw），哈伯曼（Haberman），凯恩斯（Cairns），布莱克（Blake），多德（Dowd）		

① 金博轶.动态死亡率建模与年金产品长寿风险的度量——基于有限数据条件下的贝叶斯方法［J］.数量经济技术经济研究，2012（12）.

续表

模型		研究者	特点	不足
离散型随机动态模型	Renshaw – Haberman 队列效应模型	伦肖（Renshaw），哈伯曼（Haberman）	考虑了死亡率随时间变动的因素，可求出死亡率的预测值及区间估计	随机性分析不充分，对死亡率复杂变动的刻画仍在进一步完善中
	Cairns – Blake – Dowd 队列效应模型	凯恩斯（Cairns），布莱克（Blake），多德（Dowd）		
	P—样条函数模型	科里（Currie）		
连续型随机动态模型	短期死亡率模型	米列夫斯基（Milevsky），达尔（Dahl），比菲斯（Biffis），凯恩斯（Cairns），布莱克（Blake），多德（Dowd），亨德曼（Hyndman）	对死亡率描述更加充分	计算较复杂，模型在生物学上的合理性有待进一步研究
	远期死亡率模型			

资料来源：王晓军，蔡正高．死亡率预测模型的新进展［J］．统计研究，2008（9），经作者整理。

　　表 1 − 1 的三类趋势外推模型中，静态模型是死亡率预测最初采用的方式，它仅考虑了死亡率的年龄效应，通常此类模型仅用于对历史死亡率数据进行拟合，很少用于未来死亡率的预测。动态模型是在静态死亡率模型的基础上考虑了时间变动对死亡率的影响，特别是 Lee – Carter 模型由于其使用的简便性和良好的拟合性[①]成为了目前最成功，也是理论和实践中使用最多的死亡率预测方法[②]。虽然很多文献针对 Lee – Carter 模型存在的缺陷进行了系列改进和扩展，但改进后的模型由于使用上过于复杂，在实践中并没有得到广泛的应用。连续随机死亡率模型是在借鉴了金融领域的远期利率模型、市场利率模型等连续模型的基础上发展而来的，在实际技术操作中通常用一个或多个布朗运动，或者采用跳跃过程作为布朗运动的替代或补充来模拟死亡率变化。虽然连续随机死亡率模型对死亡率的描述更加充分，但模型本身的计算也越来越烦琐，加之其发展的历史较短，模型的长期动态变化在生物学上的合理性及模型预测结果的稳健性方面都有待进一步深入研究[③]。

[①] 大量研究文献都表明 Lee – Carter 模型能很好拟合很多国家的死亡率数据（Lee et al.，1994；Wilmoth，1996；Tuljapurkar et al.，2000）
[②] 胡仕强．长寿风险的影响及其应对策略研究［M］．杭州：浙江大学出版社，2016：25.
[③] 李志生，刘恒甲．Lee – Carter 死亡率模型的估计与应用［J］．中国人口科学，2010（3）.

在国内，学者们大多关注于动态死亡率模型，且偏重于 Lee - Carter 模型的应用研究。主要研究文献包括：卢仿先等（2005）基于 Lee - Carter 模型预测了未来 11 年我国男性人口的死亡率和男性新生儿的预期寿命。祝伟和陈秉正（2009）采用 Lee - Carter 模型，假设死亡人数服从 Poisson 分布，对我国城市人口分性别的未来死亡率进行了预测。李志生和刘恒甲（2010）比较分析了 Lee - Carter 模型四种拟合方法及其预测效果，研究指出加权最小二乘法（WLS）的拟合预测效果最优。韩猛和王晓军（2010）将一个双随机过程引入 Lee - Carte 模型中对时间项进行拟合，并在此基础上预测了我国城市人口分性别和年龄的死亡率。王晓军和黄顺林（2011）比较分析了包括 Lee - Carter 模型在内 7 个随机死亡率模型的拟合效果，研究结果表明拟合效果最好的是基于 CBD 的一种扩展模型，并基于该模型预测了我国男性人口死亡率。王晓军和任文东（2012）基于韩猛等（2010）提出的"双随机过程"建模的基础上，构建了有限数据下我国人口死亡率的预测模型，并基于此预测了未来死亡率变动趋势和人口寿命。金博轶（2012）基于我国男性人口死亡率的历史数据，采用贝叶斯方法通过 MCMC 抽样对 Currie 模型的参数进行估计，并运用该模型预测了我国男性人口的未来死亡率。吴晓坤和王晓军（2014）利用泊松最大似然估计 Lee - Carter 模型参数，并在此基础上附加再抽样方法对模型参数、死亡率及其他相关变量进行再抽样估计和预测。曾燕等（2016）基于 1998 ~ 2009 年我国分年龄组人口死亡率数据，比较分析了 Lee - Carter 模型的三种拟合方法效果，在最优方法（加权最小二乘法）下，利用残差 Bootstrap 方法对所有参数进行了区间估计，并检验了模型参数的稳健性，在此基础上给出了死亡率预测均值及死亡率预测值的置信区间。

2. 保险领域的长寿风险研究

（1）商业保险领域的长寿风险研究。国外学者对商业保险领域长寿风险的研究主要聚焦于对保险公司寿险产品，特别是年金产品长寿风险的量化和管理。在长寿风险的量化方面通常采用负债现值贴现（考虑长寿风险对负债的影响，主要关注于长寿风险对年金投资组合未来给付现值概率分布的影响）、资金比例波动（考虑长寿风险对资产的影响，主要关注于长寿风险对养老金资金不足概率的影响）、偿付能力（同时考虑了长寿风险对资产和负债的双重影响，主要关注于长寿风险对联结长寿债券的投资组合破产概率的影响）三种量化方法，相关文献见奥利维耶里（Olivieri，

2001）、奥利维耶里等（Olivieri et al.，2003）、史蒂文斯（Stevens，2010）等，而在长寿风险的管理方面，一部分学者（Blake et al.，2006；Blake et al.，2008；Biffis and Blake，2010；Linfoot，2010）提出可以通过传统再保险的方式管理长寿风险，即通过增大风险池的方式寻求长寿风险在更大范围内的转移和分担。另一部分学者（Milevsky et al.，2001；Cox and Lin，2007；Wang et al.，2010；Gatzert and Wesker，2012；Barrieu et al.，2012；Chan et al.，2014）提出长寿风险自然对冲的解决方案，即利用保险公司年金保险产品与死亡保险产品对死亡率改善的交互影响，通过合理设置两者的承保比例以此实现保险公司对长寿风险的自然对冲。还有部分学者（Lin and Cox，2005；Cowleyet al.，2005；Dowd et al.，2006；Coughlan et al.，2007等）研究了长寿风险证券化的风险管理手段，包括长寿债券、长寿互换、q远期等金融衍生产品，以期通过相关的金融产品设计实现保险公司长寿风险向资本市场的转移。

在国内，学者们最早关注的也是商业保险领域的长寿风险问题，但研究起步明显晚于国外。早期的文献侧重于对保险公司长寿风险的定性研究，主要介绍国外保险公司应对长寿风险的经验以及对国外长寿风险研究进展进行梳理和评述，相关文献见李雪艳（2007），刘安泽等（2007），陈秉正、祝伟（2008a）等。近些年来，相关的研究成果逐渐增多，研究范式也逐渐从定性研究向定量研究转移，但就研究重点来看仍然与国外相似，偏重于对保险公司年金保险产品的长寿风险量化和管理。其中长寿风险量化方面的主要文献包括杜鹃（2008），祝伟和陈秉正（2008b），金博轶（2012），韩猛和王晓军（2013），赵明和王晓军（2015），段白鸽和陆婧文（2015），王志刚和王晓军等（2014）等。而在保险公司长寿风险管理方面，主要集中讨论了长寿风险自然对冲和长寿风险证券化两种解决方案，对前者解决方案的研究主要涉及以下文献：黄顺林和王晓军（2011），金博轶（2013），魏华林和宋平凡（2014），胡仕强（2014），曾燕和曾庆邹等（2015），高全胜（2015）等，而对后者解决方案的研究文献主要包括余伟强（2006），秦桂霞等（2008），谭召辉等（2010），艾蔚（2011），谢世清（2011），田梦和邓颖璐（2013），谢世清（2014），谢世清和郏雨薇（2015）等。

（2）社会养老保险领域的长寿风险研究。较之商业养老保险领域长寿风险的丰硕研究成果，令人惊讶的是，社会养老保险领域的长寿风险问题并没有引起太多的关注，无论在国外还是国内相关的文献都很少。

汤普森（2003）认为达到退休年龄雇员的剩余寿命延长，则不论哪一种养老保险模式，只要养老金给付水平保持不变，那么养老保险体制的成本负担必然加重。就业期间死亡率降低对于养老金待遇水平的影响程度，在缴费确定型、个人账户模式与现收现付模式下是不一样的。对个人账户模式，死亡率降低的直接后果是每月领取的退休金水平降低；对现收现付制模式，死亡率降低导致财务危机。安德森（Andersen，2005）通过构建随机预期寿命和内生退休的 OLG 模型研究了社会保障应对寿命延长改革涉及到的代际分配和风险分担问题，研究指出随着人口预期寿命的延长，个人最优的退休年龄应该与预期寿命成正比，此外，为了应对寿命延长个人应提前储备好资金，即使所有代的效用都与客观贴现率相等。特纳（Turner，2007）考察了 20 世纪 90 年代以来，世界各国在社会保障制度和雇主提供的养老金计划中引入自动调整机制的经验，并指出自动调整机制的引入既能减少公共养老保险制度的破产风险，解决养老保险的可持续性问题，也能解决公共养老保险制度的政治风险。怀特豪斯（Whitehouse，2007）研究了公共养老金计划引入预期寿命自动调整机制后长寿风险的代际分担问题。作者采用 Lee - Carter 模型预测了 OECD 国家未来 50 年的预期寿命，并在此基础上分析了不同预期寿命预测情境下的养老金权益以及长寿风险如何在退休人员和公共养老金计划提供者之间进行分摊。研究结果显示在公共养老金计划中引入预期寿命自动调整机制的 13 个 OECD 国家中，长寿风险实现了转移，个人退休者承担了不同程度的长寿风险，而在其他 17 个未引入自动调整机制的国家中公共养老金计划的长寿风险仍由政府承担。安德森（Andersen，2007）基于假设所有存活代人都能改变社会保障计划的假设下，引入 OLG 模型，在此框架下探讨了如何进行现收现付制的社会保障计划改革以适应寿命增加的变化。作者认为简单地将养老金待遇和退休年龄进行寿命指数化并不能确保社会保障体系的可持续，且会面临艰难的政治选择，指出应通过立法的途径来解决这一难题，一旦以立法的形式确定下来，未来几代人都没有改变社会保障计划的动机，参保者的供款、养老金待遇和退休年龄将取决于寿命的变化，所有活着的后代都分担因寿命延长而产生的调整负担。比塞蒂和法维罗（Biseetti and Favero，2014）认为养老金制度的长寿风险是低估预期寿命导致养老金支出总额的意外增加，可以通过养老金支出总额的上限与支出总额的平均值之间的差异衡量长寿风险。作者以意大利的养老金制度为研究对象，评估了意大利未来 38 年的养老金制度的长寿风险，指出在 2040～2050 年，意大利养老金制度的长寿风险将高达同期 GDP 的 40%。马丁·博耶尔等（Martin Boyer et al.，2014）基于 CBD 双因素随机死亡率模型的预测值，测量了加拿大皇家骑警退休金计划的长寿风险，作者认为为了应对长寿风险冲击，应增加养老基金储备 6% ~ 9%，这取决于养老金计划的到期时间、受益人结构以及事先确定的待遇水平。

在国内，对社会养老保险领域的长寿风险研究还未引起足够的关注和重视，早期的文献主要集中于研究城镇职工基本养老保险个人账户的长寿风险问题，近几年来也有部分学者关注统筹账户的长寿风险，但总体上来看对该领域的研究涉及的文献还很少。首先，研究个人账户长寿风险的文献主要包括：田玥（2009）采用社会保险精算方法，通过构建基本模型和个人账户可继承性模型研究了长寿风险对我国个人账户的影响，并对一些重要的制度参数进行了敏感性分析，在此基础上借鉴国际典型经验，提出了我国个人账户应对长寿风险的对策建议。王晓军和黄顺林（2011）在对我国男性人口死亡率预测的基础上，评估了我国养老保险个人账户在领取阶段的长寿风险，作者认为个人账户中的长寿风险不容忽视，需重视死亡率的未来变化趋势，采取措施应对长寿风险。艾蔚（2012）通过 Lee - Carter 模型预测预期寿命的变化，研究了死亡率改进对个人账户基金缺口的影响，结果显示死亡率的改进与预期寿命的延长使得个人账户缺口更为显著。金博轶（2013）运用带有惩罚的泊松对数双线模型预测预期寿命的变化，研究了预期寿命变化对个人账户养老金的影响，作者认为由于现有生命表低估了未来人口死亡率的改进使得养老金机构面临非常显著的长寿风险，随着我国人口寿命的增加将会使个人账户养老金产生亏空，且亏空的程度将随着时间的推移而加深。张勇（2014）基于"消费 - 年龄"曲线生命周期的特征，分别构建没有政府补贴和具有政府补贴两种情况下的个人账户养老金调整机制的精算模型，实证分析研究了寿命不确定下的个人账户养老金待遇调整机制。作者认为由于退休者的生存概率曲线能够刻画退休者的"消费 - 年龄"曲线，因此在制定个人账户养老金待遇的调整策略时可依据退休者的生存概率曲线来拟合，这种调整策略在上述两种调整机制下都会提高个人账户资产中的养老金比重，降低遗产比重，从而能实现退休者效用最大化，且有利于提高养老金的使用效率。其次，研究我国城镇职工养老保险或社会养老保险长寿风险问题的文献主要有：金博轶（2013）探讨了死亡率动态变化情况与最优退休年龄的确定问题，讨论了弹性退休计划对养老金收支平衡的影响。曾燕等（2013）基于宏观经济分析框架，研究指出在长寿风险暴露下，个人的最优决策是延迟退休，这样会使社会总体效用达到最大化。付秀峰（2015）在假定个人账户基金和社会统筹基金互不连通的前提下对我国城镇职工养老保险长寿风险进行了研究，认为人口预期寿命提高引起的赡养率变化与统筹基金长寿风险规模密切相关。王晓军和姜增明（2016）借助金融机构偿付能力资本需求 VaR 的思想，评估了未来 35 年长寿风险对我国城镇职工养老保险的冲击效应。胡仕强（2016）将长寿风险纳入连续时间的 OLG 模型，分析了长寿风险对我国社会养老保险各相关变量的比较静态冲击，并在此基础上构造了 5 张新的动态生命表，数值模拟了长寿风险对社会养老保险制度的冲击程度。

1.2.2　关于养老保险可持续发展的研究

对养老保险可持续发展的相关文献进行梳理，发现国内外大多数学者都主要关注人口老龄化对养老保险制度可持续发展影响这一主题，通过揭示人口老龄化对养老保险制度影响的机理，探讨如何优化制度实现养老保险的可持续发展。

邦格特（Bongaarts，2004）研究了 OECD 国家人口老龄化对养老保险基金的影响，研究指出筹集模式由现收现付制转向基金积累制、养老金替代率的降低、退休年龄的延长以及移民政策的采用等措施能提高养老保险的支付能力，促进制度可持续。布莱克和梅休（Blake and Mayhew，2006）研究了英国人口老龄化对养老保险基金的影响，建议政府发展经济、提高生育以及延迟退休，以此来应对人口老龄化冲击。博文伯格（Bovenberg，2012）研究认为延迟退休年龄可很好应对人口老龄化对现收现付制养老保险基金的冲击，建议推迟 1945～1960 年出生人口的法定退休年龄 4～7 岁。程永宏（2005）建立理论模型，给出了判断人口老龄化导致现收现付制养老保险基金是否发生支付危机的定量判决条件。周志凯（2005）系统分析了养老保险制度可持续发展的内外部条件，内部条件包括建立多层次养老保险体系、充足的偿付能力以及完善的管理体系；外部条件包括国民经济的健康发展、政府的支持和养老保险的法制建设。胡秋明（2009）从定性与定量入手研究了人口老龄化对养老保险模式的影响，并提出了促进养老保险可持续性的政策优化路径。林宝（2014）研究了人口老龄化对我国城镇职工基本养老保险制度财务可持续性问题。艾慧（2015）以现行城镇职工养老保险制度为基础，运用精算方法测算了统筹账户的缺口规模、累积余额及平均替代率的变化趋势。林义等（2015）讨论了人口老龄化背景下我国养老保险可持续发展的决策基点，提出应对挑战的制度构建战略框架、约束条件及相关政策建议。

1.2.3 文献简要评述

长寿风险的研究是伴随着近二三十年人口死亡率的持续性下降和人口高龄化趋势的显现才逐步进入人们的研究视野，其研究时间开始较晚。通过对以往长寿风险相关研究文献的梳理，可以看到，国外对长寿风险及其管理的研究成果相对比较丰富，研究内容涵盖了长寿风险的基本内涵、长寿风险度量以及长寿风险应对策略等多个方面，这些文献从不同的视角、不同的研究方法阐述了长寿风险及其管理，加深了我们对长寿风险的理解与认识，有许多值得借鉴和学习的地方，但这些文献仍然存在一些问题有待进一步深入系统研究，并且上述研究更多关注于商业保险领域以及企业年金的长寿风险问题，缺少系统化的基于政府举办的公共养老保险领域视角来探讨长寿风险的管理研究。相比较国外而言，国内对长寿风险的研究才处于起步阶段，还未引起足够的重视，研究成果不太丰富。研究内容主要集中于长寿风险对保险公司及其年金产品的影响，以及长寿风险证券化等内容；研究方法早期主要是定性分析，之后有了部分定量研究，但大多都基本上沿袭了国外的研究范式和思路，并且这些定性研究，也大多建立在 Lee – Cater 模型基础之上，根据我国不连续、不全面的历史死亡率数据来预测我国未来的人口死亡率，并没有深入探讨这种模型在我国的适用性。除此之外，上述文献也很少涉及对我国社会养老保险领域长寿风险及其管理问题的全面系统化研究，例如仅从个人账户领域进行探讨，缺乏对养老保险蕴含长寿风险背后形成机理的深层次分析和讨论。

1.3 研究思路、内容及研究方法

1.3.1 研究思路和逻辑框架

本书的研究属于问题导向，写作的基本思路遵循"发现问题→分析问题→解决问题"这一基本路径。首先通过对相关理论的梳理和归纳，从长寿风险和养老保险财务机制两个命题出发，从理论上分析了长寿风险对养老保险财务机制的影响途径。其次，对我国社会养老保险的演变历程进行梳理，立足于我国人口预期寿命延长的既定事实和社会养老保险制度设计缺陷的现实约束，分析了引致我国社会养老保险产生长寿风险的主要原因，并实证检验了预期寿命延长对我国养老保险支出影响的效应。同时，借助联合国人口司公布的我国人口预期寿命数据，以城镇职工基本养老保险为例，测算了长寿风险对我国社会养老保险参保人口和基金财务可持续性的影响，并在此基础上通过政策模拟和敏感性分析，以期找到社会养老保险防范化解长寿风险的制度优化路径和政策。最后，结合对国际社会养老保险防范化解长寿风险经验的评价与反思的基础上，提出我国社会养老保险防范和化解长寿风险冲击的应对策略和建议。本书研究的总体逻辑框架如图1-4所示。

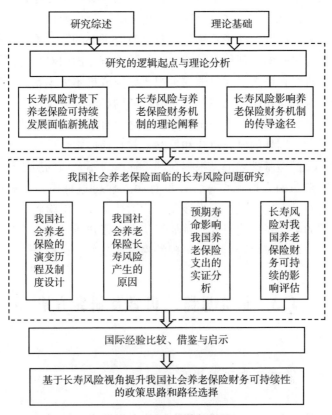

图1-4 研究结构框架图

1.3.2 研究的主要内容

本书共分7章，具体安排如下：

第1章为导论。这是本书研究的开篇，试图阐明为何研究、研究什么、如何研究以及有何收获和不足四个问题。

第2章为长寿风险影响养老保险财务可持续研究的理论基础。主要阐述了支撑本选题展开研究的相关理论基础，具体包括养老保险经济学、人口转变理论、风险管理理论和社会保险精算理论。

第3章为长寿风险及其对养老保险财务机制影响的理论分析。首先，界定了长寿风险概念，分析了长寿风险的种类和特征，并将其与人口老龄化进行了辨析，指出长寿风险与人口老龄化虽有联系，但两者是两个完全不同的概念，长寿风险是人口老龄化发展的必然趋势，已成为老龄化社会的重要风险之一。其次，简要概述了养老保险财务机制的概念、构成及基本模式。最后，从理论上探究了长寿风险影响养老保险财务机制的传导途径，认为长寿风险可通过经济增长、养老金给付久期、参保人口数量以及微观主体行为四条途径影响养老保险财务机制，并从数理上分析了长寿风险对 NDB、FDC、NDC 三种主要公共养老保险财务机制模式的影响，分析指出无论何种财务机制都将会受到长寿风险冲击，在公共养老保险政策目标下并没有单一、完美的财务机制能够防范和化解长寿风险。

第4章为我国社会养老保险面临的长寿风险问题审视。本章的基本思路是基于我国人口预期寿命延长的既定事实和社会养老保险制度设计缺陷的现实约束，分析引致我国社会养老保险产生长寿风险的主要原因及由此产生的影响。首先，梳理了我国社会养老保险的发展演进历程，总结了现行我国社会养老保险制度设计的基本特征。其次，分析了我国社会养老保险面临长寿风险的现状和趋势。再次，通过对我国人口预期寿命的全国考察、区域化考察和老年群组队列考察，得出我国人口预期寿命将不断延长的结论，同时，将我国人口预期寿命延长趋势与现行社会养老保险制度安排进行对比，发现我国目前的社会养老保险制度设计严重低估了未来人口的预期寿命，且缺乏对人口寿命延长的动态调整机制，其制度本身蕴含着巨大的长寿风险。最后，采用我国 1995～2014 年 31 个省份的面板数据，从实证维度验证了预期寿命延长对我国养老保险支出水平的影响。研究结果表明，人口预期寿命对我国养老保险支出水平具有显著的正向影响，已成为近年来影响我国养老保险支出水平增加的重要因素。

第 5 章为长寿风险对我国社会养老保险财务可持续的影响评估。本章的基本逻辑是人口预期寿命延长会对人口总量产生影响，从而会导致社会养老保险参保人口数量的变动，进而影响到养老保险基金财务状况。首先，通过构建参保人口预测模型，测算了长寿风险对基本养老保险参保人口以及制度抚养比的影响。结果表明，长寿风险导致了养老保险参保人口差和制度抚养比差异将会逐年增大，到 2050 年长寿风险导致的在职人口差将达到的 28.52 万人，退休人口差将达到 528.54 万人，制度抚养比差异将扩大到 0.0237。其次，构建养老金精算模型，在上述参保人口预测结果基础上，测算了现行制度下长寿风险对社会养老保险基金征缴收入、基金支出、当期结余和累计结余的影响，结果显示，在维持现有制度不变情形下，预测期内人口预期寿命的改善使得基本养老保险基金收入和支出均呈现出上升趋势，但长寿风险对基金总体支出规模的影响程度远远高于对基金收入规模的影响，从而导致了基金当期结余和累计结余一直保持赤字，且随着时间延长赤字规模逐年扩大，到 2050 年基金当期赤字规模和累计赤字规模将分别达到 11507.89 亿元和 101348.34 亿元，这表明在现有的基本养老保险制度安排下，制度本身无法化解和应对长寿风险的冲击，基金偿付能力和制度的财务可持续性受到严重挑战。最后，通过政策模拟与敏感性分析，以期找到提升制度抗长寿风险能力的优化路径和政策。分别考虑了渐进延迟退休年龄、合理设计养老金待遇调整机制、合理调整个人账户养老金计发月数、提高养老保险基金投资收益率的制度优化情形。测算表明，渐进延迟退休年龄和合理设计养老金待遇调整机制二者能较好地化解长寿风险对养老保险的财务冲击；合理调整个人账户养老金计发月数能在一定程度上改善基金的财务状况，但化解长寿风险对基本养老保险财务冲击的效果并不明显；而提高养老保险基金投资收益率，未能化解长寿风险，正所谓"巧妇难为无米之炊"，在累计结余赤字增长的约束下，再高的投资收益率也是无望之举。

第 6 章为社会养老保险应对长寿风险的国际经验及启示。从全球视角出发，归纳总结了国际社会养老保险防范和化解长寿风险的改革趋势，指出将预期寿命与养老保险挂钩是国际社会养老保险应对长寿风险改革的重要创新举措，并进一步分析了德国、智利、瑞典和日本四个典型国家公共养老保险应对长寿风险的改革实践与经验，以期通过总结国际经验和各国实践模式得到有益的启示。

第7章为我国社会养老保险应对长寿风险的政策思路和对策建议。在明确我国社会养老保险防范化解长寿风险总体思路、基本目标和原则的前提下，归纳提出了我国社会养老保险防范化解长寿风险的应对策略。

1.3.3 研究方法

1. 跨学科研究方法

跨学科研究方法能了解和把握各学科之间的交叉点及汇通处，通过借鉴各种学科的研究成果和研究方法，达到更深刻的认识和把握事物的真正本质。国外最新研究表明，经济学和其他社会科学的跨学科研究，是分析各种市场复杂结构和为未来经济社会提供综合视野的最恰当的方法[1]。社会养老保险长寿风险的产生并不是孤立的存在，而是内嵌于复杂的社会、经济与文化环境中，长寿风险影响财务机制的传导途径与经济、文化、人口、微观主体行为之间存在着内在的关联。这决定了本书的研究必然会涉及众多学科领域，必须要采用跨学科研究方法方能揭示出长寿风险影响养老保险财务可持续的内在机理。

2. 文献研究方法

文献研究方法是进行科学研究的重要方法，该方法一直贯穿于本书的写作过程中。通过梳理与总结国内外相关文献，吸收其思想、方法和成果，为构建本书研究的理论框架奠定基础。所收集的文献资料包括经典专业著作、核心期刊论文、学位论文以及互联网资料等。

3. 比较分析法

通过比较德国、智利、瑞典、日本等国在长寿风险加剧背景下社会养老保险制度改革情况，挖掘出应对长寿风险冲击的改革实践与经验，进而对其进行总结和分析，并与我国国情相结合，给出了提升我国社会养老保险抗长寿风险能力的相关对策建议。

4. 实证研究方法

通过构建参保人口预测模型、养老金精算模型，综合运用人口统计方

---

① 转引自林义. 制度分析及其方法论意义 [J]. 经济学家，2001 (4).

法、精算技术方法、计量分析方法，借助 STATA、EXCEL、MATLAB 等软件或程序来揭示长寿风险对我国养老保险财务可持续发展的定量影响程度。

1.4 可能的创新点与不足

1.4.1 可能的创新点

（1）本书重点探讨了长寿风险对我国社会养老保险财务可持续发展的影响，拓宽了我国养老保险可持续发展研究的视野领域。如何提升养老保险可持续发展能力是世界各国公共养老保险面临的重大难题，目前关于养老保险可持续发展问题的研究，较多是基于人口老龄化特别是生育率视角展开，而从长寿风险视角进行的研究则较为稀缺。本书将长寿风险纳入养老保险可持续发展分析框架，从一个新的视角深入探究了我国社会养老保险的财务可持续性问题，并提出了相应的防范应对策略和解决方案。

（2）本书注重从理论研究上剖析长寿风险对养老保险财务机制的影响机理，探索了长寿风险对公共养老保险财务机制影响的传导途径。同时结合我国社会养老保险制度运行现状，从制度分析视角，探讨了长寿风险对我国社会养老保险财务可持续影响的程度并提出了有较强针对性的对策建议。此外，本书还从多层次养老保障体系视角分析了其对长寿风险分散和转移的影响。而上述分析也少见于前期国内研究中。

（3）本书从实证上检验了预期寿命延长与我国养老保险支出增加的正相关性，在此研究基础上结合城镇职工基本养老保险，综合预测分析了长寿风险对养老保险基金收入、基金支出和基金收支缺口的影响，从定性与定量的结合上探讨了长寿风险对社会养老保险基金长期平衡的影响程度。

1.4.2 不足和有待进一步研究之处

限于自身能力和视野所限，尽管在写作时力求在理论框架和研究方法上有所创新，但书中仍有一些需要进一步完善之处。第一，由于我国人口死亡率数据质和量都不高，虽然有大量学者对我国人口预期寿命和死亡率进行了预测，但预测结果都建立在不同的测算目标下，并没有公认的权威结果，本书只能借助联合国人口司公布的数据，因而书中所设定的模型与现实情况的拟合度还有待提高。第二，限于资料的可得性，书中对我国社会养老保险防范化解长寿风险的对策分析把握得还不够全面。

上述尚未涉足的领域也将是下一阶段研究的重点，如社会养老保险应对长寿风险不同改革策略下的代际公平问题，多层次养老保险如何协同发展才能有效应对长寿风险等。

第2章

长寿风险影响养老保险财务
可持续研究的理论基础

2.1 养老保险经济学

养老保险经济学是运用经济学原理来分析、研究养老保险领域问题的一门学科。养老保险经济学主要包括政治经济学和新古典养老经济学两个学派。政治经济学派重点关注养老保险制度的变迁,特别是政治因素对养老保险制度变迁的作用;研究方法以定性研究为主,侧重从社会正义和社会公平视角来评价养老保险制度的运行效率。新古典养老保险经济学则重点关注研究养老保险制度的经济绩效,研究方法以定量研究为主,从人的生命周期是效用最大化的假定为出发点,注重从市场和国家的关系研究养老保险的起源,分析养老保险制度安排及其与诸多宏观经济变量之间的相互影响关系。基于与本书研究内容的相关程度,在此只对新古典养老保险经济学作简要介绍。

莫迪利安尼和布伦伯格(Mordigliani and Brumberg,1954)等提出的"生命周期假说"以及萨缪尔森(Samuelson,1958)、戴蒙德(Diamond,1965)等创立的世代交叠模型(OLG 模型)构成了新古典养老保险经济学最为重要的理论基础。

生命周期假说将储蓄与个人生命周期紧密结合在一起,论述了跨期收入的再分配问题。根据生命周期假说,一个理性的消费者,在面临均衡生命周期收入和消费的预算约束下,追求的是终身效用的最大化,即跨期消费是平滑的。按照生命周期假说,假定个人或家庭只存在工作和退休两个阶段，工作阶段获得收入，退休后没有收入，退休是导致个人收入变动的唯一因素，这样就可以建立一个两时期的生命周期模型，由于储蓄 = 收入 - 消费，个人退休后的消费来源于工作期间的储蓄，为实现终生消费平滑，必须将工作阶段的部分收入进行储蓄以保障退休后的消费支出，从而实现终生效用最大化，这样的消费行为导致了个人储蓄和财富在其生命周期内的驼峰型分布（见图 2 - 1）。按照这一理论假说，社会养老保险制度的引入会改变个人各期的可支配收入进而对生命周期储蓄产生影响。在理想状态下，个人向养老保险的供款可以看作理性经济人为实现老年阶段消费不变而进行的一种储蓄，若老年阶段的时间跨度越长，则理性的个人向养老保险供款的积极性也就越高，从而更有利于储蓄活动。

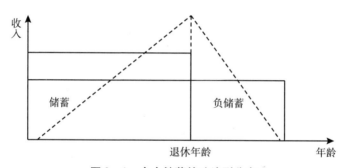

图 2 - 1　个人储蓄的驼峰型分布

资料来源：董克用，王燕. 养老保险 [M]. 北京：中国人民大学出版社，2000：19.

世代交叠模型（OLG 模型）是一个跨时的一般均衡模型，主要用来研究任一时期内代际间的交易行为，该模型假定在一个封闭经济体中，任何时期都存在不同代人，每一代人在任何时刻都可以进行代际之间的交换。在一个典型的两期世代交叠模型中（见图 2 - 2），同一时点只存在两种类型的人，即年轻人（在职职工）与老年人（退休职工）；每个社会成员都只存活两期（第一期劳动，第二期退休）。选取某一时点 t，设 t 时点劳动人口数量为 L_t，由于每位社会成员都只存活工作和退休两期（t 代表 L_t 的工作期，$t+1$ 代表 L_t 退休期），$t+1$ 时期的退休人口全部来源于 t 期的劳动人口 L_t，同时，人口在不断的进行新老更替，新生劳动力 L_{t+1} 在 $t+1$ 时期出现，而 L_{t-1} 的退休人口在进入 $t+1$ 时期前全部消亡，则 $t+1$ 时期人口总量 $N_t = L_{t+1} + L_t$，以此类推。结合生命周期假说，人们的教育水平、劳动能力、收入与需求的变化反映在劳动供给和储蓄行为之中，人们在整个生命周期内，以跨时消费平滑实现消费效用最大化。进一步假设，t 时期劳动人口 L_t 的工作年限为 C_t 年，进入 $t+1$ 时期，L_t 便成为退休老人，其存活年数为 R_{t+1}，则 t 时期的劳动人口 L_t 的生命周期介于 t 与 $t+1$ 之间。t 时期的在职人口 L_t 供给 1 单位的劳动，并将 C_t 年内获取的劳动收入用于消费和储蓄，在退休后 R_{t+1} 年内仅消费 t 时期的储蓄和从中所获得的利息。世代交叠模型引入社会养老保险领域不仅能较好地探究社会养老保险与各宏观经济变量之间的影响关系，而且还可从社会养老保险基金收支平衡视角，进一步分析影响社会养老保险制度的一些实质性因素。

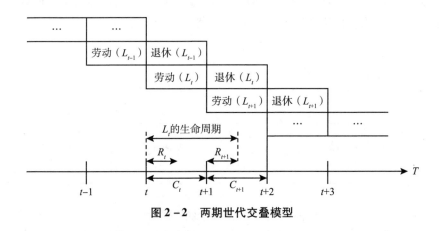

图 2-2 两期世代交叠模型

新古典养老保险经济学围绕公共养老保险制度内容及其与经济变量之间的相互影响展开讨论，主要的研究内容包括[①]：（1）公共养老保险制度起源，主要从市场失灵、父爱主义和个人短见、公共选择论、再分配论等展开解释。（2）公共养老保险制度的经济成本，集中讨论了公共养老保险制度中主要的基础性经济问题，重点关注了不同筹资模式和给付模式的基本特征、运行机制以及运行绩效。（3）养老保险制度和储蓄，主要探讨了不同养老保险制度模式的选择对储蓄、经济增长以及社会福利的影响。（4）养老保险制度和劳动力市场，主要研究了不同养老保险制度模式选择对劳动力价格、数量和质量产生的影响。（5）养老保险基金和资本市场，主要研究了养老保险基金投资对资本市场的效应、基金投资风险、投资策略、资产组合以及政府监管等问题。（6）公共养老保险制度的改革，主张

---

① 参阅了董克用，王燕. 养老保险 [M]. 北京：中国人民大学出版社，2000：15-26.

通过削减公共税收，扩大市场竞争，尝试私人管理，提高公共养老保险制度对资本积累和经济增长的支持。

养老保险经济学的研究思路、内容以及核心观点是本书展开研究的重要理论基础，具体而言，养老保险经济学为本书厘清长寿风险影响社会养老保险财务机制的传导途径以及阐释影响的作用机理时提供了理论基础、思路和方法，此外，养老保险经济学关于养老保险制度改革的政策主张对本书提出我国社会养老保险应对长寿风险的政策思路和对策建议也有所启示。

2.2　人 口 转 变 理 论

人口转变理论是以人口的发展阶段、演变过程及其生成原因为研究对象，它是在收集了西欧许多国家人口出生率和死亡率变化历史资料的基础上，并对这些资料作出实证的经验性的研究之后提出来的，对人口的发展过程作出阶段性划分和说明的一种理论①，该理论产生于 20 世纪 30 年代的西方，在第二次世界大战后得到了快速发展，众多国家在人口政策制定、人口预测时都将其作为重要的理论依据。

法国人口学家阿道夫·兰德里（Adolphe Landry）是人口转变理论的创始人，他在 1934 年出版的《人口革命》一书是人口转变理论的奠定著作。在书中兰德里第一次系统的阐述了人口转变理论，认为一个国家的发展进程包括三个阶段。第一个阶段为西欧整个史前时期直至新石器时期，这一阶段生产力发展水平很低，经济因素对人口发展的影响主要通过食物供应数量对人口死亡率变动影响进行传导，两者表现出相反方向的变动关系，这一阶段人口增长主要得益于人口死亡率的降低。第二阶段为西欧从新石器时期直到中世纪，这一阶段人口的发展通过经济因素影响婚姻关系进而对生育率产生影响进行传导。第三阶段为欧洲产业革命以来，伴随经济、科学、文化教育事业等发展，人们的生活及婚姻生育观发生了很大改变，家庭人口规模缩小，出现了先是人口死亡率的下降，促进人口剧增，后发展到人口死亡率的下降，人口增长速度放慢，人口处于"三低"② 的状态。

---

① 吴忠观等．人口学（修订本）［M］．重庆：重庆大学出版社，2005：357.
② 低死亡率、低出生率、低增长率。

　　英国人口学家布拉加在其 1947 年出版的《人口发展的阶段》一书中拓展了兰德里提出的人口转变理论，是当代人口转变理论的重要代表。布拉加根据发达国家经济社会发展情况和人口发展资料，从人口出生率和死亡率的高低更迭中将人口的进化过程分为 5 个阶段。第一阶段是高位静止（High Stationary）阶段，人口出生率和死亡率都保持高水平，人口在高出生率和高死亡率的基础上实现平衡，基本处于没有增长的静止状态，通常这一阶段是以农业为主的国家所有，出生率和死亡率介于 40‰ ~ 50‰ 之间。第二阶段是初期增长（Early Expanding）阶段，人口出生率保持高水平或静止不变，人口死亡率开始缓慢下降，死亡率下降的原因是由于经济发展带来的公共卫生保健服务增加。由于人口出生率保持着第一阶段的高水平，因而人口开始增加并达到最高的人口增长率。第三阶段是后期增长（Late Expanding）阶段，这一阶段人口出生率和死亡率通常分别为 16‰ ~ 20‰ 和 12‰，与上一阶段相比，出生率和死亡率都迅速下降，但后者下降幅度慢于前者，人口处于低速增长状态。第四阶段是低位静止（Low Stationary）阶段，人口死亡率和出生率都已下降到低位，且维持在稳态水平，人口保持恒定基本没有增长。通常在这一阶段，工业化和城市化都达到了较高的水平，人们收入增加，更加注重对教育投入，重视子女的素质。第五阶段是减退（Diminishing）阶段，人口出生率与人口死亡率交叉，死亡率高于出生率，人口处于绝对减少状态，人口出现了负增长。他认为人口发展的这 5 个阶段是根据发达国家的人口发展资料划分的，发展中国家的人口发展还没有经过这 5 个阶段。

　　美国人口学家弗兰克·诺特斯坦继承并发挥了兰德里提出的人口转变理论，认为人口转变的根本原因是工业化、现代化、城市化。在 1944 年他就预言了第二次世界大战后，不发达地区人口的发展将会出现西欧人口的转变过程，并证明了从欧洲国家的人口转变抽象出来的原理对世界各国都普遍适用，这是生产力由低级向高级演变过程所必然导致的普遍的客观规律，他在研究现代欧洲人口增长时注意到死亡率对现代化力量的反应比生育率更快、更敏感，据此他将农业社会向工业社会过度的人口转变过程划分为 4 个阶段：第一阶段，工业化前，主要表现为高出生率、高死亡率，低人口自然增长率。第二阶段，工业化早期，主要表现为死亡率开始下降，出生率基本不变，人口自然增长率提高。第三阶段，进一步工业化时期，主要表现为出生率开始下降，死亡率继续下降，但死亡率的下降速度快于出生率，人口自然增长率仍然很高。第四阶段，完全工业化时期，死亡率和出生率都降到了很低的水平，人口自然增长率很低，甚至为零或负数。

尽管学者们对人口转变的划分阶段及其理论阐释存在分歧，但他们都认为：（1）人口转变包括死亡率转变和出生率转变两个环节。（2）出生率和死亡率在传统社会里高，而在现代社会里低，任何现代社会的出生率和死亡率都经历了由高到低的转变过程。（3）人口发展过程与社会经济的发展变化保持着千丝万缕的联系，不是一个独立自行运行的过程。人口的转变过程是经济、社会发展所决定的一种必然趋势。尽管不同国家或不同地区呈现出了巨大差异性，但这种转变是普遍的客观规律，人口终究要达到零增长和负增长的状态。

囿于历史的局限，当年人口转变理论的创立者们虽成功地阐述了人口出生率与死亡率从高到低的转变过程，并对其转变的背景和成因进行了深入的探讨，但却未把人口转变的直接后果——人口高龄化——纳入研究的视野。尽管如此，人口转变理论还是为后人理解和阐述人口高龄化做了理论铺垫。

长寿风险的出现源于后人口转变阶段，是人口高龄化带来的必然结果，其产生进程与人口转变相伴相随，是婴幼儿死亡率低至一个极低水平且保持相对恒定的基础上，老年人口死亡率降低而引致整体人口平均预期寿命延长的长期趋势。人口转变理论中关于死亡率转变的背景、原因以及未来趋势的探讨为本书的研究提供了理论基础和预判依据。

2.3　风险管理理论

风险管理作为一门系统的管理科学，最早产生于美国，第二次世界大战后尤其是 20 世纪 60 年代以后受到越来越多国家的重视，迅速成为企业现代化经营管理中的一个重要组成部分[①]，风险管理的理论与实践已在世界各国广泛运用。到了 20 世纪 90 年代风险管理理论得到了进一步的延伸和拓展，从纯粹风险管理学说逐渐发展到了整合性风险管理学说（也称为全面风险管理），成为了 21 世纪最具前景的发展领域[②]。纯粹风险说以美国为代表，强调风险管理的对象是纯粹风险或静态风险，风险管理的理

[①] 孙祁祥. 保险学（第四版）[M]. 北京：北京大学出版社，2009：14.

[②] 孙蓉，兰虹. 保险学原理 [M]. 成都：西南财经大学出版社，2006：13.

论、方法和实践基本上都是围绕纯粹风险展开的，且深深地打上了保险的烙印。该学说认为风险管理的基本职能是确认和分析威胁企业的纯粹风险，进而在风险自留和风险转移之间寻求"风险成本最小，企业价值最大"的风险管理决策方案。全面风险管理说，以德国和英国为代表，强调企业的全部风险是风险管理的对象，包括了企业的静态风险（纯粹风险）和动态风险（投机风险）。该学说是站在整个公司角度进行的整体化风险管理，不仅要把纯粹风险的不利影响减少到最小，也要把投机风险的收益性提高到最大[①]。目前全面风险管理已成为风险管理发展的最新趋势，无论理论上还是实践中，风险管理都开始转向以企业全部风险为管理对象，两者的主要区别可见表2－1。

表2－1　　　　　　　　纯粹风险管理与全面风险管理的区别

	纯粹风险管理	全面风险管理
管理方法	分别处理单个风险	一切风险整体化考虑
管理对象	纯粹风险为主	纯粹风险与投机风险兼顾
管理目标	损失最小化	公司价值或股东价值最大化
管理工具	个别风险单独衡量	VaR、EC、RAROC等整体风险管理工具
风险处理方式	风险分离管理	风险组合管理
风险承担的市场形态	众多分离的市场	整合的市场
风险管理人员	风险经理负责可保风险、财务经理负责财务风险、市场经理负责市场风险	首席风险执行官汇总所有风险整体处理

资料来源：曾忠东. 保险企业全面风险管理研究［D］. 成都：四川大学，2006：43.

风险管理理论的核心思想包括：（1）风险管理目标的设定[②]，目标的设定直接关系着风险管理活动的成败。具体又可分为总目标，损失前目标和损失后目标三个维度。总目标是以最小的风险管理成本获得最大的安全

---

① 薛惠元. 新型农村社会养老保险风险管理研究［M］. 北京：中国社会科学出版社，2013：39.
② 参阅：乔治·E. 瑞达，迈克尔. J. 麦克纳马拉. 风险管理与保险原理（第十二版）［M］. 刘春江译. 北京：中国人民大学出版社，2015：48.

保障，进而实现企业价值的最大化；损失前目标主要包括经济上可行、减少忧虑和恐惧以及履行法律义务；损失后目标则包括了维持生存、继续经营、稳定的收入、持续成长和社会责任。（2）风险的识别，它是风险管理的重要基础和基本前提，主要通过各种风险识别方法对尚未发生的潜在的及存在的各种风险进行系统、全面的分析评估，查找出风险源以及风险因素向风险事故转化的条件。对风险的识别，既可以通过以往经验和直觉判断进行识别，也可以借助各种资料、数据进行分析、归纳和整理。由于风险问题的复杂性，风险识别不仅要注意原有风险的变化，还要密切关注一些潜在的、新兴的风险。（3）风险的衡量与评价，它主要为风险管理者选择风险处理方法、进行风险管理决策提供依据。衡量风险其实质就是对辨识出的风险因素进行量化分析和描述，在此基础上，风险管理者还需要借助风险评价方法和模型对企业所有项目的整体风险、各风险之间的相互影响、相互作用以及对风险主体的可能影响、风险主体吸纳这些损失的能力进行分析评价。（4）风险管理对策，主要包括风险控制对策和风险融资对策两大类。前者包括风险回避、风险预防和风险抑制，主要是用来避免或减少损失频率，限制损失继续扩大；后者包括风险自留、商业保险、套期保值交易和其他合约化风险转移手段，主要用于损失发生后能及时获得经济补偿。（5）实施风险管理计划，也就是将风险管理的各项任务付诸实施，并在各职能部门分配，具体实施风险管理对策。在实施过程中各部门应保持通力合作，力争在损失前通过积极的风险防范措施，尽可能消除风险隐患。而在损失发生后，尽快启动抢救机制和救助机制，将损失的后果降低到最小。由于风险的复杂性和不确定性，风险管理方案在实施过程中，应注意体现综合配套和灵活调整的管理原则。（6）检查和评估风险管理计划，为了有效进行风险管理，必须定期对风险管理计划进行检查和评估，并不断修正和调整计划，以期达到预定的风险管理目标。

　　本书从长寿风险视角对我国社会养老保险财务可持续性问题进行研究，其实际上就是研究社会养老保险面临的长寿风险及其应对管理问题。因此，风险管理中的基本理论、思路和理念贯穿研究的始终，主要体现在以下方面：一是社会养老保险产生的长寿风险识别。运用风险管理识别方法分析研究了我国社会养老保险制度产生长寿风险的关键原因以及面临的长寿风险现状和未来发展趋势。二是社会养老保险产生的长寿风险评估，运用风险管理评估方法，通过数据收集和模型建立综合评估了长寿风险对养老保险基金支出、收入和收支缺口的影响效应，并根据评估结果，研究分析了潜在的长寿风险应对策略。三是社会养老保险应对长寿风险的对策。社会养老保险面临的是聚合性长寿风险，具有系统性风险的特性，需要多维管理，注重顶层设计，综合运用风险转移、风险自留等多种手段共同应对和管理。

2.4 社会保险精算理论

20 世纪 50 年代，随着社会保险制度和精算科学的发展，社会保险精算的研究逐步得到开展。布朗著的《人口数学》介绍了人口普查数据在美国退休金计划上应用的思路与方法。凯里森著的《利息理论》以及 D. 伦敦著的《生存模型》从精算的角度对社会保障制度进行了分析，这些学者的研究开创了将精算学引入社会保障领域的先河。目前，在国际上社会保险精算的运用已十分广泛，社会保障制度比较完善的国家都不同程度建立了社会保障精算制度，运用精算技术对社会保险计划费用及其可能的变动做出长期预测。与此同时，一些相关的国际组织，如劳工组织、国际精算师协会等也成立了专门的精算机构负责对社会保障领域的精算评估进行研究，并为各国社会保障精算制度的建立提供专业指导。

社会保险精算是以精算科学为基础，将其运用到社会保险领域进行定量计算和预测的一种数理方法，主要研究社会保险各项目的风险规律、成本水平、债务水平、年度收支水平及差距、长期综合收支水平与差距、资产累计水平、偿付能力等，以保证社会保险制度建立在稳定的财务基础上[①]。一个完整的社会保障精算评估包括以下五个基本环节：（1）明确评估的目的和范围。在社会保险精算评估前需要确定评估的目的，是对新制度进行评估，还是为现有制度进行定期评估，或是对制度改革方案进行评估，这是进行精算评估的首要步骤。（2）经验数据收集与整理。经验数据是进行社会保险精算评估的基础，一般要求收集整理的数据包括：①人口数据，例如分年龄别人口、出生率、出生性别比、分年龄别死亡率、人口迁移率、劳动参与率、从业人数、失业人数等数据。②经济数据，例如经济增长率、工资总额、通货膨胀率、利息率等。③参保、缴费和待遇领取

---

① 王晓军. 社会保障精算原理［M］. 北京：中国人民大学出版社，2000：4.

数据，例如参保人口、缴费人口、实际缴费人数比例、待遇领取人口、待遇水平、替代率等。④被评估社会保险项目的基本法律规定，例如缴费率、缴费基数、待遇计发公式、待遇领取资格、投资等法律法规规定。（3）建立社会保险精算评估模型，这是精算评估的重要环节。社会保险精算模型是用于描述社会保险基金收入、基金支出、基金结余以及众多影响因素与它们之间关系的数学模型。它可以是确定性模型，也可以是随机模型。（4）精算假设的选择。利用精算模型进行评估，除了基础数据之外，还需要进行精算假设，也就是对未来影响因素的变动进行假设。通常这种假设是基于过去的经验数据和对未来的预判作出的，一般涉及经济、人口和制度三方面的假设。（5）评估结果和敏感性分析。将基础数据和精算假设输入精算模型运算后就能得到被评估制度未来的预测结果，包括人口和财务两部分内容。此外，还需对评估结果进行敏感性分析以此更好地反映精算假设变动对评估结果的影响。

本书研究的对象是社会养老保险面临的长寿风险问题，在研究过程中，需要评估社会养老保险面临的长寿风险规模，揭示长寿风险对现行制度的基金收入水平、基金支出水平以及基金收支缺口的影响效应，以及找寻应对社会养老保险长寿风险的合理策略或改革方案，对这些问题的研究探讨都需要借助社会保险精算技术。

为了评估和预测长寿风险对我国社会养老保险财务可持续性的影响，需要通过建立精算模型对养老保险的财务收支状况进行精算估计。在评估时需要对人口总数和结构以及参保人口数量和结构进行预测，从而确定缴费人口数量和结构以及养老金待遇领取人数和结构，与此同时，为了确定参保职工的缴费基数和年利率水平，还需要对经济发展水平、投资回报率、社会平均劳动生产率等数据进行预测。在给定一定工资水平、缴费率下，根据参保缴费职工人数，可以估计出养老保险的基金收入；在给定养老保险待遇水平和养老金领取者人数就可以估算出养老金支出总额。通过对基金收入和支出差异的长期分析，可以对养老保险基金的偿付能力和可持续性作出评价。通常养老保险精算模型由人口模型、参保在职人口模型、参保退休人口模型、工资总额和平均工资模型、利率模型、精算平衡模型等模块组成，各模块之间的相互关系详见图 2-3，其中在养老保险精算评估中对参保人数和结构的预测是最重要的。

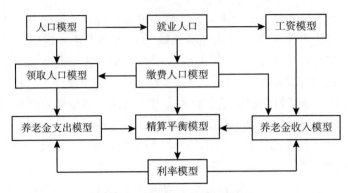

图 2 - 3   养老保险精算评估框架

资料来源：王晓军. 社会保障精算原理 [M]. 北京：中国人民大学出版社，2000：194.

第 3 章

长寿风险及其对养老保险财务
机制影响的理论分析

3.1 长寿风险的内涵和外延

3.1.1 长寿风险的界定

1. 对长寿的理解与思考

从字面的直观理解，长寿就是指寿命长。寿命是对人们生存年岁所能延续长度的一种描述，也就是人们从出生到死亡的时间跨度。可以从个体和群体两个维度来界定：个体寿命是指在自然情况下，生物体从第一次呼吸开始到最后一次呼吸停止的时间；而群体寿命是指某一物种群体的平均寿命①。对于个体寿命是无法事先确定的，它是一个随机变量，没有人能知道任意一个人的确切寿命究竟有多长，但是对某个人群的平均寿命或预期寿命则可以通过统计学的方法进行预测。当我们提及长寿往往是以人口的平均预期寿命作为参照系和评价依据，但人到底活到多大年龄才能称之为长寿？由于作为认定长寿的评价依据——人口平均预期寿命——受到人口所处的自然条件和社会经济生活条件的制约，因此长寿是一个动态的、具有相对意义的概念，对长寿的界定标准并不是一个固定的参

---

① 邬沧萍，姜向群. 老年学概论（第 2 版）［M］. 北京：中国人民大学出版社，2011：2.

量一成不变，而是会随着人口预期寿命的延长及社会经济条件而相应发生变化。

在原始社会，由于受疾病、饥饿、战争等恶劣生存环境的影响，人类的寿命很短，当时的平均寿命只有 20 岁左右，能活过 40 岁者寥寥无几[1]，因此，那时能活到 40 岁的人可谓是长寿者了。在奴隶社会和封建社会，生产力水平得到了一定的提高，人口的平均寿命有了延长，中世纪英格兰人的估计寿命是 33 岁[2]，世界人口的平均寿命为 26.5 岁，最好的年代可能达到 30 岁[3]。17 世纪后期，得益于这一时期医学上的进步，特别是种牛痘预防天花的方法和抗生素药物的问世，人口的平均寿命得到了显著的提高，一些西方国家人口平均寿命达到了 60 ~ 70 岁[4]（见表 3 - 1）。

表 3 - 1　　　　　1840 ~ 1950 年英国、法国、美国、荷兰等
部分国家的人口预期寿命统计

年份（年）	1840	1850	1860	1870	1880	1890
出生预期寿命（岁）	41.0	41.5	42.2	43.5	45.2	47.1
年份（年）	1900	1910	1920	1930	1940	1950
出生预期寿命（岁）	50.5	54.3	58.3	61.7	64.6	69.8

资料来源：刘铮，邬沧萍. 世界人口学词典［M］. 北京：人民出版社，1986：443.

20 世纪以来，经济社会的发展，现代科学技术的进步，人口平均寿命在短时期内呈现出大幅度提高的态势，从表 3 - 1 中可以看出，在 20 世纪前半期，人口预期寿命提高了近 20 岁，与 19 世纪后半期相比人口预期寿命增加速度快了近一倍。此外，从表中资料还可看出，足足一个世纪，英美等西方发达国家人口平均寿命才增加了 20 岁，而如今，只需要半个世纪，世界人口预期寿命就能增长相应的年岁。据联合国公布的数据显示，在过去的 50 年世界人口平均预期寿命提高了整整 19 岁，年均增寿幅度达到 0.38%。半个世纪以来世界人口平均预期寿命的这种显著提高，使许多已被划为"老龄"的老年人的余寿大为延长了，例如，对于年满 65 岁的美国人来说，在半个世纪前差不多到了行将就木的寿限，而到 1986

———

①④　潘纪一，朱宏国. 世界人口通论［M］. 北京：中国人口出版社，1991：34，83.
②　邬沧萍，姜向群. 老年学概论（第 2 版）［M］. 北京：中国人民大学出版社，2011：2.
③　邬沧萍，世界人口［M］. 北京：中国人民大学出版社，1983：31.

年，其平均寿命还可再加上 16.8 岁①，在此情形下，有人认为活到 80 岁的老年人才应当称为长寿者②。人口寿命的快速大幅度增长给世界经济社会文化带来了严重冲击。虽然人口演变具有一定的规律性，但人口的极限寿命究竟有多长？人类的平均预期寿命究竟有多长？到底能活到什么年龄标准才能称之为长寿？对这些问题的回答，目前仍有困难，尚不能给出一个确切的答案，因为影响人口寿命的因素太过复杂，到目前为止，人们还没有找到能确定人类最长寿命年限的科学方法。对人口寿命的研究以往都是通过实际的调查和观察，统计历史上不同年龄、性别人口的死亡分布情况和极限寿命，从理论上探索人类可能存活的寿命，从而做出对未来人口寿命的预测。这就决定了建立在人口寿命基础上的政策、计划、方案，其在制定过程中就隐含了最后实施效果的不确定性。

2. 长寿风险的概念

关于风险的概念，有数种不同的表述，不同的学科、不同的机构都从各自的角度对其进行界定，并且这一概念还在不断地变动演进中，到目前为止并没有一个被大家一致接受和公认的风险定义。例如保险学将风险定义为损失的不确定性；管理学认为风险是未来结果的变化性；统计学认为风险是实际结果与预期结果的离差度；社会学、人类学则认为风险是一种理解或认知的形式；而国际标准化组织（ISO）在 2009 年将风险定义为不确定性对目标的影响③。

基于对长寿和风险的理解与思考，结合导论第二节国内外学者关于长寿风险界定的不同种表述，考虑到本书研究的内容，我们将长寿风险定义为：相对于某一风险主体（当事人或决策者）而言，在特定的养老计划或养老制度安排下，人口预期寿命不断延长给风险主体带来损失的不确定性。对这一概念的理解包括以下两层含义：（1）风险主体可以是个人、家庭或养老保险计划的举办者（保险公司、企业或政府），具体风险主体与养老保险模式密切相关。例如，在传统的家庭养老保险模式下其风险主体主要表现为个人或主要家庭成员，而在社会养老保险模式下其风险主体主要是养老保险计划的举办者——政府。（2）人口预期寿命延长是一种风险，是

　　①② 转引至：罗淳. 从人口老龄化到高龄化：基于人口学视角的一项探索性研究 [M]. 北京：中国社会科学出版社，2001：24.
　　③ The International Organization for Standardization（ISO）（2009）：ISO/FDIS31000 Risk management – Principle and guidelines.

基于特定的养老计划或制度安排而言的，风险主体在制订养老计划安排时，往往以当时的条件估计未来人口预期寿命，但在随后的计划运行过程中，因经济社会环境因素发生变化，使得计划运行期内人口实际寿命不断延长，极有可能超过预期寿命。在养老计划保持不变的约束下，一旦实际寿命延长超过了预期寿命，则意味着风险主体会面临长寿风险损失。这种损失主要表现为低估人口预期寿命而产生的额外经济成本，对个人而言，这个经济成本主要是指实际寿命与预期寿命时间差内个人维持老年生活所需的物质资料价值，而对政府来说则主要是上述时间差所导致的养老金支出总额的意外增加。

3.1.2 长寿风险的种类

在实践中，根据风险承担主体和长寿风险是否具有可分散性，可将长寿风险分为个体长寿风险（Individual Longevity Risk）和聚合长寿风险（Aggregate Longevity Risk）[①]。

1. 个体长寿风险

个体长寿风险（Individual Longevity Risk）其风险承担主体是个人或家庭，是由于个体未意识到自己未来的寿命延长状况或短视行为，低估了自身生存的长度，进而影响了个人的储蓄、消费、投资组合和退休决策，最终导致了个体在退休阶段出现养老财富积累不足或短缺，威胁到个人的生存。个体长寿风险通常只涉及单个的寿命分布，强调是由于个体的认知差异导致了自身的长寿风险产生，这种个体长寿风险是非系统性的，具有可分散性，个人或家庭可以通过参加相关的养老保险计划进行长寿风险的转移和管理，这些具有保险性质的风险管理策略能很好地应对个体长寿风险。

为了更直观地揭示个体长寿风险，我们考虑一个简单的三阶段生命周期模型，如图3-1所示。第一阶段为储蓄阶段也就是工作阶段，从个人进入工作领域直到退休年龄，在这期间个人主要为年老进行储蓄，这种储蓄包括参与养老保险缴费获得未来领取养老金的承诺，购买房产，或持有一些金融资产等。第二阶段从退休年龄开始到平均预期寿命的结束，在这

---

① 这里采用斯托拉德（Stallard，2006）对长寿风险分类的表述，此外在一些文献中将个体长寿风险称为死亡率风险、特殊长寿风险或专称为长寿风险，而将聚合长寿风险称为预期寿命风险或人口长寿风险，最后一些文献中则将预期寿命风险和长寿风险互换使用。

期间个人领取养老金，动用第一阶段的储蓄进行消费。第三阶段从平均预期寿命年龄开始直到生命结束，也就是个人生存期限超过平均预期寿命，在这期间个人不仅面临低收入风险（主要是指公共养老保险提供的待遇水平较低），还将面临耗尽额外积累资源的风险，这就是个人的长寿风险。由此可见，个人长寿风险主要表现在第三阶段生命周期中，但它的形成与前面两个生命周期密切相关。

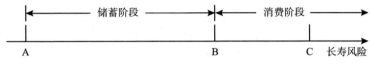

图 3 - 1　个体长寿风险形成机理

注：A 为个人参加工作年龄，B 为法定退休年龄，B - C 为达到法定退休年龄后的平均剩余寿命，C > 表示比预期寿命长（长寿风险）。

2. 聚合长寿风险

聚合长寿风险（Aggregate Longevity Risk）也称为预期寿命风险，其风险承担主体是各种类型的养老金计划提供者，即政府、企业或保险公司，聚合长寿风险的产生与队列人口或代际人口预期生存时间增加有关。通常下一代人的平均生存年限会比前一代人的生存年限长，如果在养老计划安排时未精确预计到下一代人平均寿命的延长情况，则会形成聚合长寿风险。在实践中，聚合长寿风险的产生往往是由于决策者低估了人口预期寿命的延长程度。例如，1981 年英国政府的保险精算师预测，2004 年英国65 岁男性的预期剩余寿命为 14.8 年，但实际上为 19 年，误差达到 28%[1]；特纳（Turner，2006）也指出，在过去的 100 年里，平均寿命被系统地低估了，每十年大约低估了 18 个月。对未来人口预期寿命的低估会影响到养老金计划提供者的筹资（定价）策略、投资策略和给付（支付）策略，最终导致养老保险计划的实际支出需求超过预期支出安排，出现收支失衡和支付危机，进而导致养老金计划偿付能力不足，甚至养老金计划破产[2]。虽然聚合长寿风险涉及总体寿命分布情况，但对它的理解不能按字面上的

---

① 尼古拉斯·巴尔，彼得·戴蒙德. 养老金改革：理论精要 [M]. 郑秉文等译. 北京：中国劳动社会保障出版社，2013：82.

② 这种状况的发生主要是由于养老金给付采用年金方式，如果采用一次性支付，则会避免政府承担聚合长寿风险，但这种给付设计实质是将长寿风险又转移给了个人，不符合养老保险制度设立的目标。

含义进行直观解释，简单地认为聚合长寿风险是个人长寿风险的加总，其实质是人类总体生存状况的持续性改善导致人口预期寿命延长的趋势性变化[①]，这种趋势性变化不能通过个体加总来轧平差异获得平均数意义上的确定性，也就是说，聚合长寿风险无法根据大数法则进行分散处理，具有系统性风险的特性（Milevsky，Promislow and Young，2006）。

为了更好地理解聚合长寿风险的这种特性，考虑一个简单的情形来加以直观说明[②]。假设年龄为 x 岁的 N 个人在 t 年购买了即期生存年金，被保险人生存每年给付 1 单位元，利率为常数 r，变量 $1_{i,t+k}$ 表示年金领取者 i 在 $t+k$ 年内一直生存，且每年领取 1 单位元，$k \geqslant 1$，则年金领取者 i 在 $t+k$ 年领取的年金值在时刻 t 的现值为：

$$Y_i = \sum_{k \geqslant 1} 1_{i,t+k} \frac{1}{(1+r)^k} \quad (3.1)$$

为了便于分析，首先假设未来人口死亡率是确定的，$q_{x,t}$ 表示在 t 年 x 岁的人在未来一年内死亡的概率[③]，则年金领取者 i 在时刻 t 的期望现值或精算现值可表示为：

$$a_{x,t} = E(Y_i) = \sum_{k \geqslant 1} E(1_{i,t+k}) \frac{1}{(1+r)^k} = \sum_{k \geqslant 1} {}_k p_{x,t} \frac{1}{(1+r)^k} \quad (3.2)$$

从年金保险产品定价的角度来看，$E(Y_i)$ 也就是年金领取者 i 购买即期生存年金所需支付的趸交纯保费，即该年金产品的公平价格，它等于 $\frac{1}{N}\sum_{i=1}^{N} Y_i$ 的公平价格，即 $E\left(\frac{1}{N}\sum_{i=1}^{N} Y_i\right)$，假设 Y_i 是独立的，且 $E(Y_i) = \mu$，$Var(Y_i) = \sigma^2$，则

$$Var\left(\frac{1}{N}\sum_{i=1}^{N} Y_i\right) = \frac{\sigma^2}{N} \quad (3.3)$$

当 $N \to \infty$ 时，方差趋近于 0，Y_i 的公平价格等于它的期望折现值。这表明保险公司可以通过运用大数法则来分散个人的长寿风险。

接下来，考虑聚合长寿风险的情形，此时死亡率不再是确定的，而是一个随机变量，时刻 t 的条件死亡概率为：

---

① 人类预期寿命的延长是复杂的、单向性演进，既有人类自身基因遗传的内在生物优劣驱动，也有经济、社会、科技和医疗的助推，虽然我们知道预期寿命延长是一种必然趋势，但无法准确预测到死亡率下降的速度，也就无法准确预测到每一队列人口的实际生存寿命。

② 参阅了：Anja de Waegenaere et al.，Longevity Risk［J］. De Economist，2010，No.158.

③ 在已知死亡率的情况下，可计算得到 t 时刻 x 岁的人在未来一年仍然存活的概率：$p_{x,t} = 1 - q_{x,t}$。

$$F_t = \{ q_{x,t+k} \mid k \geq 1 \} \tag{3.4}$$

仍然假设 Y_i 是独立的，但此时 Y_i 的均值和方差均依赖于 F_t，即 $E(Y_i) = \mu(F_t)$，$Var(Y_i) = \sigma^2(F_t)$，此时，

$$Var\left(\frac{1}{N} \sum_{i=1}^{N} Y_i \right) = E\left[Var\left(\frac{1}{N} \sum_{i=1}^{N} Y_i \right) \mid F_t \right] + Var\left[E\left(\frac{1}{N} \sum_{i=1}^{N} Y_i \right) \mid F_t \right] \tag{3.5}$$

$$即：Var\left(\frac{1}{N} \sum_{i=1}^{N} Y_i \right) = E[\sigma^2(F_t)]/N + Var[\mu(F_t)] \tag{3.6}$$

式（3.6）中，右边第一项随着 N 的增大而消失，但第二项与样本 N 没任何关系，因此，即使样本 N 趋于无穷大，$\frac{1}{N} \sum_{i=1}^{N} Y_i$ 也不可能趋于零。这表明大数法则已无法发挥作用，长寿风险依然存在，无论样本 N 有多大，都存在风险溢价。

3.1.3　长寿风险的特征

长寿风险是近些年来伴随着人口预期寿命大幅度持续提高而逐渐进入人们的视野，并受到越来越多的关注，与一般传统的风险相比，它具有以下几个基本的特征：

（1）长寿风险是一种不可分散风险，具有系统性风险①特性，无法通过大数法则分散。将长寿风险看作是一种不可分散风险，主要是针对聚合长寿风险而言的，聚合长寿风险的形成是由于队列人口或整体人口预期寿命的持续性改善而导致的，因此，对于聚合长寿风险而言，增加"风险池"并不能达到分散风险的目的。

（2）长寿风险的形成具有长期性和隐蔽性。与一般风险相比，长寿风险往往是经过长期积累形成的，且形成过程具有隐蔽性。养老需求目标的设定到养老金的实际支付之间往往存在较大的时间差，一般涉及 30～40 年，更有甚者长达 50 年，这也就是说，长寿风险的形成通常伴随着个人大部分生命周期，但个人在工作阶段可能并未意识到长寿风险的存在，而到了退休年老阶段才发现养老资源不足，长寿风险才逐渐显现出来。正如前文分析可知，长寿风险出现在第三阶段生命周期，但它的形成与个人在第一阶段的养老储蓄和第二阶段的消费密切相关。

---

① 这里的系统性风险更偏重于证券投资学中的系统性风险的经济学含义，主要是指不能通过分散投资加以消除的风险，也称为不可分散风险或剩余风险。

（3）长寿风险具有不同的承担主体。就长寿风险承担主体而言，可以是个人、家庭、企业、商业保险公司或政府。个人作为长寿风险承担主体主要是由于个人预期寿命延长，其养老储蓄不能满足老年生活的实际需求而导致生活陷入困境。企业作为长寿风险承担主体主要是因为企业举办各种养老金计划，一旦养老金计划由于计划参保者预期寿命延长导致实际支出超过预期，则企业将承担长寿风险。商业保险公司主要是由于提供团体年金养老保险或个人年金保险产品，且以终身年金的方式给付，若上述年金产品定价赖以依靠的生命表低估了人口的预期寿命，则保险公司就会承担长寿风险。而政府作为长寿风险的承担者主要是由于政府举办了各种养老金计划，在机制设计、参数设计时有可能低估了人口预期寿命使得实际支出超过预算而使政府承担长寿风险。

（4）长寿风险受多种因素影响，预测困难。长寿风险形成的原因是人口预期寿命的延长或人口死亡率的持续性改善，因此影响预期寿命延长的因素当然也是影响长寿风险的重要因素，包括人口老龄化、人类赖以生存的自然环境、社会经济环境、医疗卫生技术等，由于这些复杂因素的影响使得对长寿风险的预测极为困难。虽然有众多机构和学者进行了大量的研究，但到目前为止都没有找到预测人口预期寿命或死亡率的准确方法。

（5）长寿风险影响范围广，后果具有灾难性。从长寿风险承担主体来看，长寿风险影响范围广泛，与每个人息息相关。对政府而言，长寿风险会增加养老保险成本，出现支付危机，进而会加大政府财政支出压力，并最终会影响一国的经济协调发展。有关研究数据显示，如果2010～2050年人口寿命比预期低估3岁，不同国家平均每年需要额外增加的养老金支出占当年GDP的1%～2%。如果这些支出用2010年的现值表示，发达国家大约需要储备GDP的50%，新型经济体需要储备GDP的25%才能应对这一风险①。对企业而言，长寿风险会影响到企业的利润分配与积累，进而会影响到企业的扩大再生产和技术创新。对商业保险公司而言，长寿风险通过影响公司产品定价、利润和责任准备金提取会对保险公司的稳健经营产生威胁。最后对个人而言，最大的悲哀莫过于"人活着、钱没啦"，长寿风险直接威胁着个人的生存。

---

① 转引至：王晓军，姜增明. 长寿风险对城镇职工养老保险的冲击效应研究 [J]. 统计研究，2016（5）.

3.1.4　长寿风险和人口老龄化辨析

长寿风险和人口老龄化都与人口平均预期寿命密切相关，在研究的载体上、表现形式上以及对养老保险的影响结果上都有一些相似之处，在实际研究中常易将长寿风险和人口老龄化混同起来，认为研究长寿风险就是在研究人口老龄化，因此有必要将两者加以区别。

1. 人口老龄化的理论阐释

人口老龄化（Aging of Population）是指一个人口总体中的老年人口所占比例（份额）不断增加，抑或是青少年人口所占比例不断递减的一种渐进过程①，它是人口群体年龄此消彼长导致的结果，反映的是人口的（年龄）结构效应，而不是人口的（数量）规模效应。人口老龄化包括绝对老龄化（也称死亡率主导老龄化或顶端老龄化）和相对老龄化（也称生育率主导老龄化或底部老龄化）两种情形，前者来源于老年人口数量的增加，主要通过降低老年人口的死亡率②，提高老年人口的平均寿命来实现；而后者主要来源于少儿人口数量的减少，主要通过降低出生率，提高婴幼儿存活率来实现。经验表明，在一个完整的人口转变历程中，死亡率的下降重心逐渐从青少年人口组过渡到中老年人口组，伴随着这种过渡的完成，传统的以生育率下降为主导的人口老龄化将逐渐被以死亡率下降为主导的人口老龄化所取代，死亡率下降成为进一步加深人口老龄化的主导力量，并导致人口老龄化逐渐向人口高龄化过渡。正因为如此，在人口转变末期的人口老龄化被赋予了"死亡率主导""绝对老龄化"的特征，深深地打上了长寿的烙印，也就是说人口转变末期的人口老龄化主要依靠老年人口预期寿命的增加而实现。关于人口老龄化的衡量，联合国早在1956年就给出了划分标准（见表3-2）。

---

① 罗淳. 从老龄化到高龄化——基于人口学视角的一项探索性研究 [M]. 北京：中国社会科学出版社，2001.

② 死亡率下降对人口老龄化的影响作用是不确定的和分段的，如果死亡率的增减变化在各年龄组之间是均衡分布的，则这种死亡率下降不会引起人口年龄结构的改变；如果死亡率的下降主要集中在少儿人口组，这往往导致的是人口年轻化；只有当死亡率下降重心集中在中老年人口组，此时死亡率的下降必然增加老年人口，才会导致人口老龄化。

表 3 - 2　　　　　　　　联合国的人口年龄结构类型划分标准

	年轻型	成年型	老年型
65 岁及以上老年人口比重	4% 以下	4% ~7%	7% 及以上
0 ~14 岁少年儿童比重	40% 以下	30% ~40%	30% 以下
老少比	15% 以下	15% ~30%	30% 以上
年龄中位数	20 岁以下	20 ~30 岁	30 岁及以上

资料来源：吴忠观. 人口科学辞典［M］. 成都：西南财经大学出版社，1997：234.

其中，（1）65 岁及以上老年人口比重即通常所说的老龄化系数是指在某一时空条件下，老年人口（≥65 岁人口）占总人口的百分比。计算公式为：

$$老龄化系数 = \frac{老年人口数（≥65 岁）}{总人口数} \times 100\% \qquad (3.7)$$

老龄化系数的变化直观地表现了人口老龄化进程的快慢程度，被认为是人口老龄化程度最具代表性的重要指标。按照联合国的标准，通常当一个地区或国家 65 岁及以上人口占总人口的比重达到 7% 时，就表明该地区或国家进入了人口老龄化。

（2）0 ~14 岁少年儿童比重也称少儿比，是指 14 周岁及以下的少年儿童占总人口的比重，计算公式为：

$$少儿比 = \frac{少儿人口数}{总人口数} \times 100\% \qquad (3.8)$$

少儿比指标反映出一国人口的出生率情况。按照联合国的标准，当一个地区或国家少儿比在 30% 以下，即表明该地区或国家进入老年型人口结构。

（3）老少比是指同一人口总体中，老年人口数与少儿人口数的相对比值，计算公式为：

$$老少比 = \frac{老年人口数（≥65 岁）}{少儿人口数} \times 100\% \qquad (3.9)$$

老少比指标反映出了人口年龄结构上下两端的相对变化趋势，能直观地看出老龄化进程是源自老年人口数量还是少儿人口数量的增减变化，能辨清人口老龄化是死亡率主导还是生育率主导。根据联合国标准，老少比达到 30% 以上就表明进入了人口老龄化。

（4）年龄中位数又称中位年龄是描述人口总体年龄构成分布状况的一个指标，是按年龄标志把人口总体划分为对等两半的那个年龄数值。其计

算方法为:

$$年龄中位数 = 年龄中位数所在组下限值$$

$$+ \frac{\dfrac{人口总数}{2} - 中位数组之前各组人数累计}{年龄中位数所在组人口数} \times 组距$$

$$(3.10)$$

年龄中位数反映了特定人口年龄的集中趋势和分布状况,中位年龄的上升不仅意味着人口总体年龄的提高,同时也反映了人口结构逐渐老化。根据联合国标准,人口年龄中位数达到 30 岁及以上即为老年型人口结构。

2. 长寿风险是人口老龄化深入发展的必然趋势

长寿风险是伴随着全球人口老龄化进程的加剧和高龄化征兆的出现而进入人们的视野,是人口老龄化深入发展的必然趋势,是老龄化社会的重要风险之一①。当人口老龄化逐步进入以老年人口死亡率下降为主导,老龄化的"比例扩张"逐渐被"增龄过程"所取代,人口长寿化逐渐从高龄化中蜕变出来,成为一个不可逆转的趋势,高龄化本身就蕴含了长寿之意。从联合国人口司公布的数据资料不难看出,长寿现象与人口老龄化程度、人口高龄化密切相关,通常人口出生预期寿命比较高的国家和地区,60 岁或 65 岁及以上老年人口的预期寿命通常也比较长,同时老龄化和高龄化程度也比较突出(见表 3-3)。

表 3-3　世界人口的平均预期寿命与老龄化和高龄化的分区统计

	2010~2015 年出生人口的平均预期寿命(岁)	2010~2015 年 60 岁人口的平均预期寿命(岁)	2015 年的人口老龄化系数(%)	2015 年人口高龄化系数(%)
世界	70.47	20.16	12.26	13.91
高收入国家	78.81	23.23	22.10	19.67
中等收入国家	69.54	18.81	10.51	11.04
低收入国家	60.27	16.89	5.19	8.19
非洲	59.55	16.73	5.43	8.78
亚洲	71.57	19.38	11.56	11.81

---

① 郭金龙,周小燕.长寿风险及管理研究综述 [J].金融评论,2013(2).

续表

	2010~2015 年出生人口的平均预期寿命（岁）	2010~2015 年 60 岁人口的平均预期寿命（岁）	2015 年的人口老龄化系数（%）	2015 年人口高龄化系数（%）
欧洲	77.01	21.93	23.90	19.59
拉丁美洲	74.54	21.79	11.18	14.53
北美洲	79.16	23.47	20.84	18.25
大洋洲	77.47	23.70	16.48	17.67

注：人口老龄化系数是 60 岁及以上人口占总人口的比重，高龄化系数是 80 岁及以上人口占 60 岁及以上人口的比重。

资料来源：联合国人口司数据（2017），https：//esa. un. org/unpd/wpp/，部分数据由作者整理。

　　纵然，我们承认人口老龄化特别是人口高龄化具有长寿化的性质，但又不能简单地将两者等同起来：（1）人口老龄化主要反映了人口的一种结构变化，强调老年人口年龄结构的抬升过程，这种人口年龄结构是可逆的，当出生率开始回升并超过死亡率时，这种人口年龄结构完全可能发生相应的改变，从人口老龄化重新转向人口年轻化也是有可能的。当然，实现这种逆转却非易事，它需要人类的理性选择，需要一种可持续发展思想指导下的人口发展观[①]；而长寿化反映的是人口的质量变化，着重体现了人口的寿命增加情况，强调是生命质量和数量的统一，是一个不可逆转的趋势，就算生育率增加，也并不能解决长寿带来的后果，因为新出生队列人口本身的寿命也在增加，他们也同样面临着长寿风险。（2）人口老龄化对养老保险支出的影响并不是必然的，它取决于老年人口中有多大比重的老年群体享有养老金领取资格，如果享有养老金领取资格的老年群体数量不变，那么即使老年人口绝对数量增加也不会对养老保险支出产生影响；而长寿风险对养老保险支出的影响并不受养老保险覆盖面的制约，就算覆盖面保持不变，制度范围内参保人口平均寿命延长必然会对养老金支出产生影响。

　　此外，虽然人口预期寿命延长是造成长寿风险和人口老龄化的共同原因，但对长寿风险来说，预期寿命延长是其产生的唯一外部诱导因素，主

---

　　① 罗淳. 从老龄化到高龄化——基于人口学视角的一项探索性研究 [M]. 北京：中国社会科学出版社，2001：153.

要表现为行为主体的决策不能满足预期寿命延长趋势变化，进而对行为主体产生不利后果；而对人口老龄化来说，预期寿命延长并不是其产生的唯一主导因素，在人口老龄化初期，预期寿命延长对人口老龄化的影响并不突出，只有在总和生育率降低到人口更替水平，预期寿命延长对人口老龄化的影响才逐渐凸显。两者与人口预期寿命的关系，可通过图3-2直观表现。

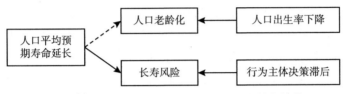

图 3-2　人口预期寿命与长寿风险、人口老龄化的关系

　　本书研究的是我国社会养老保险面临的长寿风险问题，其实质就是公共养老保险面临的聚合长寿风险，是基于公共养老保险特定的制度安排而言的。因此如无特别说明，后续章节中的长寿风险均指聚合长寿风险，它与国民人口总体或队列预期寿命的增加有关。

3.2　社会养老保险财务机制的理论阐释

3.2.1　社会养老保险财务机制及其构成

　　社会养老保险财务机制的选择与实施在社会养老保险运行机制的各个环节中具有举足轻重的作用。20世纪80年代以来，主要工业化国家面临的社会养老保险制度危机实质上是财务机制的危机①。社会养老保险财务机制是指社会养老保险资金的收支方式和收支平衡方式，是一个包含社会元素和经济元素交集的非纯财务范畴的综合机制，是养老保险制度的核心内容②，同时也是影响养老保险制度可持续发展的核心要素。

---

① 林义. 论多层次社会保障模式［J］. 中国保险干部管理学院学报，1994（1）.
② 毕小龙. 中国社会养老保险制度——经济转型、人口老龄化与社会养老保险［M］. 广州：暨南大学出版社，2009：121.

社会养老保险财务机制包含了社会养老保险基金的筹集机制、给付机制和平衡机制三个子系统。具体来看：（1）社会养老保险的筹资机制是指依据一定的原则来确定缴费率，以获得一定的保费收入，用以满足保险保障需求，并保证保险制度财务稳健发展[①]。社会养老保险的筹资机制可以分为非积累制和积累制。非积累制也就是通常我们说的现收现付制，在现收现付制下，当前退休一代的养老金支付主要来源于同期在职一代的养老保险费或养老保险税，通常表现为在职职工工资的一定比例，其本质是国家承诺兑现养老金的契约规则；而在积累制下，当前退休一代的养老金支付主要来源于退休一代自身工作期间缴纳的保费总额及其投资回报，为了保值增值需要将缴纳的保费购买金融工具。（2）社会养老保险的给付机制是指根据法律规定，运用特定的技术机制和计算公式确定养老金的给付方式和给付水平，并保证社会养老保险财务稳健发展。社会养老保险的给付机制主要包括待遇确定型（简称 DB 型）和缴费确定型（简称 DC 型）两种方式。待遇确定型通常是养老金计划提供者事先确定待遇给付公式，参保人满足养老金领取资格后，不论参保者的寿命有多长都按照先前给定的待遇计发公式获得相应的养老金待遇。通常待遇计发公式与工作期间的薪资水平、工作年限长度密切相关。在实际操作中通常以参保者职业生涯最后若干年（或收入最高的若干年）的平均薪金收入为基数来计发养老金或以参保者整个职业生涯期间的平均薪金收入为基数来计发。为了实现预先的待遇承诺，DB 型计划将参保者的缴费作为确保基金平衡的内生变量，即在给定待遇支付水平的情况下，通过不断调整职业生涯的缴费率以保证制度的财务平衡。缴费确定型通常需要建立个人账户，事先不确定待遇给付水平，参保者最终的待遇取决于其职业生涯的缴费积累额和投资收益，参保者退休后可一次性领取养老金或以年金的方式获得待遇给付，若以后者给付养老金，则具体的养老金领取数额还与预期剩余寿命、领取养老金期间的基金投资收益率密切相关。为了实现终身的待遇给付，DC 型计划将参保者的养老金待遇作为确保基金平衡的内生变量，即在给定预期剩余寿命和投资回报的情况下，通过不断调整养老金待遇以保证制度的财务平衡。在早期的文献中，学者们往往把待遇确定型和缴费确定型分别看作现收现付制和基金积累制的当然特征，并不加以严格区别，但实际上并不如此，它们可以组合成不同的养老金模式。（3）社会养老保险的可持续发展

---

① 王晓军. 社会保险精算管理——理论、模型与应用［M］. 北京：科学出版社，2011：28.

需要保持制度财务上的收支平衡，社会养老保险的收支平衡方式可以从两个维度来进行考察。首先，从平衡方向上来看，收支平衡可分为横向平衡和纵向平衡。横向平衡是指在某一时期（通常是一年）范围内，退休人员所需的养老金支出等于同期在职人员缴纳的保费收入，这种平衡方式涉及代内交换和代际转移，它将同批人中不同收入群体，以及某一年度不同出生的同批人的养老金放在一起综合平衡，具有较强的互济性，所有参保人共担风险；而纵向平衡主要是针对同批人（包括单一个体）而言的，是指同批退休人员的养老金需求等于该批人员在职时缴纳的保费积累值及投资回报，也就是同批人享用的养老金来自于他们在职时期的积累。显然，这种平衡方式不涉及代际转移，而是在同一代人内部不同收入群体之间进行的代内交换，因为同批就业人员具有相同的缴费率。特别的，当我们考虑个体时，这种纵向平衡就表现为个人退休后的养老金支出等于个人工作期间缴纳的保费积累值，这种平衡方式没有保险的互助共济性，既无代际间的转移也无代内间的转换，只涉及个人自身的跨期转移，其实质是个人的自我平衡。其次，从平衡时间长度上来看，收支平衡方式可分为短期平衡和长期平衡。短期平衡是指当年制度所筹集的资金总和等于制度所需要支出的费用总和，也就是收入与支出在当年相等；而长期平衡考虑的是更长时间的收支平衡，一般当平衡期 ≥10 时，就称为长期平衡。在长期平衡方式下，在给定某个特定时点 t 上，未来 n 年支付的现值应等于过去各年收入的积累值。

结合上述对养老保险基金的筹资方式、给付方式和基金平衡方式的分析，按照这 3 个维度下的 8 块砖，可将养老保险财务机制划分为 4 种基本模式①，详见表 3 - 4。第一种模式是最早出现的养老保险财务机制模式，即非积累的待遇确定型模式（Non-financial Defined Benefit，NDB），也称为名义待遇确定型。其特征是非积累制、待遇确定、短期平衡、横向平衡。NDB 模式是典型的传统社会养老保险财务机制，大多数国家的公共养老金计划都采用此模式。第二种模式是积累的缴费确定型模式（Financial Defined Contribution，FDC），也称为实账缴费确定型，其特征是：基金积累制、缴费确定、长期平衡、个人纵向平衡。智利私营化管理的公共养老金计划和新加坡的公积金计划就采用此模式。第三种模式是非积累的缴费确定型模式（Non-financial Defined Contribution，NDC），也就是通常我们

---

① 此种划分方法借鉴了：李珍. 中国社会养老保险基金管理体制选择——以国际比较为基础 [M]. 北京：人民出版社，2005：7.

所说的名义账户制，其特征是非积累制、缴费确定、横向平衡、长期平衡。采用这种模式的国家主要有瑞典、意大利、拉脱维亚、波兰、蒙古国和吉尔吉斯斯坦。第二种和第三种模式都为个人建立个人账户，区别在于第二种模式的个人账户是实账，有基金积累，并表现为持有一定的金融工具，而第三种模式中的个人账户是名义上的，即个人账户是空账，无实质的基金积累，个人账户仅作为一种会计记录凭证。第四种模式是积累的待遇确定型模式（Financial Defined Benefit, FDB），其特征是积累制、待遇确定、纵向平衡、长期平衡，此模式是传统职业年金的财务机制模式，多见于雇主举办的私人养老金计划，比如美国的一些大型企业。以上四种模式中，前三种均属于社会养老保险财务机制模式，而第四种是属于补充地位的职业年金财务机制模式，由于此种模式主要应用于雇主举办的私人养老金计划（职业年金计划），不属于本书社会养老保险研究的范畴，因此下面只对名义待遇确定型财务机制、实账缴费确定型财务机制和名义缴费确定型财务机制进行介绍。

表 3－4　　　　　　　　　　社会养老保险财务机制的基本模式

	"砖"	1	2	3	4
筹资机制	非积累制	√		√	
	积累制		√		√
给付机制	待遇确定型（DB 计划）	√			√
	缴费确定型（DC 计划）		√	√	
基金平衡方式	横向平衡	√		√	
	纵向平衡		√		√
	短期平衡	√			
	长期平衡	√①	√	√	√

3.2.2　社会养老保险财务机制的基本模式

1. 名义待遇确定型的财务机制

名义待遇确定型的财务机制，以下简称为 NDB 财务机制，是一种在

_____

　　① 纯粹的 NDB 模式采用的是短期基金平衡方式，通常是年内平衡，但在实践中也有少数几个国家采用长期平衡方式，例如美国和英国。

养老保险体系内以当期参保在职一代的缴费来支付当期该系统内已经退休人口养老金的财务制度安排，具有当期征收、当期使用，且支出和收入在年度内保持大体平衡的特征，其基本经济内涵是代际和代内间的收入转移和再分配。NDB 财务机制采取的是以支定收的原则，即根据事先承诺的目标替代率和当期养老金领取人口数量测算出当期的养老金需求，然后按照相同的比率分摊到当期所有的在职参保人，而当期在职参保人退休时的养老金需求则由未来参保在职职工提供。显然，在该财务机制下保持养老保险制度内人口结构的长期相对稳定，即养老金领取人口与养老金供款人口的比例长期相对平衡是其正常、持续运行的重要约束条件。

NDB 财务机制具有以下优点：（1）该机制具有较强的保险互助共济性。从 NDB 财务机制的财务收支特征，可看出这种财务机制不仅能实现代际和代内的双重收入和财富的再分配，还能防止老年贫困，这充分体现了国家养老保险的互助共济性和国家福利性。（2）该机制采用以支定收原则，建立之初无需经过一代人的积累就可实现对当期退休者支付养老金，收支关系简单，管理方便且管理成本低。（3）该机制可便利地实施盯住物价变动或工资变动的养老金待遇指数化调整机制，能均衡养老金的购买力和待遇充足性双重目标，这样可在保障退休人员基本生活不降低的前提下适度分享社会经济发展成果。（4）该机制具有较好的风险分担性，能将风险在代际和代内进行分担，实现风险承担主体多元化。例如应对社会养老保险长寿风险的冲击，政府可通过实施调整缴费率、调整待遇水平、调整养老金领取年龄等组合策略，实现长寿风险在代际之间和代内不同群体间的转移与共担。（5）该机制基金平衡期通常较短，没有太多的基金积累，因此不太具有投资风险和基金保值增值的压力。

NDB 财务机制具有以下缺陷：（1）该机制稳健实施需建立在人口年龄结构基本保持不变的基础上。在养老保险覆盖面保持一定的前提下，制度内参保人员预期寿命的增加，会使得养老金缴费人员和养老金领取人员的数量关系发生变动，从而推动制度赡养率不断提高，此时如果没有其他养老金筹集渠道，基金收支平衡将难以为继，就会陷入财务困境。（2）该机制实质是代际间的赡养关系，会将当代人产生的大量债务转移给未来代身上，个人供款和待遇享受之间并未建立一一对应的关系，激励性较弱，易引发代际矛盾，造成代际不公平。例如，制度建立初期，退休者几乎不用缴纳任何保险费（税）或只需缴纳较少费用就可获得较丰厚的养老金待遇；或当退休群体寿命大幅度增加在待遇保持不变的情况下，必然会要求在职一代多缴纳保险费（税）。（3）从经济学视角来看，该机制不利于国民储蓄的增加，会扭曲劳动力市场的供给，对促进国家经济增长的效应不明显，甚至存在负面影响。

2. 实账缴费确定型财务机制

实账缴费确定型财务机制，以下简称为 FDC 财务机制，是一种在养老保险体系内用个人在职期间的缴费及其投资收益积累值来支付个人退休期间养老金待遇的财务制度安排，具有自我积累、自我使用、自我养老，且收入与支出遵循严格的精算平衡原则，量入为出的特征，其基本经济内涵是个人资产在生命周期内的时序转移，即将个人一生的收入在工作期间和退休期间进行再分配，也就是将个人工作期间的部分收入延期至退休后再消费，以实现生命周期消费熨平的目标，不涉及代际的收入再分配问题。实账缴费确定型财务机制采取以收定支的原则，也就是说，政府出于多种目标的权衡，基于人口的健康状况和社会经济发展指标测算出平均个人养老金需求，但个人最终能获得的养老金数额事先并不能确定，政府为参保者建立单独的个人账户，并通过法律的形式强制个人在工作期间以工资的一定比例向其个人账户进行供款，当个人退休时，用其个人账户积累的基金支付个人所需的养老金，个人承担保障不足的风险。显然，在该财务机制下养老保险的自我负担率即个人退休年数占工作年数的比重是其正常、持续运行的重要约束条件之一。

FDC 财务机制具有以下优点：（1）该机制强调个人自我养老、自我保障，工作阶段向个人账户缴费并积累，退休阶段领取个人账户养老金，不涉及代际之间的转移和再分配，因而受人口年龄结构的直接影响较小，同时也能避免代际矛盾。（2）该机制采取以收定支，且严格遵循精算平衡的原则，参保者最终能获得的养老金多寡直接与个人账户积累值有关，在不考虑投资情况下，工作期间缴费越多，个人账户积累的基金越多，退休后享受的养老金待遇也越多，因此该财务机制具有较强的激励性。（3）从经济学视角来看，该机制能积累大量的基金，有利于国民储蓄的增加，有利于资本市场的发展与完善，对国家经济的增长有积极的促进作用。（4）个人账户的建立使养老金权益具有便携性，养老金关系易于在不同区域、不同工作和不同部门之间转移，减少了对劳动力市场的扭曲。

FDC 财务机制具有以下缺点：（1）该机制隐藏着较大的风险，且风险承担主体单一，主要为个人账户持有者。该机制实行的是个人基金的纵向平衡，从基金的积累到基金的支出往往涉及较长期限，期间可能会受到很多不可控因素的影响，进而使该机制面临包括政治风险、投资风险、操作风险、通货膨胀风险等等在内的一系列不确定风险。（2）该机制强调自我保障，缺乏社会互济性和收入再分配功能，老年阶段的养老金直接来源于个人账户的基金积累值，对于低收入者、缴费不足者来说，容易导致老年贫困问题。（3）该机制下需要为每个参保人建立个人账户并且定期更新记录缴费情况、投资收益情况，涉及到账户初始设立成本、运营成本、申购佣金或年管理费等等，因此该机制需要较高的管理成本，这些成本会使个人账户中的养老金资产大为缩水，最终降低养老金领取者的待遇水平。巴尔和戴蒙德（Barr and Diamond，2000）基于合理假设条件下，测算了个人账户管理成本对最终养老金总资产的影响，结果表明，在 40 年的职业生涯中，如果个人账户管理成本是养老基金资产的 1%，那么最终养老金资产将减少 20%[①]。近几年来，智利爆发的大规模游行主要原因也是由于个人账户运营成本过高[②]导致养老金待遇大为缩水，91% 的养老金领取者领取到的养老金不到智利最低工资的 62%。

3. 名义缴费确定型财务机制

名义缴费确定型财务机制，以下简称为 NDC 财务机制，是一种把现收现付制和缴费确定型相结合，基金短期横向收支平衡与长期纵向收支平衡相结合的财务机制，兼具了 NDB 财务机制和 FDC 财务机制的某些特征。从筹资方式上来看，NDC 财务机制采用 NDB 财务机制的筹资方式，同一时期在职一代人的缴费直接用来支付退休一代的养老金，缴费以工薪税的方式实现，由雇主和雇员共同承担[③]，但需要给每位在职缴费人员单独建立个人账户，个人账户无实质的基金积累，只负责用来记录参保人的缴费并按事先政府确定的某一名义记账利率[④]累积增值，以此作为未来索取养老金的依据。从给付方式来看，虽然个人账户中的资产是"名义的"也就是通常所说的"空账"，但在确定退休者养老待遇时却遵循 FDC 财务机制

---

① 尼古拉斯·巴尔，彼得·戴蒙德. 养老金改革：理论精要［M］. 郑秉文等译. 北京：中国劳动社会保障出版社，2013：70.

② 2016 年 9 月 13 日《日本经济新闻》报道称，智利养老金名义收益率为 8%，而运营成本是 5%。

③ 在实行名义账户制的 6 个国家里，除了瑞典和波兰实行雇主雇员平均分担外，其他国家雇主承担的比例远高于雇员。

④ 此处的收益率是政府确定的，并不是市场投资收益的真实结果，所以称之为名义记账利率，名义记账利率的高低决定着个人退休时账户基金名义积累的规模，在一个成熟的制度里，它基本等于制度内缴费工资的增长率，在实施名义账户制的国家中，大部分国家将名义记账利率与工资增长率挂钩，只有意大利将名义记账利率与 GDP 增长率挂钩。

的待遇支付规则，退休者养老金的待遇水平与个人账户中的名义积累额直接挂钩，并按照特定的养老金年金公式计发①，个人承担支付风险。

作为一种兼具 NDB 和 FDC 特征的财务机制具有很大的优势，它吸收了两种财务机制的优点和长处，将激励机制和代际互济有机结合起来，将基金的短期横向平衡与长期纵向平衡有机结合起来，避免了传统财务机制的一些弊端，具体来看，NDC 财务机制主要具有以下优点：（1）在 NDC 财务机制下养老金待遇按年金方式进行给付，在计算年金时使用的是同年龄组无性别差异的预期寿命②，其实质是建立了一种收入的再分配机制和风险共担机制，即收入从短寿者向长寿者进行了转移，短寿者分担了长寿者的长寿风险。（2）有利于制度转轨的实现，减少代际之间的矛盾③。（3）由于建立在现收现付制下，没有实质的基金积累，避免了 FDC 下的基金投资运营等风险和基金保值增值的压力。（4）由于建立了包括在缴费阶段和给付阶段的一整套内部指数调整机制，使得在对抗人口老龄化冲击和应对长寿风险方面显现出了极大的优势。（5）与 NDB 财务机制相类似，该机制能将长寿风险在代际和代内间进行分担。

当然，我们也必须认识到，虽然 NDC 财务机制在很多方面具有明显的优势，但正如尼古拉斯·巴尔所言，该财务机制也具有两方面的严重劣势，即它的效率低，在福利方面是次优的④。此外，如何根据不同国家的政治、经济、人口和文化发展情况，设计适宜自身国家发展的具体财务机制参数，以及在机制具体的实施过程中所需要的执行力，在实践中也是具有难度的。

3.3　长寿风险对社会养老保险财务机制影响的理论分析

3.3.1　长寿风险影响社会养老保险财务机制的传导途径

社会养老保险通常都是采用终身年金的方式给付，加之社会养老保险

① 在确定年金养老金时 6 个国家均选择了男女综合平均剩余寿命，且大部分国家实行养老金指数化调整，例如意大利和拉脱维亚盯住通货膨胀率，波兰同时盯住通胀率和实际工资增长率，瑞典则同时盯住通胀率和经济增长率。

② 在实施名义账户制的 6 个国家在年金公式中均采用退休时男女综合平均余命。

③ 名义账户制的缴费率通常在一个时期内是不变的，甚至连续几代人都有其工资收入的相同比例的固定缴费率，从代际公平的视角出发，名义账户制在不同代之间具有公平性。

④ 罗伯特·霍尔茨曼等. 名义账户制的理论与实践——社会保障改革新思想 [M]. 郑秉文等译. 北京：中国劳动社会保障出版社，2009：65.

关键制度参数是政策制定者基于过去经验数据预测的基础上事先设定好的，这使得养老保险成本对人口预期寿命的变化较为敏感。在既定的养老保险制度安排下，一旦人口平均预期寿命延长，特别是退休人口剩余寿命的增加必然会增加社会养老保险支出成本，对养老保险的财务收支平衡产生影响。具体来看，长寿风险可通过国民经济、养老金给付久期、参保人口数量以及微观主体行为四条途径影响社会养老保险财务机制。

1. 长寿风险通过一定的途径影响国民经济，进而对社会养老保险财务机制产生影响

较多学者认为长寿风险对国民经济增长具有较强的正相关性（Barro and Sala - I - Martin，1995；Hall and Jones，1999；Cervellati and Sunde，2005），而国民经济的健康发展是社会养老保险财务机制稳定和制度可持续发展的重要制约因素和物质保证。经济发展水平制约着社会养老保险的覆盖范围和保障程度，国民经济的健康发展能提升社会养老保险的筹资能力，提升政府资助养老保险制度的补贴能力，同时，还意味着养老保险基金能获得良好的资金投资回报以及个人的养老金待遇能分享更多的经济发展成果，这些因素都会直接影响到社会养老保险的财务收支能力。因此，长寿风险能通过国民经济发展渠道，对养老保险财务机制产生直接或间接的影响。

根据经济增长理论，长寿风险对国民经济的影响主要是通过影响储蓄和劳动力供给两条路径来实现。首先，长寿风险的存在意味着政府未来需要更多额外的资金储备来实现退休后剩余寿命延长期间所需的老年经济收入保障，这就增强了政府对养老基金储存或积累的需求①，从而有助于增加社会的总储蓄量和资本积累（Lee et al.，1998；Bloom et al.，2003；Li et al.，2007）。其次，长寿风险的存在会影响劳动力市场的供给从而促进经济增长，具体而言，对劳动力供给的影响主要表现为对劳动力供给的数量和质量两个方面：其一，长寿风险的存在会使理性的参保者延长工作时间，推迟退休，从而增加了劳动力供给规模。同时，政府为了缓解长寿风险冲击，减少由于预期寿命延长导致的额外养老保险支出成本，不断提高养老金待遇领取年龄，遏制提前退休，鼓励老年人口就业，这些措施的实施都有助于增加劳动力供给。凯莱和施密特（Kelley and Schmidt，1995）

① 这种需求主要表现在养老保险筹资模式的转变（从现收现付制向基金积累制的改革）、养老基金的私营化投资运作以及社会保障储备基金的设立等，这些措施对策都具有明显的储蓄效应。

研究指出预期寿命延长或死亡率的下降会提高劳动力供给的数量和规模，特别是在一些发展中国家。其二，长寿风险的存在会增加潜在参保者的受教育年限，加大人力资本投入，提高劳动力素质，从而提高劳动生产率增加积累（Ram and Schultz，1979），这是由于人口预期寿命的延长会增加人们工作时间，增加人力资本投资回报。李佳（2015）研究指出长寿风险与受教育年限之间存在着明显的正相关关系。

2. 长寿风险通过影响养老金给付久期，进而影响社会养老保险制度自我负担率，对社会养老保险财务机制产生影响

长寿风险对社会养老保险财务机制的影响是由于预期寿命延长会使制度的自我负担率发生变化，进而对养老保险财务收支能力产生影响。自我负担率是指领取养老金年数（退休年数、剩余寿命）和缴费年数（工作年数）之比，该比率上升可能是由于养老金领取时间延长导致或缴费期缩短导致的，这两种情况，在养老金待遇水平一定或缴费率、缴费基数一定的前提下，都会减弱养老保险制度的财务收支能力，反之，该比率下降，意味着领取时间缩短或者缴费期间延长，则会增强养老保险制度的财务收支能力。人口预期寿命延长表明人们存活的时间跨度延长了，在法定退休年龄或法定养老金领取年龄保持不变的情况下，预期寿命的延长一方面使得参保退休职工领取养老金的持续期延长了，而另一方面参保职工的缴费期却是一定值，这必然会抬高养老保险制度的自我负担率。在此前提下，若保持养老保险替代率不变，就会增加养老保险基金支付压力，弱化财务收支能力；若保持养老金财富不变，就必然会导致养老保险待遇水平的削减，降低参保退休群体生活水平和抗风险的能力。长寿风险的这种影响效应对完全基金积累财务机制更为敏感。

关于人口预期寿命延长对养老金给付久期的影响，我们可以借助列克西斯时间－年龄方格图（Lexis Diagram）① 来加以直观说明。考虑一个简单的情形，假设同批人 A、B，退休年龄均为 60 岁，人们退休后即可领取全额养老金，且养老金一直领取到退休者死亡为止。从图 3－3 中可以看

① 列克西斯图是在人口分析中使用最早和使用最多的工具图，它因德国统计学和人口学家列克西斯（W. Lexis）最先使用而得名。它是一种把人口事件的时间与年龄联系起来考察的直观工具图，因此也称为时间年龄方格图，借助它可以更清楚地了解人口事件随时间与年龄或期间变化的情况。它借用了数学里的直角坐标系，基础框架由相互垂直的两个坐标轴构成，横轴表示日历时间，纵轴表示年龄或离列队起始事件的期间，图中线段表示人口生存总体，以线段围城的区域表示人口死亡总体，点、线段和线段围成的区域没有任何几何学意义。

出，当同批人 A 的预期寿命为 70 岁时，该批人退休后领取养老金的时间跨度为 CDE 时间段（60～80 年），现在如果该批人的预期寿命从 70 岁增加到了 80 岁，那么领取养老金的时间跨度将变为 CEF 时间段（60～90 年），原来退休后只需支付 CDE 时间段的养老金年限由于该 A 批人的预期寿命延长，现在却需要支付 CEF 时间段，增加的 EF 时间段的养老金领取年限就是预期寿命增加对养老金支付久期的影响效应。

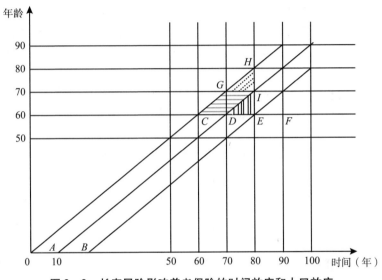

图 3 - 3　长寿风险影响养老保险的时间效应和人口效应

3. 长寿风险通过影响参保人口数量，进而影响社会养老保险制度赡养率，对社会养老保险财务机制产生影响

人口预期寿命的延长意味着完成一次世代更替人口所需的时间延长了，在一个封闭的人口中，如果同时出生的一批人的预期寿命从原来的 70 岁延长到 80 岁，这就意味着原来 70 年完成一次世代更替的人口现在需要 80 年才能完成，那么这延长 10 年中继续生存的那部分人口对于既定时空下的总人口而言就相当于新增加的人口。人口预期寿命延长导致的人口效应，我们同样可以从图 3 - 3 得到直观表示，当 60 岁后同批人 A、B 已陆续进入了领取养老金的时段，在 70～80 年间，当同批人 A 预期寿命为 70 岁时，该时段需要支付养老金的总人口数为四边形 $DGIE$ 区域，如果同批人 A 的预期寿命增加到 80 岁，则相同的时间区间上需支付养老金的总人口

数变为四边形 *DGHE* 区域，增加的三角形 *GHI* 区域就是由于同批人 *A* 的预期寿命延长 10 岁而增加的在相同时间区间上领取养老金人口的数量。可见，人口预期寿命的延长对人口数量的影响是显著而直接的，会引起人口的净增长①。刘贵平（1999）研究指出对于 *x* 岁的人来说，平均余寿每增加 1 岁，则 *x* 岁人口预期生存人年数增加原来平均余寿的倒数。

长寿风险对养老保险财务机制的影响主要就是由于预期寿命延长带来的人口效应会使制度赡养率发生变化。若预期寿命的延长主要是由于青壮年死亡率的降低而引起，那么长寿风险会通过影响参保缴费职工的人数规模进而影响到养老保险资金的筹集，在缴费基数和缴费率一定的情况下，会增加基金征缴收入，其实质也就是稀释了制度赡养率；相反，若预期寿命的延长主要是由于老年人口死亡率的改善而导致，那么长寿风险会通过影响参保退休职工的人数规模进而影响到养老保险基金的给付。此时，预期寿命的延长会增加同一时期领取养老金的总人数，即使养老金领取人数每年以恒定的量增加，在既定的时空条件下，相应的领取养老金的总人口数和规模也会增加，在养老保险替代率保持不变的情况下，领取养老金总人口的增加对于既定约束下的养老保险制度而言，也必然会增加养老金的支出规模，增加养老金给付成本，也就是加重了制度赡养率。诚然，就目前世界人口转变特征来看，人口总体预期寿命的延长还是得益于老年人口死亡率的大幅度下降，因此，长寿风险对社会养老保险财务机制的影响更主要的是抬高了制度赡养率，减弱了养老保险制度的财务收支能力，这种影响对现收现付制财务机制更为敏感。

4. 长寿风险通过影响微观主体行为，进而对社会养老保险财务机制产生影响

长寿风险是相对于某一行为主体而言的，长寿风险的加剧和积累会改变行为主体对长寿风险的认知和担忧，为了规避或转移长寿风险，客观上会促使行为主体趋利避害改变原有策略，从而会对社会养老保险财务机制产生影响，这种微观主体行为的影响可以概括为以下两个方面：

（1）从养老保险参保者行为的角度来考察。长寿风险的进一步积累，会增加参保者个人对长寿风险的恐惧和担忧，为了未来获得稳定持续的老年经济收入保障，个人会积极主动参与社会养老保险、按时交纳养老保险

---

① 转引至罗淳. 从老龄化到高龄化——基于人口学视角的一项探索性研究 [M]. 北京：中国社会科学出版社，2001：146.

费，降低逃欠费现象，主动延长缴费期间，推迟养老金领取时间等，这些行为决策都会对增加社会养老保险的征缴收入产生影响，从而提升社会养老保险财务收支能力。当然这些行为的改变必须要依靠大力宣传，通过提升民众对长寿风险的关注和认知才能得以实现。

（2）从养老保险举办者政府行为的角度来考察。政府举办养老保险的主要目标是通过再分配、减贫、保险、消费熨平来实现老年经济保障，并使其成本最优化。长寿风险的加剧会增加养老保险成本，增大养老保险基金收支失衡的风险，进而威胁到制度的偿付能力和可持续发展，并最终对养老保险计划目标的实现产生不利影响。为了实现计划目标朝着既定的路径推进，客观上要求政府转变理念和定位，从而将会改变社会养老保险制度模式选择和制度参数设计，进而对社会养老保险财务机制产生影响。养老保险制度模式的结构性改革会直接影响社会养老保险的筹资机制、给付机制和基金平衡方式发生变化，而制度参数的调整则会直接影响到基金的收入和支出。在长寿风险背景下，政府可以通过实施众多制度优化政策，以此来提升社会养老保险财务收支能力。各种制度优化政策的实施对社会养老保险财务收支的影响主要表现如下：

第一，提高养老保险缴费率。缴费率的提高能增加养老金收入，从而缓解剩余寿命增加对养老金支出的需求，但缴费率的提高会增加在职一代的负担和企业的成本，会使个人和企业出现欠逃费现象。

第二，扩大社会养老保险制度覆盖面。在人口预期寿命延长的背景下，扩大社会养老保险制度覆盖面一方面会增加参保缴费人口的数量，降低制度赡养率，缓解基金支付压力，从而达到改善养老金短期收支平衡的目的，但另一方面，随着新参保者预期寿命的延长，基金未来支付也会面临巨大压力。也就是说社会养老保险制度扩面对养老保险基金压力是双向的，短期正向、长期负向。

第三，削减养老金的平均待遇水平，降低养老金替代率从而降低养老金支出。养老保险的福利刚性使得政府削减养老金的施政空间变得极为狭窄，即使政府能实施养老金削减政策，但这种削减也有一定的约束，一旦越过底线不仅不能实现防止贫困的目标，还有可能会导致新的贫困出现。

第四，提高首次养老金领取年龄，不仅可使制度赡养率下降，同时也使平均剩余寿命与平均缴费年限的比值降低。即使各年龄组的人口数量是稳定的，但养老金领取年龄的规定会改变制度内的养老金领取人口数量和缴费人口数量，从而使制度赡养率发生变化，同时也会改变领取养老金的平均年限和养老金的平均缴费年限，从而使平均剩余寿命与平均缴费年限的比值发生变化。提高养老金首次领取年龄也就是提高了参保者领取养老保险待遇资格的门槛限制，必将会减少养老金领取人口的数量，增加缴费人口的数量，从而降低制度赡养率，同时，提高养老金的领取年龄还意味着劳动者工作年限的延长，相应地也延长了劳动者的缴费年限，这不仅会对养老保险计划产生潜在的收入效应，还由于工作年限的延长减少了参保者领取养老金的余命期限，从而减少了养老保险的支出。

第五，拓宽养老保险基金投资渠道，提高基金投资收益率。养老保险基金投资收益率的提高，可以增加养老基金收入，扩大养老金的积累规模，且在保持原有养老金水平条件下，可以增加领取年限，或在固定养老金领取年限时，增加每年或每月的养老金待遇，但较高的投资收益率也意味着较高的投资风险，需要加强对养老金的监管运营。

3.3.2 长寿风险影响社会养老保险财务机制的数理分析

为了更直观地阐述长寿风险影响养老保险财务机制的作用机理，在以下的分析中，本书采用胡仕强（2016）的做法将长寿风险与养老金变量之间关系的抽象概念转化为预期寿命延长与养老金变量间的具体一一对应关系，以此来考察长寿风险对 NDB、FDC、NDC 三种主要社会养老保险财务机制的影响作用机理。

1. 长寿风险对 NDB 财务机制的影响

（1）基金平衡公式。根据 3.2 节的分析，我们知道在 NDB 财务机制下工作的一代人的供款被用来支付同一时期内退休一代的养老金，基金没有积累，每一代人的养老资源必须依赖下一代人的供款。该财务机制下的基金平衡方式是一种期间平衡和横向平衡，即一定期间的退休人口养老金支出总额与该期间在职人口缴纳的保险费总额相等。纯粹的 NDB 财务机制是年内的横向平衡，即每年的退休人口养老金支出的总额等于在职人口每年的养老保险费总额。用数学公式可表示为：

$$I_t = O_t \qquad (3.11)$$

其中，I_t 表示 t 年的养老保险缴费总额，它与缴费工资、缴费率和缴费总人数有关。O_t 表示 t 年的养老金支出总额，它与平均养老金给付水平和领取养老金总人数有关。

　　为了更直观地分析长寿风险对社会养老保险财务机制的影响机理，我们考虑的是 NDB 财务机制的中长期收支平衡[①]，在分析中借鉴胡秋明（2009）的做法在基金平衡公式中引入了工作人口的平均缴费年限和退休人口的平均剩余寿命两个变量，并将长期的财务收支平衡引申为缴费职工人口在其整个工作期间缴纳的养老保险费（税）的总额与退休人口在其整个平均剩余寿命期间获得的养老金给付总额之间保持长期平衡[②]。

　　为了简化分析，我们考虑一个封闭的人口状态，且只存在工作人口和退休人口，并进行如下假设：①缴费职工人口总数为 N_t，平均缴费年限等于职工平均工作年限为 n_t，且缴费年限不中断；②养老保险的缴费率（税）为 s_t；③在职人口的平均缴费工资为 w_t；④养老金领取人口的总数为 N_{t-1}，领取者的平均剩余寿命为 m_t；⑤平均养老金给付水平为 V_t。则 I_t 和 O_t 用数学公式可分别表示如下：

$$I_t = N_t s_t w_t n_t \tag{3.12}$$

$$O_t = N_{t-1} V_t m_t \tag{3.13}$$

　　则公式（3.11）可以变为：

$$N_t s_t w_t n_t = N_{t-1} V_t m_t \tag{3.14}$$

　　式（3.14）表明，NDB 财务机制下的基金收支平衡与养老保险缴费人口数量、缴费率、缴费基数、缴费期长短、养老金领取人口数量、养老金给付水平和养老金领取人口平均剩余寿命密切相关。在缴费率固定的情况下，缴费人口越多，养老金收入越高；平均缴费工资越高，养老金收入越高；缴费期间越长，养老金收入越高。在养老金替代率一定的前提下，领取养老金的人数越多，养老金支出越高；养老金给付水平越高，养老金支出越高；养老金领取人口平均剩余寿命越长，则养老金支出也越高。

　　（2）长寿风险因素的导出。对公式（3.14）进行变形，得：

$$s_t = \frac{N_{t-1}}{N_t} \cdot \frac{V_t}{w_t} \cdot \frac{m_t}{n_t} \tag{3.15}$$

　　其中，$\dfrac{N_{t-1}}{N_t}$ 是养老保险制度内养老金领取总人数和缴费总人数之比，一

---

　　①　在现实情况中，养老金收支几乎同时发生，由于要求缴费率和养老金水平相对稳定，加之受人口条件和其他经济条件的制约，实现年度平衡几乎是不可能的，在实践中往往采用中长期的平衡，例如美国社会保险精算评估的时期为 75 年，英国的是 60 年，因此本书考察长期财务平衡是合适的。

　　②　胡秋明. 可持续养老金制度改革的理论与政策研究［D］. 成都：西南财经大学，2009：66.

般称之为养老保险制度赡养率，$\frac{V_t}{w_t}$是平均养老金水平和平均缴费工资之比，一般称为平均养老金替代率，$\frac{m_t}{n_t}$是平均剩余寿命与平均缴费年限的比值。

因此，缴费率s_t可以表示为养老保险制度赡养率、平均养老金替代率和平均剩余寿命与平均缴费年限之比的函数。在制度赡养率和平均缴费年限保持不变的情况下，养老金领取者平均剩余寿命的延长必然会影响到养老金支出的总规模，增加养老金成本，如果要保持平均养老金替代率不变，必然要提高养老保险的平均缴费率；如果要维持缴费率，则必然要降低平均养老金替代率。由于在NDB财务机制下，平均养老金给付水平事先已承诺，也就是说平均养老金替代率是事先就确定的，为了保持固定的养老金替代率，在养老金领取者平均剩余寿命延长的趋势下，必然要求缴费率随着养老金领取者剩余寿命增加而上升，由于缴费率通常要求在一定时期内保持相对稳定，不可能随领取者剩余寿命一直提高，因此当剩余寿命增加到一定程度时，支付危机就会产生。

2. 长寿风险对FDC财务机制的影响

（1）基金平衡公式。在FDC财务机制下基金的平衡方式是个人生命周期内的纵向平衡，以退休时刻为参照点，则个人工作期间的缴费在退休时刻的积累值应等于个人领取的养老金总额在退休时刻的现值。也就是说个人在工作期间按工资的一定比例固定向个人账户进行供款，这笔缴费实实在在存在于个人账户中，账户中的缴费额由公共或私人的管理机构负责运营，投资收益也计入个人账户。当个人达到养老金领取资格时，根据个人账户积累额和参保者的预期剩余寿命确定个人养老金待遇水平。用数学公式可表示为：

$$I_{t-1} = O_t \tag{3.16}$$

其中，I_{t-1}表示个人在工作期间的缴费及其投资收益总额，它与个人缴费工资、缴费率、缴费期间和基金投资收益率有关；O_t表示个人在退休期间领取的养老金总额，它与养老金水平[①]和个人领取养老金的时间长度

---

① 养老金水平跟个人账户积累资金的发放方式密切相关，若个人账户采取年金的方式发放，则养老金水平与个人账户积累额、个人退休时的剩余寿命以及养老金领取期间个人账户的投资收益率密切相关；若个人账户采取一次性给付，则养老金待遇完全等于领取时个人账户积累的基金总额。这里的养老金水平是指前者。本书研究的FDC财务机制中的给付方式均指养老金的年金化发放，因为本书研究的是社会养老保险长寿风险问题，如果待遇实行一次性发放，则将社会养老保险的长寿风险又转移给了个人，成为了个人的长寿风险。

密切相关。

为了简化分析,我们进行如下假设:①个人的工作年限为 n_{t-1},在工作期间进行缴费且缴费年限不中断;②工作期间的养老保险缴费率(税)为 s_{t-1};③在工作期间的平均缴费工资为 w_{t-1};④个人账户基金的投资收益率为 r_n;⑤养老金领取时间为 n_t,也就是个人退休时的剩余寿命;⑥平均养老金给付水平为 V_t。则 I_{t-1} 和 O_t 用数学公式可分别表示如下:

$$I_{t-1} = n_{t-1}s_{t-1}w_{t-1}(1 + r_n) \quad\quad (3.17)$$

$$O_t = n_t V_t \quad\quad (3.18)$$

则公式(3.16)可以变为:

$$n_{t-1}s_{t-1}w_{t-1}(1 + r_n) = n_t V_t \quad\quad (3.19)$$

式(3.19)表明,FDC 财务机制下的基金收支平衡与参保者工作期(缴费期)、缴费率、缴费基数、投资收益率、养老金给付水平和领取养老金的剩余寿命密切相关。在缴费率固定的情况下,平均缴费工资越高,养老金收入越高;缴费期间越长,养老金收入越高;个人账户投资收益率越高,养老金收入越高。在养老金收入一定的前提下,领取养老金的时间越长,养老金支出越高;养老金给付水平越高,养老金支出越高。虽然在理论上,FDC 财务机制可实现在任意一时点上的财务收支平衡,即在给定的任一时点上个人账户养老金负债总额等于养老金资产总额,但在实际操作中,由于事先确定了给付公式①,如果低估了待遇领取人口的剩余寿命,而养老金公式没有进行及时调整,个人账户也将会面临超额支出的风险。

(2)长寿风险因素的导出。对公式(3.19)进行变形,得:

$$s_{t-1} = \frac{n_t}{n_{t-1}} \cdot \frac{V_t}{w_{t-1}} \cdot \frac{1}{1 + r_n} \quad\quad (3.20)$$

其中,$\dfrac{n_t}{n_{t-1}}$ 是自我负担率,在养老金领取年龄约束条件下,平均剩余寿命的延长,会使得自我负担率增加,从而增加养老金支出;$\dfrac{V_t}{w_{t-1}}$ 是个人养老金水平和个人缴费工资之比,一般称为个人养老金替代率,$\dfrac{1}{1 + r_n}$ 是个人账户基金的投资回报率。

---

① 在 FDC 财务机制下,政策制定者往往根据人口的预期寿命和经济发展指标以及社会养老保险要实现的养老金替代率目标综合考虑测算后制定养老保险缴费率,因此从此角度来看,在实践中个人账户的给付公式是事先确定的。

显然，缴费率 s_{t-1} 是个人自我负担率、养老金替代率和基金投资收益率的函数。在 FDC 下，通常缴费率是固定的，假设在投资收益率保持不变的情况下，养老金领取者剩余寿命的延长必然会影响到养老金的支出，要保持基金实现收支平衡，自我负担率的提高必然要求养老金替代率的下降。但是，我们也应该注意到，尽管 FDC 没有对待遇进行承诺，但如果养老金待遇随预期寿命延长降低得太快，会引起养老金购买力不足问题，导致民众对养老保险待遇不满情绪的产生，从而对养老保险可持续发展造成威胁。

3. 长寿风险对 NDC 财务机制的影响

（1）基金平衡公式。从前一节的分析可知，NDC 财务机制兼顾了基金的纵向平衡和长期平衡，兼顾了公平与效率。退休一代的养老金支出来源于在职一代缴纳的养老保险费（税），在代际之间实现了收入的转移和再分配，同时个人退休后的养老金待遇水平又与个人在职期间缴纳的保险费多寡和政府设定的记账利率密切相关，增加了个人缴费的积极性。NDC 特有的内在财务机制使其本身能自动实现养老金的长期财务收支平衡，名义资本收益率的确定和平均预期寿命的预测是其中的关键因素。

由于 NDC 模式是建立在现收现付制基础上，其基金平衡公式与 NDB 模式是相同的即：

$$I_t = O_t \tag{3.21}$$

其中，I_t 表示 t 年的养老保险缴费总额，它与缴费工资、缴费率和缴费总人数有关。O_t 表示 t 年的养老金支出总额，它与平均养老金给付水平和领取养老金总人数有关。值得注意的是，在 NDC 财务机制下，平均养老金给付水平不再像 NDB 财务机制下由政府事先承诺即保持目标替代率不变，而是取决于个人名义账户中的名义累积资产。由于个人账户是名义的，不具有实质的基金积累，因此需要向同期在职一代进行资金筹集，其筹集的规模等于退休一代在其工作时间缴纳的保费总额及按照记账利率增加的名义收益，因此，t 年在职一代的养老保险缴费总额实质是等于同期退休一代在其工作期间缴纳保费的名义积累值。

接下来，为了推导出长寿风险对 NDC 财务机制的影响，我们考虑基金的年度平衡方式①，并做如下假设：在 t 年缴费职工人口总数为 N_t，养

---

① 在 NDC 财务模式下，虽然个人的缴费率确定，但政府可以根据通货膨胀率和经济发展情况调整记账利率，因此在此模式下能更好实现短期平衡。

老保险的缴费率（税）为 s_t，在职人口的平均缴费工资为 w_t，养老金领取人口的总数为 N_{t-1}（即等于 $t-1$ 期工作人口的总数），平均养老金水平为 V_t[①]，则 I_t 和 O_t 用数学公式分别表示如下：

$$I_t = N_t s_t w_t \qquad (3.22)$$

$$O_t = N_{t-1} V_t \qquad (3.23)$$

则公式（3.21）可以变为：

$$N_t s_t w_t = N_{t-1} V_t \qquad (3.24)$$

进一步，假设退休一代在其开始领取养老金时的个人账户养老金名义积累额为 o_{t-1}，工作期间的养老保险缴费率为 s_{t-1}，平均缴费工资水平为 w_{t-1}，平均缴费年限（或称为工作年限）为 n_{t-1}，个人账户的内部收益率为 r_{t-1}，退休一代领取养老金时的平均剩余寿命为 d_{t-1}，则：

$$O_{t-1} = s_{t-1} w_{t-1} n_{t-1} (1 + r_{t-1}) \qquad (3.25)$$

$$V_t = \frac{O_{t-1}}{d_{t-1}}[②] \qquad (3.26)$$

此时，基金平衡公式可表示为：

$$N_t s_t w_t = N_{t-1} \cdot \frac{s_{t-1} w_{t-1} n_{t-1} (1 + r_{t-1})}{d_{t-1}} \qquad (3.27)$$

式（3.27）表明，在 NDC 财务机制下基金的收支平衡与两代人在职时的人口数量、两代人的养老保险缴费率、缴费工资水平、退休一代工作时间、政府给定的记账利率以及退休一代开始领取养老金时的平均剩余寿命密切相关。

（2）长寿风险因素的导出。对公式（3.27）进行变形，可得：

$$s_t = \frac{N_{t-1}}{N_t} \cdot \frac{w_{t-1}}{w_t} \cdot \frac{n_{t-1}}{d_{t-1}} \cdot s_{t-1} \cdot (1 + r_{t-1}) \qquad (3.28)$$

其中，$\frac{N_{t-1}}{N_t}$ 为养老保险制度赡养率，$\frac{w_{t-1}}{w_t}$ 表示两代人的平均工资水平之比，$\frac{n_{t-1}}{d_{t-1}}$ 是个人缴费年数（工作年数）和领取养老金年数之比，也就是自我负担率的倒数。显然，在职一代的缴费率 s_t 与养老保险制度赡养率、两代人的平均工资水平之比、个人自我负担率、退休一代的缴费率 s_{t-1} 和

[①]　此时的养老金水平取决于名义账户中的名义资产积累额和退休一代的平均剩余寿命。

[②]　养老金水平与同年龄组人群的预期寿命和养老金领取期间个人账户内部收益率相关，在不考虑领取期间个人账户内部收益率的情况下，养老金水平等于退休前个人账户的名义总资本除以领取养老金同年龄组人群的平均剩余寿命。

个人账户的内部收益率密切相关。

从公式（3.28）来看，在 NDC 财务机制中由于放弃了 NDB 财务机制中对养老保险待遇的固定承诺，预期寿命延长能通过调整退休者的待遇水平和在职一代个人账户的内部收益率①来化解制度的支付危机，也就是说在退休前名义总资本一定的前提下，预期寿命延长，可通过及时调整养老金计发公式中的 d_{t-1}，自动降低退休者领取的养老金待遇水平，从而使制度重新恢复财务平衡。理论上来看，长寿风险对 NDC 财务机制似乎并不存在冲击，但由于 NDC 的给付是建立在预期寿命基础上的，因此预期寿命的正确估值将会决定与年金支付相关债务的正确估值，如果事后的预期寿命偏离事先计算的剩余寿命，财务也会失衡。此外，在实际操作中，由于养老保险制度的执行存在时间差，一旦退休一代的实际剩余寿命增加，而养老金公式没有得到及时调整，则也会导致财务失衡。诚然，就算没有以上约束，如果待遇随着预期寿命延长而无限的降低，看似养老保险制度不存在长寿风险冲击，其实质是将制度的长寿风险转移给了个人承担，这样的养老保险制度能否实现其设定的目标和可持续发展？答案是不言而喻的。因此，从本质上来看，虽然 NDC 放弃了对目标替代率的承诺，但由于养老金领取年龄并没有与预期寿命相联系，它同样面临养老金待遇给付水平过低的问题。

综上分析可知，在既定的制度安排下，无论是 NDB 财务机制还是 FDC 财务机制，或是 NDC 财务机制在面对预期寿命延长时都将会面临脆弱性，在公共养老保险政策目标下并没有单一、完美的财务机制能够完全防范和化解长寿风险。

---

① NDC 财务机制下，个人缴费率通常是固定的，政府可以通过调整个人账户的内部收益率来实现财务平衡，在预期寿命延长情况下，为了实现财务平衡，在职一代个人账户的价值和退休一代的年金必然只能获得较低的收益率。

第4章

我国社会养老保险面临的
长寿风险问题审视

4.1 我国社会养老保险的演变历程及现行制度设计

4.1.1 我国社会养老保险的演进历程①

我国的社会养老保险制度始于1951年颁布的《中华人民共和国劳动保险条例》，经历了先城镇后农村，先单位企业职工后城乡居民，覆盖面从小到大的扩展路径。经过了多年的探索建设，目前已实现了制度上的全覆盖，社会养老保险制度逐渐走向成熟，构建了由企业职工基本养老保险、城乡居民养老保险和机关事业单位工作人员养老保险三模块组成的社会养老保险制度，通过对其发展脉络的梳理，大致可以将其发展演进历程划分为四个阶段（见图4-1）。在每一阶段不同群体的社会养老保险如何塑形？制度框架、模式和参数如何设定？可参阅表4-1中梳理出的我国社会养老保险不同发展阶段的有关重要文件规定。

---

① 本部分内容参考了养老保险制度改革与发展研究课题组. 养老保险制度改革与发展研究 [M]. 北京：华龄出版社，2014：61-75.

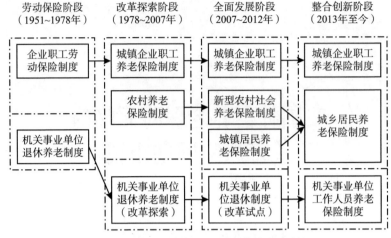

图 4-1　我国社会养老保险制度的演进历程

表 4-1　　　　　社会养老保险不同发展阶段的重要文件梳理

劳动保险阶段 （1951～1978 年）	1951 年《中华人民共和国劳动保险条例》 1955 年《国家机关工作人员退休处理暂行办法》 1958 年《国务院关于工人、职员退休的暂行规定》 1969 年《关于国营企业财务工作中的几项制度的改革意见（草案）》 1978 年《国务院关于安置老弱病残干部的暂行办法》 1978 年《国务院关于工人退休、退职的暂行办法》
改革探索阶段 （1978～2007 年）	1980 年《国家劳动总局、全国总工会关于整顿与加强劳动保险工作的通知》 1982 年劳动人事部成立 1986 年《国营企业实行劳动合同制暂行规定》 1988 年《中华人民共和国私营企业暂行条例》 1991 年《国务院关于企业职工养老保险制度改革的决定》 1995 年《国务院关于深化企业职工养老保险制度改革的通知》 1997 年《国务院关于建立统一的企业职工基本养老保险制度的决定》 1998 年《国务院关于实行企业职工基本养老保险省级统筹和行业统筹移交地方管理有关问题的通知》 1999 年《社会保险费征缴暂行条例》 2000 年《国务院关于印发完善城镇社会保障体系试点方案的通知》 2005 年《国务院关于完善企业职工基本养老保险制度的决定》 1991 年《县级农村社会养老保险基本方案（试行）》 1999 年《国务院批转整顿保险业工作小组保险业整顿与改革方案的通知》 2003 年《劳动与社会保障部关于做好当前农村社会养老保险工作的通知》 2003 年《劳动与社会保障部关于认真做好当前农村社会养老保险工作的通知》 1992 年《关于机关事业单位养老保险制度改革有关问题的通知》 2001 年《关于职工在机关事业单位与企业之间流动时社会保险关系处理意见的通知》

续表

全面发展阶段 （2007~2012 年）	2007 年《关于推进企业职工基本养老保险省级统筹有关问题的通知》 2009 年《城镇企业职工基本养老保险关系转移接续暂行办法的通知》 2010 年《中华人民共和国社会保险法》 2008 年《中共中央关于推进农村改革发展若干重大问题的决定》 2009 年《国务院关于开展新型农村社会养老保险试点的指导意见》 2011 年《国务院关于开展城镇居民社会养老保险试点的指导意见》 2008 年《事业单位工作人员养老保险制度改革试点方案》 2011 年《中共中央、国务院关于分类推进事业单位改革的指导意见》
整合创新阶段 （2013 年至今）	2013 年《中共中央关于全面深化改革若干重大问题的决定》 2014 年《国务院关于建立统一的城乡居民基本养老保险制度的意见》 2015 年《国务院关于机关事业单位工作人员养老保险制度改革的决定》 2015 年《国务院办公厅关于印发机关事业单位职业年金办法的通知》 2016 年《关于印发职业年金基金管理暂行办法的通知》

1. 劳动保险阶段

劳动保险阶段是我国社会养老保险的初创阶段，开创了我国社会养老保险制度的先河。这一阶段的养老保险制度是建立在国家计划经济体制上的产物，主要服务于国家的计划经济建设目标，包括企业职工的劳动保险制度和机关事业单位职工的退休养老制度，其制度实质是基于身份认可的国家财政包干的现收现付制。

1951 年 2 月 26 日《中华人民共和国劳动保险条例》的颁布实施标志着我国社会养老保险制度拉开了序幕。在该条例中规定建立劳动保险基金，由全国或地方工会组织负责管理，基金来源于企业缴费，企业每月按工资总额的 3% 进行缴纳，企业职工不需缴费，缴费收入的 70% 自留各企业用于支付退休金等各项劳动福利，剩余的 30% 上缴全国各级工会，统一调剂使用。劳动保险覆盖范围比较窄，主要是职工人数在百人以上的国营企业及公私合营企业，待遇标准也较低，以保证企业职工基本生活为目的。1953 年对《中华人民共和国劳动保险条例》进行了首次修订，不仅扩大了劳动保险的覆盖范围，也提高了劳动者退休待遇标准，奠定了中华人民共和国国家保障和企业保障相结合的基本模式。

与此同时，1955 年 12 月国务院颁布了《国家机关工作人员退休处理暂行办法》建立了国家机关、事业单位的退休养老制度，该制度与企业劳动保险制度分开实施，退休待遇标准为个人工资总额的 50%~80%。"文革"期间，社会养老保险制度几乎瘫痪。1969 年颁布的《关于国营企业财务工作中几项制度的改革意见（草案）》规定要求国营企业停止提取劳动保险金，退休金等劳保开支改为营业外列支，这一规定意味着企业将承担职工的所有养老责任。随着1978年国务院颁布的《国务院关于安置老弱病残干部的暂行办法和国务院关于工人退休、退职的暂行办法的通知》的实施，社会养老保险制度才得以恢复和调整。

这一时期在我国广大的农村地区，社会养老保险制度还未建立，农民主要以家庭养老为主，对于"三无"老人则由农村集体负责，实行"五保户"供养制度。

2. 社会养老保险改革探索阶段

第二阶段是社会养老保险的改革探索阶段，是为了配合国家计划经济体制向市场经济体制转轨需要以及适应人口老龄化结构转变而进行的社会养老保险的改革探索，这一阶段的社会养老保险包括城镇企业职工基本养老保险、农村养老保险以及机关事业单位退休养老制度。

（1）城镇企业职工基本养老保险制度的改革与完善。十一届三中全会之后，为了适应市场经济发展的需要，1979年国家劳动总局设立了保险福利司。1982年劳动人事部的设立进一步为养老保险事业的发展奠定了坚实的基础。1986年在《国营企业实行劳动合同制暂行规定》中规定了劳动合同制职工养老保险办法，并确定了退休养老保险基金三方（政府、企业和个人）负担原则。

进入20世纪90年代以后，为了配合经济体制改革及国有企业改革的需要，1991年国务院颁布了《国务院关于企业职工养老保险制度改革的决定》，这是我国社会养老保险制度改革历史上的一个重要里程碑，它明确提出在全国范围内实行养老保险的社会统筹，社会养老保险费由国家、企业和个人三方共同承担。1993年在党的十四届三中全会所做的《中共中央关于建立社会主义市场经济体制若干问题的决定》中，明确了我国基本养老保险制度实行社会统筹和个人账户相结合的制度模式。该决定颁布后，相关部门开始了具体的改革方案制订，在1995年国务院下发的《国务院关于深化企业职工养老保险制度改革的通知》中，确定了两个将社会统筹与个人账户相结合的实施办法，由各地自行选择试点。1997年国务院在总结各地试点实践经验的基础上，颁布了《国务院关于建立统一的企业职工基本养老保险制度的决定》，明确规定了统账结合的结构、规模和养老金待遇的计发标准，进一步确定了我国企业职工基本养老保险制度的基本框架。

进入 21 世纪以后，伴随着我国人口老龄化速度的加快，为了规范养老保险制度、解决空账问题，2000 年国务院发布《国务院关于印发完善城镇社会保障体系试点方案的通知》要求将统筹账户和个人账户相分离，实行分账管理，缩小个人账户规模，完全由个人缴费并逐步做实个人账户。2001 年辽宁省作为首个试点省份开始实施新的制度模式，此后试点范围进一步扩大。2005 年 12 月，在总结试点实践经验基础上，国务院颁布了《国务院关于完善企业职工基本养老保险制度的决定》，扩大了基本养老保险覆盖群体，把灵活就业人员和个体工商户都纳入了基本养老保险范畴，并建立了多缴多得的激励机制，采取"新人新制度、老人老办法、中人逐步过渡"的改革方式。

（2）农村养老保险制度的探索。与上一阶段相比，这一时期农村的社会养老保险制度首次得以建立（以下简称"旧农保"），旧农保采用的是个人账户的完全基金积累模式，基金筹集以个人缴费为主、集体补助为辅，但由于受诸多因素影响，其发展过程比较曲折，可谓昙花一现。

1986 年，根据国家七五计划要求，部分经济发达地区开始探索性地建立了农村社会养老保险制度。1991 年《县级农村社会养老保险基本方案（试行）》出台，确定了以县为基本单位开展农村社会养老保险的原则，并决定在 1992 年 1 月 1 日起在全国范围内正式公布实施。1995 年 10 月，全国农村社会养老保险工作会议在杭州召开，明确提出力争在 2005 年基本建立农村社会养老保险制度的目标，但在 1999 年由于受金融危机的影响，个人账户利率持续下降，参保人口数量下降，部分地区出现大规模退保现象，基金运行难以为继，中央决定暂缓发展农村社会养老保险，对原有业务进行清理整顿。2002 年 11 月，党的十六大报告中提出"有条件的地方，探索建立农村养老保险"，这标志着我国农村社会养老保险迎来了新的发展机遇。

（3）机关事业单位养老保险制度改革的探索。相对于城镇企业职工基本养老保险制度的快速发展及定型，此阶段的机关事业单位养老保险制度改革建设是滞后和停滞的，虽然国家也进行了积极的改革探索，但由于涉及各方利益的谈判力量，只是在有关文件中提及改革的指导性意见，实践中并没有大的突破。

3. 社会养老保险全面发展阶段

第三阶段是社会养老保险的全面发展阶段，是与全面建设小康社会为出发点而进行的社会养老保险制度改革深化阶段。此阶段城镇企业职工基本养老保险制度进一步完善，并逐步走向规范。同时，该时期机关事业单位养老保险制度改革进入了实质性阶段，2008年《国务院关于印发事业单位工作人员养老保险制度改革试点方案的通知》明确了在山西、上海等5个省份开启事业单位工作人员养老保险制度改革试点。农村地区，2008年在《中共中央关于推进农村改革发展若干重大问题的通知》中，第一次正式提出在农村建立新型农村社会养老保险制度（以下简称"新农保"），2009年在吸取"旧农保"教训和部分地区"新农保"实践经验的基础上，国务院发布了《国务院关于开展新型农村社会养老保险试点的指导意见》，规定"新农保"采用社会统筹和个人账户相结合的制度模式，基金筹集由个人缴费、集体补助和政府补贴三部分构成；养老保险待遇由基础养老金和个人账户养老金构成，由于"新农保"具有保险和福利的双重性质，大大提高了农民参保的积极性。此阶段与"新农保"同步推进建立的还有城镇居民社会养老保险（以下简称"城居保"）。2011年6月1日国务院颁布了《国务院关于开展城镇居民社会养老保险试点的指导意见》，决定从2011年7月1日起启动"城居保"的试点工作。"城居保"在制度模式、基金筹集渠道、个人账户构建、待遇确定和计发办法方面与"新农保"是一致的，只是在缴费档次设计上比"新农保"多[1]，"城居保"的建立标志着我国社会养老保险在制度上实现了人群的全覆盖，也标志着我国社会养老保险制度体系的初步形成[2]。

4. 社会养老保险的整合创新阶段

第四阶段是社会养老保险的整合创新阶段，按照党的十八届三中全会对社会养老保险的部署，2014年《国务院关于建立统一的城乡居民基本养老保险制度的意见》将"新农保"和"城居保"两项保险制度合并实施，在全国范围内建立起了统一的城乡居民基本养老保险制度，除增加了个人缴费档次外，其他部分与前两个制度保持一致。2015年《国务院关于机关事业单位工作人员养老保险制度改革的决定》正式建立了机关事业单位人员社会养老保险制度，其基本制度架构同城镇企业职工基本养老保

---

[1]　"新农保"的缴费是5个档次：每年100元、200元、300元、400元和500元，个人自愿选择；而城镇居民社会养老保险的缴费是10个档次：每年100元、200元、300元、400元、500元、600元、700元、800元、900元和1000元，也是个人自愿选择缴纳。
[2]　养老保险制度改革与发展研究课题组.养老保险制度改革与发展研究［M］.北京：华龄出版社，2014：75.

险、城乡居民养老保险相统一。机关事业单位人员养老保险制度的建立，形成了与城镇企业职工基本养老保险和城乡居民基本养老保险并行的制度平台，标志着被多年诟病的"双轨制"迈出了并轨的实质性步伐，社会养老保险朝着一元化的方向又迈出了关键的一步。

4.1.2　我国现行社会养老保险的制度设计

通过梳理我国社会养老保险演进历程，可知现阶段我国社会养老保险根据群体的差异分别实行了三项并行的社会养老保险制度，它们共同构成了我国现行的社会养老保险体系。表4-2分别从制度模式、覆盖范围、基金筹集、养老金待遇四个方面对比了现行三项社会养老保险制度的参数设计。通过比较分析，可从中看出我国现行的三项社会养老保险具有以下共同的基本特征。

1. 制度模式

三项社会养老保险均实行的是"统账结合"模式（或称"部分积累"制），即社会统筹与个人账户相结合的制度模式，其中社会统筹基金为现收现付制，用于支付参保人的基础养老金，体现了组织（企业、政府）的责任，其主要目标是实现减贫和对收入、财富进行再分配。个人账户采取基金积累制模式，强调了个人自我养老责任，个人账户积累的基金只能在符合养老金领取条件时支取，个人账户基金的积累有助于实现职工熨平消费的目标。

2. 制度的"许可弹性"①

三项社会养老保险均表现出了制度的许可弹性，这主要体现在中央政府颁布的相关政策中给地方政府了很多指定的和可选择的弹性，如在三项社会养老保险的政策文件中均出现"……结合本地情况，自行制定……"；"地方人民政府可以根据实际情况适当……"；"有条件的地方人民政府

---

① 吴连霞. 中国养老保险制度变迁机制研究［M］. 北京：中国社会科学出版社，2012. 作者认为我国养老保险制度都是通过先试点，后总结经验，逐步推广的方式进行的，这一演进过程本身就体现了制度的弹性，它允许制度的具体规则甚至理念在试点后有所修正，这种弹性是一种被许可的弹性，称为"许可弹性"。

表 4－2　现行三项社会养老保险制度设计比较

类型	制度模式	覆盖范围	基金筹集			养老金待遇			基金管理
			基金来源	缴费标准	缴费补助（贴）标准	领取条件	基础养老金	个人账户养老金	
城镇企业职工基本养老保险	社会统筹与个人账户相结合	城镇各类企业职工、个体工商户和灵活就业人员	用人单位、个人缴费、政府补贴	单位缴费比例为20%，个人缴费的比例为8%，个人缴费基数下限为当地上年度在岗职工平均工资60%，上限为300%^{a}	财政每年对中西部地区和老工业基地给予补助	缴费年限（含视同缴费年限）累计满15年，达到法定退休年龄	月标准以当地上年度在岗职工月平均工资和本人指数化月平均缴费工资的平均值为基数，缴费每满1年发给1%	月标准为个人账户储存额除以计发月数，账户余额可以依法继承	省级统筹管理，纳入财政专户，实行收支两条线管理
机关事业单位工作人员养老保险	同上	按照公务员法管理的单位、参照公务员法管理的机关，事业单位及其编制内的工作人员	单位缴费和个人缴费	单位缴费比例为本单位工资总额的20%，个人缴费的比例为本人缴费工资的8%。个人缴费基数规定同上		缴费年限累计满15年，达到法定退休年龄	同上	同上	省级统筹管理，基金实行严格的预算管理，实行收支两条线专款专用

续表

类型	制度模式	基金筹集				养老金待遇			基金管理
		覆盖范围	基金来源	缴费标准	缴费补助（贴）标准	领取条件	基础养老金	个人账户养老金	
城乡居民基本养老保险	同上	年满16周岁（不含在校学生），不属于上述两项目标群体	个人缴费、集体补助b、政府补贴	每年100元、200元、300元、400元、500元、600元、700元、800元、900元、1000元、1500元、2000元12个档次c	地方政府对参保人缴费给予相应补贴，补贴标准根据缴费档次存在差异	年满60周岁，累计缴费满15年，且未领取的国家规定的基本养老保障待遇	中央确定基础养老金最低标准d，地方人民政府可以根据实际情况适当提高基础养老金标准	月计发标准为个人账户积累额除以139，参保人死亡，个人账户余额可继承	逐步推进保险基金省级管理，纳入社会保障基金财政专户，实行收支两条线管理

注：a. 城镇个体工商户和灵活就业人员参加基本养老保险的缴费基数为当地上年度在岗职工平均工资，缴费比例为20%，其中8%记入个人账户，退休后按企业职工基本养老金计发办法计发基本养老金。

b. 有条件的村集体经济组织应当对参保人缴费给予补助，补助标准由村民委员会召开村民会议民主确定。

c. 参保人自主选择档次缴费，多缴多得。省（区、市）人民政府可以根据实际增设缴费档次，最高缴费档次标准原则上不超过当地灵活就业人员参加职工基本养老保险的年缴费额，并报人力资源社会保障部备案。

d. 从2018年1月1日起，全国城乡居民基本养老保险基础养老金最低标准提高至每人每月88元。

资料来源：根据《国务院关于建立统一的城乡居民基本养老保险制度的决定》《国务院关于完善企业职工基本养老保险制度的决定》《国务院关于工作人员养老保险制度改革的决定》《国务院关于完善企业职工基本养老保险制度的意见》四个文件整理得到。

可以结合……"等类似的表述，这给各地的政策实践留下了很大的操作空间，最终导致了我国社会养老保险在各地呈现出了各种不同的制度实践模式。

3. 基金筹集

三项社会养老保险基金筹集都强调责任主体的多元化分担，这种多元化主要体现为单位、集体（"城居保"涉及集体补贴）、个人和国家共同构成了社会养老保险基金筹集的主要渠道，此外还包括了其他社会经济组织、公益慈善组织、个人的资助和捐赠。个人缴费全部进入个人账户，单位、企业的缴费及国家的补贴统一进入统筹账户①。

4. 养老保险待遇

三项社会养老保险对符合领取养老金条件的人员终身发放基础养老金和个人账户养老金，养老金领取条件主要由退休年龄（城居保领取年龄为60岁）和最低缴费年限决定，并采取了"长缴多得，多缴多得"的激励机制。基础养老金除"城居保"是由中央直接确定最低标准，其他两项社会养老保险的基础养老金基数均由上年度在岗职工月平均工资和本人指数化月平均缴费工资而定；个人账户养老金计发的月标准额为个人账户全部积累额除以计发月数②，且个人账户中积累的基金可依法继承。为了平稳推进各项养老保险制度的顺利改革和实施，在养老保险待遇支付方面实行了"新人新制度、老人老办法、中人逐步过渡"的方式，强调待遇的调整应与物价变动、工资增长、经济发展相关联，共享国家经济发展成果。

5. 基金的管理

三项社会养老保险的基金管理都表现出地区分割统筹的特征，目前主要是省级统筹（包括省级养老基金调剂）管理模式。各项养老保险基金分别建账，纳入财政专户，实行收支两条线管理，严禁挪用、占用。

---

① 城居保中个人账户基金的来源除了个人缴费，还包括地方政府对参保人的缴费补贴、集体补助及其他社会经济组织、公益慈善组织和个人对参保人的缴费资助。

② "城居保"规定满60岁方可领取养老金，所以个人账户的计发月数为139个月。

4.2 我国社会养老保险面临的长寿风险现状与趋势

4.2.1 我国社会养老保险面临的长寿风险现状

1. 我国社会养老保险面临的人口预期寿命的变动状况

根据《中国统计年鉴2017》数据显示，在2015年我国人口平均预期寿命为76.34岁，与1996年相比增加了5.54岁。可以看出，在我国基本养老保险统账结合制度建立之初我国人口平均预期寿命还不到71岁，而如今人口预期寿命已发生了较大的变动，增加了近6岁。与此同时，通过对历年死亡率数据的整理分析发现我国人口预期寿命增长的一个显著特征就是老年人口剩余寿命的延长，即老年人口死亡率的持续性改善是导致近十多年来我国人口预期寿命显著延长的主导原因（见图4-2）。从图中可以明显看出在过去的15年中，我国人口死亡率曲线呈现出向矩形化趋势的方向演进，人口死亡率改善最为明显的阶段主要是65岁以后的老年群体阶段，随着时间的推移，65岁及以上年龄的老年人口死亡率下降最为显著。在给定养老保险待遇水平的前提下，老年人口预期寿命的延长会显著增加养老金的给付，提升社会养老保险总支出成本，这意味着预期寿命

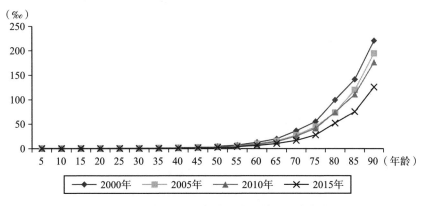

图4-2 2000~2015年我国人口的死亡率曲线

资料来源：历年中国人口和就业统计年鉴。

的持续性改善会导致社会养老保险长寿风险的增加。由于目前我国社会养老保险对预期寿命延长带来的后果并未引起充分的认识和关注，因此，伴随着我国人口预期寿命的延长，我国社会养老保险面临着较大的长寿风险。

2. 我国社会养老保险参保状况变化

2011 年城镇居民养老保险制度的建立标志着我国基本养老保险实现了制度全覆盖，为了尽可能让更多的民众获得基本养老保障，政府一直致力于基本养老保险的扩面工作，并取得了突出的成效。截至 2017 年底，全国参加基本养老保险人数达到 91548 万人，其中城镇职工基本养老保险参保总人数为 40293 万人，是 1998 年新制度实施时总参保人数的 3.6 倍，占当年城镇就业人口的 68.93%，享受城镇职工养老保险待遇的人数为 11026 万人，是 1998 年的 4.04 倍；而城乡居民基本养老保险参保人数为 51255 万人，实际领取城乡居民养老保险待遇的人数为 15598 万人[①]。为了更直观地反映出我国社会养老保险参保变化，图 4-3 和图 4-4 分别描述了城镇职工基本养老保险和城乡居民养老保险的参保状况。从图中可看出我国城镇职工基本养老保险制度的发展拐点已经出现，而城乡居民养老保险参保人数也已转入低速。由于受人口预期寿命不断延长和人口老龄化加剧等因素的影响，在 2011 年之后城镇职工基本养老保险制度赡养率连年上升，从 2011 年的 31.65% 上升至 2017 年的 37.64%；而城乡居民基本

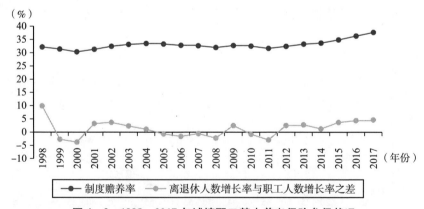

图 4-3　1998~2017 年城镇职工基本养老保险参保状况

资料来源：历年中国劳动统计年鉴，经作者计算。

———————————

① 2017 年度人力资源和社会保障事业发展统计公报。

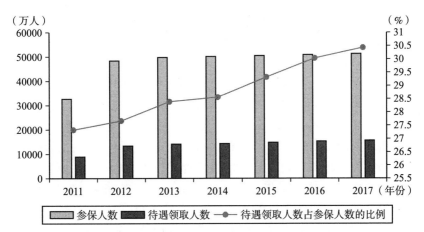

图 4 - 4　2011 ~ 2017 年城乡居民基本养老保险参保状况

资料来源：历年中国劳动统计年鉴，经作者计算。

养老保险制度待遇领取人数占参保人数的比例也一直在上升，从 2011 年的 27.33% 上升到 2017 年的 30.43%，这表明我国养老保险制度范围内的参保对象受预期寿命延长的影响也在快速老化，预计这种趋势还将继续下去，这也意味着伴随社会养老保险扩面的推进，在未来我国社会养老保险也将会承担更多由于预期寿命增加导致的额外支出成本。

3. 我国社会养老保险长寿风险管理意识较低

我国社会养老保险发展历史较短，而长寿风险的形成又具有长期性和隐蔽性，加之受"长寿是福"等传统寿文化影响，现阶段不管是政府还是个人或企业都未充分认识和关注长寿风险及其产生的严重影响。作为社会养老保险长寿风险的主要承担者政府，在人口老龄化加剧的背景下，目前更多关注的是人口老龄化带来的直接影响，关注如何化解制度转轨导致的隐性负债，关注如何扩大养老保险覆盖面等问题，而对社会养老保险面临的长寿风险问题并未加以关注和重视①，缺乏对我国高质量人口死亡率数据的收集与整理，缺乏单独针对长寿风险进行专门的研究和管理。社会养老保险长寿风险管理方式单一、被动，风险自留成为了目前政府应对社会

---

①　例如，在养老保险扩面过程中，将越来越多缺乏可持续缴费能力的劳动者拉入城镇职工基本养老保险覆盖范围之内，使得近些年未缴费人数占参保职工人数的比重持续上升，如果这种状况与最低缴费 15 年结合起来，在人口预期寿命延长加剧背景下，就足以对制度未来的财务可持续产生影响。

养老保险长寿风险的唯一对策，主要表现为：一是政府通过每年对社会养老保险的财政补贴或转移支付弥补长寿风险造成的养老金收支缺口。近些年来我国政府逐年加大对社会养老保险基金的财政补贴规模，各级财政补贴从 2003 年的 530 亿元增加到 2017 年的 8004 亿元[①]，补贴规模增加了15.1 倍，年均增长率为 21.4%。二是设立了全国社会保障基金用以应对人口老龄化高峰时期的养老保险等社会保障支出的补充和调剂，包括长寿风险导致的财政失衡问题。经过 16 年的发展和积累，我国社会保障基金规模不断扩大，2000 年设立初期的资产规模仅为 200 亿元，到 2016 年末资产总额已达到 20423.28 亿元，占 GDP 的比重为 2.96%，但与弥补未来养老金缺口的需求相比规模偏小（郑秉文，2012），且社会保障资金筹集渠道狭窄，资金主要来源依赖政府财政预算拨款注资。据《2017 年全国社会保障基金理事会社保基金年度报告》数据显示，截至 2016 年财政性拨入全国社保基金资金和股份累计达到 7979.97 亿元，占其直接投资资产（截至 2016 年，直接投资资产规模为 9393.56 亿元）的 84.95%。虽然较其他国家相比，我国政府在社会保障方面的财政支出占总财政支出的比例偏低，但一方面，随着我国经济发展进入新常态，经济增长速度将会放缓，这必然会影响到我国财政收入的增长速度和规模；另一方面，随着养老保险制度的全覆盖，预期寿命延长对养老保险基金支出额的影响将会越来越大，未来政府是否还能持续保持大规模的财政补贴，从长远来看具有较大的压力。

4.2.2　我国社会养老保险面临的长寿风险发展趋势

1. 我国社会养老保险长寿风险规模将会进一步增加

从前文分析可看出，一方面，我国社会养老保险扩面已出现拐点，扩面速度已减缓，这表明我国养老保险覆盖面已达到了一个相当大的范围，未来的扩面空间很有限，通过扩面政策来增加养老保险基金收入和稀释制度赡养率的政策红利已逐渐消失；另一方面伴随着全体国民预期寿命的延长，人口高龄化现象将逐渐凸显。从全国老龄委在 2006 年发布的《中国人口老龄化发展趋势预测研究报告》中可明确看出在 21 世纪我国人口高

---

① 以上数据来自历年的《人力资源和社会保障事业发展统计公报》。

龄化趋势将会逐渐显现（见表 4-3），预计在 2051 年及以后我国 80 岁及以上高龄人口占老年人口的比重将保持在 25% ~30%。根据联合国人口司发布的《世界人口展望 2018》中方案预测数据显示，在未来我国人口平均预期寿命还有大幅度提升的空间，预计 2045 ~2050 年我国人口平均预期寿命将会达到 82.52 岁，65 岁老年人口的平均剩余寿命将会达到 20.22 岁。因此，在上述两方面因素制约下，随着预期寿命的延长和高龄化现象的凸显，未来我国社会养老保险蕴含的长寿风险将会进一步增大且越来越严重。王晓军（2016）的研究结果表明在 2015 ~2050 年长寿风险对我国城镇职工基本养老保险冲击效应[①]一直保持快速增长，在 2015 年长寿风险的冲击效应仅为 47.69 亿元，2035 年将突破万亿元，到 2050 年冲击效应将上升到 4.86 万亿元[②]。姜增明和单戈（2016）在全口径下测算了长寿风险对社会养老保险体系的冲击效应，认为 2015 年冲击效应为 148.2 亿元，而到 2050 年则增加到 7.47 万亿元。

表 4-3　　　　　　　　我国人口高龄化趋势

	2001 ~2020 年	2021 ~2050 年	2051 年及以后
高龄老年人口及占比	80 岁及以上高龄人口将达到 3067 万人，占老年人口的 12.37%	80 岁及以上高龄人口将达到 9448 万人，占老年人口的 21.78%	80 岁及以上高龄人口占老年人口的比重将保持在 25% ~30%

资料来源：全国老龄委.中国人口老龄化发展趋势预测研究报告.

2. 我国社会养老保险长寿风险的影响会进一步加剧

在人口预期寿命加速增长的背景下，未来社会养老保险长寿风险的影响会进一步加剧，这种影响加剧主要表现在两个方面：一是伴随着养老保险制度扩面的全覆盖，社会养老保险长寿风险影响的国民会越来越多，与每个人息息相关。二是在目前社会养老保险体系单板发展的格局下，政府承担长寿风险的压力会越来越大，如果以 2014 年为比较基点，未来 36 年长寿风险对城镇职工基本养老保险的总冲击效应达到 20.3 万亿元，占 2014 年我国 GDP 的 31.93%，是 2014 年公共财政支出的 1.34 倍（王晓军，

---

①　此处长寿风险冲击效应是指在一定概率下长寿风险上界对应的养老金支出与预期的平均养老金支出之差。
②　王晓军，姜增明.长寿风险对城镇职工养老保险的冲击效应研究 [J].统计研究，2016（5）.

2016），若考虑我国整个基本养老保险体系，则未来 36 年长寿风险的冲击效应为 31.53 万亿元，占 2014 年 GDP 的 49.57%，是 2014 年公共财政支出的 2.08 倍（姜增明，2016）。上述学者的测算数据表明，未来政府为弥补长寿风险导致的资金缺口需要更多的财政投入和补贴，而政府财政支出压力的增加必然会对我国整个国民经济协调发展产生严重影响，若不加以重视，这种影响将会进一步深入和加剧。

4.3　我国社会养老保险面临长寿风险的主要原因分析

在社会养老保险制度给定的前提下，人口预期寿命的不断延长对养老保险制度而言就是长寿风险。我国社会养老保险面临长寿风险的原因不仅受我国社会养老保险制度模式和参数设计的影响，同时还受人口预期寿命、人口高龄化、经济发展程度、生活条件和生活质量、科技发展水平、社会医疗卫生保障、政治、传统文化等社会经济制度发展规律和自然环境的约束。因此，我国社会养老保险长寿风险形成的原因是纷繁错综复杂的，是上述多种因素共同作用的结果，本部分着重从长寿风险外部导因——人口预期寿命延长的不可逆转性和内部导因——制度内部本身设计缺陷或适应性改革滞后两个方面展开分析，而在这过程中内部导因是关键，是主要矛盾的主要方面。

4.3.1　外部导因：预期寿命延长的不可逆转性

外部导因是指系统内部行为主体无法控制或无法预知的自然状态或不确定因素①。我国社会养老保险长寿风险形成的外部导因是我国人口死亡率的不断下降，特别是老年人口死亡率的下降带来的人口平均预期寿命的延长，且这种延长趋势具有不确定性和不可逆转性。接下来我们将对我国人口预期寿命的情况、特征及延长趋势进行考察分析。

1. 人口平均预期寿命的全国考察分析

伴随着国家经济的发展、先进医疗技术的广泛采用以及人们生活观

---

① 谢志刚. 系统性风险与系统重要性：共识和方向 [J]. 保险研究，2016 (7).

念、方式和水平的改进我国人口平均预期寿命得到了极大的提高。表 4 - 4
显示了我国人口平均预期寿命随时间变化的改善情况。1981 年我国人口平
均预期寿命为 67.77 岁，其中男性为 66.28 岁，女性为 69.27 岁，男女性
别平均预期寿命相差 2.99 岁。到 2015 年，我国人口平均预期寿命达到了
76.34 岁，比 1981 年增加了 8.57 岁，其中男性为 73.64 岁，女性为 79.43
岁，分别比 1981 年增加了 7.36 岁和 10.16 岁，男女性别平均预期寿命差
距进一步扩大，达到了 5.79 岁。

表 4 - 4　　　　　1981 ~ 2015 年我国人口平均预期寿命情况　　　单位：岁

	1981 年	1990 年	1996 年	2000 年	2005 年	2010 年	2015 年
平均预期寿命	67.77	68.55	70.80	71.40	72.95	74.83	76.34
男	66.28	66.84	—	69.63	70.83	72.38	73.64
女	69.27	70.47	—	73.33	75.25	77.37	79.43
差值	2.99	3.63	—	3.7	4.42	4.99	5.79

资料来源：历年中国人口和就业统计年鉴，部分数据由作者计算。

　　得益于覆盖城乡居民基本医疗卫生制度的进一步完善，我国人口平均
预期寿命在未来还会进一步增加。据联合国人口司中方案预测数据显示
（见图 4 - 5），在未来我国人口平均预期寿命延长趋势还会进一步继续，
人口平均预期寿命还有大幅度上升的空间，但人口预期寿命增加的幅度将
逐渐趋于平缓，且男女性别差距也在逐渐缩小。预计在 2045 ~ 2050 年我
国人口平均预期寿命将会达到 82.52 岁，其中男性为 81.66 岁，女性为
83.37 岁，男女性别差 1.72 岁；2095 ~ 2100 年预计将会达到 89.94 岁，其
中男性为 89.45 岁，女性为 90.51 岁，男女性别差 1.06 岁。

　　此外，我们还可以通过人口年龄中位数指标来考察我国人口平均预
期寿命延长的情况和趋势（见图 4 - 6）。图中显示了 1950 ~ 2100 年我
国人口年龄中位数的变化趋势，1950 年为 23.7 岁，2000 年达到 29.8
岁，2050 年预计增加到 49.6 岁，2100 年预计达到 51.1 岁，在整个观
察时间区间上，人口年龄中位数呈现出与人口平均预期寿命相似的增长
态势。

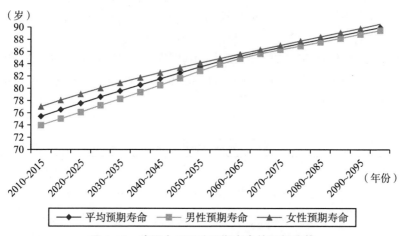

图 4 – 5 我国人口平均预期寿命的延长趋势

资料来源：联合国人口司数据，https：//esa. un. org/unpd/wpp/，按中方案预测。

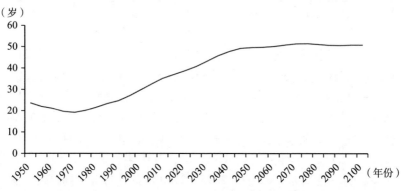

图 4 – 6 1950～2100 年我国人口年龄中位数的变化趋势

资料来源：联合国人口司数据，https：//esa. un. org/unpd/wpp/，预测数据为中方案。

2. 人口平均预期寿命的区域化考察分析

我国幅员辽阔，各地经济发展、文化习俗、生活方式、自然环境、教育水平以及医疗资源的分布参差不齐导致了我国人口预期寿命表现出极大的区域化特征（见表 4 – 5 和表 4 –6）。

表4-5 三次人口普查分地区的人口平均预期寿命情况   单位：岁

地区	1990 年			2000 年			2010 年		
	平均	男性	女性	平均	男性	女性	平均	男性	女性
北京	72.86	71.07	74.93	76.10	74.33	78.01	80.18	78.28	82.21
天津	72.32	71.03	73.73	74.91	73.31	76.63	78.89	77.42	80.48
河北	70.35	68.47	72.53	72.54	70.68	74.57	74.97	72.70	77.47
山西	68.97	67.33	70.93	71.65	69.96	73.57	74.92	72.87	77.28
内蒙古	65.68	64.47	67.22	69.87	68.29	71.79	74.44	72.04	77.27
辽宁	70.22	68.72	71.94	73.34	71.51	75.36	76.38	74.12	78.86
吉林	67.95	66.65	69.49	73.10	71.38	75.04	76.18	74.12	78.44
黑龙江	66.97	65.50	68.73	72.37	70.39	74.66	75.98	73.52	78.81
上海	74.90	72.77	77.02	78.14	76.22	80.04	80.26	78.20	82.44
江苏	71.37	69.26	73.57	73.91	71.69	76.23	76.63	74.60	78.81
浙江	71.78	69.66	74.24	74.70	72.50	77.21	77.73	75.58	80.21
安徽	69.48	67.75	71.36	71.85	70.18	73.59	75.08	72.65	77.84
福建	68.57	66.49	70.93	72.55	70.30	75.07	75.76	73.27	78.64
江西	66.11	64.87	67.49	68.95	68.37	69.32	74.33	71.94	77.06
山东	70.57	68.64	72.67	73.92	71.70	76.26	76.46	74.05	79.06
河南	70.15	67.96	72.55	71.54	69.67	73.41	74.57	71.84	77.59
湖北	67.25	65.51	69.23	71.08	69.31	73.02	74.87	72.68	77.35
湖南	66.93	65.41	68.70	70.66	69.05	72.47	74.70	72.28	77.48
广东	72.52	69.71	75.43	73.27	70.79	75.93	76.49	74.00	79.37
广西	68.72	67.17	70.34	71.29	69.07	73.75	75.11	71.77	79.05
海南	70.01	66.93	73.28	72.92	70.66	75.26	76.30	73.20	80.01
重庆	—	—	—	71.73	69.84	73.89	75.70	73.16	78.60
四川	66.33	65.06	67.70	71.20	69.25	73.39	74.75	72.25	77.59
贵州	64.29	63.04	65.63	65.96	64.54	67.57	71.10	68.43	74.11
云南	63.49	62.08	64.98	65.49	64.24	66.89	69.54	67.06	72.43
西藏	59.64	57.64	61.57	64.37	62.52	66.15	68.17	66.33	70.07
陕西	67.40	66.23	68.79	70.07	68.92	71.30	74.68	72.84	76.74

续表

地区	1990 年			2000 年			2010 年		
	平均	男性	女性	平均	男性	女性	平均	男性	女性
甘肃	67.24	66.35	68.25	67.47	66.77	68.26	72.23	70.60	74.06
青海	60.57	59.29	61.96	66.03	64.55	67.70	69.96	68.11	72.07
宁夏	66.94	65.95	68.05	70.17	68.71	71.84	73.38	71.31	75.71
新疆	62.59	61.95	63.26	67.41	65.98	69.14	72.35	70.30	74.86
东部	71.18	69.16	73.38	73.97	71.90	76.19	77.10	74.77	79.72
中部	67.72	66.16	69.52	71.23	69.62	72.99	75.01	72.66	77.68
西部	64.28	63.07	65.58	67.99	66.53	69.61	72.19	70.04	74.62
全国平均	68.55	66.84	70.47	71.40	69.63	73.33	74.83	72.38	77.37

注: 东部、中部、西部的划分按照国家统计局标准。
资料来源: 中国人口和就业统计年鉴 (2014), 部分数据为作者计算。

表 4 - 6   1981~2010 年分城镇乡村的人口平均预期寿命情况   单位: 岁

年份	城镇			乡村		
	平均	男性	女性	平均	男性	女性
1981	71.06	69.36	72.86	67.05	65.69	68.42
2000	75.21	72.95	77.30	69.55	68.00	71.40
2005	76.36	73.90	78.62	71.07	69.07	73.34
2010	80.88	79.16	83.10	75.90	73.37	78.72

资料来源: 2010 年数据来源于张山山, 刘锦桃. 中国各地区人口预期寿命及地理分布分析 [J]. 西北人口, 2014. 其他年份数据来源于胡英. 中国分城镇乡村人口平均预期寿命探析 [J]. 人口与发展, 2010.

表 4 - 5 显示了我国 31 个省份以及东部、中部、西部, 1990 年、2000 年和 2010 年三次国家人口普查的人口平均预期寿命情况, 从表中数据可看出我国人口平均预期寿命的区域化特征: (1) 东、中、西部的比较。三次人口普查的人口预期寿命数据均呈现出东部高于中部, 中部高于西部, 且西部预期寿命低于全国平均水平的特点, 但从预期寿命增长幅度来看, 西部地区预期寿命增加幅度高于东部和中部地区, 西部地区的预期寿命从 1990 年的 64.28 岁增长到 2010 年的 72.19 岁, 增加了 7.91 岁, 而相应的

中部地区增加了7.29岁,东部地区增加了5.91岁,由于西部地区和中部地区预期寿命增长幅度均高于东部地区,导致了三个地区的预期寿命差异进一步缩小,东西部差异从1990年的6.91岁缩小到了2010年4.91岁,同期的东中部差异则从3.46岁缩小到了2.09岁。(2)各省份的比较。从横向观察,无论哪个省份,人口平均预期寿命都在随时间的推进而持续增长,但各省预期寿命的增长幅度差异却很大,从1990年到2010年增长幅度最快的三个省份分别为新疆(9.76岁)、青海(9.39岁)、黑龙江(9.01岁),增长幅度均超过了9岁,而增长幅度最慢的省份为广东,增长幅度仅为3.97岁。另外从纵向观察,无论哪个年份,人口预期寿命最长的省份都是上海(1990年为74.9岁,2000年为78.14岁,2010年为80.26岁),而人口预期寿命最短的省份则都是西藏(1990年为59.64岁,2000年为64.37岁,2010年为68.17岁),但各省份人口预期寿命的差距在逐渐缩小,各省人口预期寿命最高值与最低值之间的差距已从1990年的15.26岁降低到了2010年的12.09岁,差距缩小了3.17岁。

表4-6给出了我国1981~2010年分城镇乡村的人口平均预期寿命情况,从表中数据可看出我国人口平均预期寿命的城乡差异特征:(1)随着时间的推移,城镇和乡村人口平均预期寿命都得到了大幅度提升,且城镇人口预期寿命增幅高于乡村。从1981~2010年,城镇人口平均预期寿命增加了9.82岁,其中男性增加了9.8岁,女性增加了10.24岁;乡村人口平均预期寿命增加了8.85岁,其中男性增加了7.68岁,女性增加了10.3岁。从性别增幅来看,女性人口预期寿命增幅相差很少,但男性之间城镇增幅明显高于乡村。(2)无论哪个年份,城镇人口平均预期寿命均高于乡村人口平均预期寿命,且高于全国平均水平,但城乡之间人口平均预期寿命的差异正在逐渐缩小。2000年城乡人口预期寿命分别为75.21岁和69.55岁,城乡相差5.66岁,到2010年,城镇平均预期寿命为80.88岁,乡村为75.9岁,城乡相差4.98岁,差距缩小了0.68岁。

3. 老年群组预期寿命的考察分析

伴随着我国医疗卫生条件的改善和老年人健康保健意识的增强,老年群体的死亡率水平逐渐得到改善,老年人的预期寿命也在显著提高。本书以60岁为老年人的起点,每隔10岁划分一个组别,依次列出了我国老年人口在1950~2100年的剩余寿命(见表4-7)。

表 4-7　　　1950~2100 年我国老年人口分段预期寿命的统计与预测　　　单位：年

年份	60 岁	70 岁	80 岁	90 岁
1950~1955	10.8	6.7	4.0	2.6
1955~1960	10.4	6.2	3.2	2.1
1960~1965	10.9	6.7	3.9	2.5
1965~1970	14.1	8.9	5.0	2.8
1970~1975	15.0	9.3	5.2	2.9
1975~1980	16.0	9.6	5.2	2.9
1980~1985	16.6	10.0	5.4	3.0
1985~1990	17.1	10.4	5.7	3.2
1990~1995	17.4	10.7	6.0	3.3
1995~2000	17.8	10.9	6.2	3.5
2000~2005	18.7	11.5	6.5	3.7
2005~2010	19.2	11.9	6.9	3.8
2010~2015	19.4	12.1	7.0	4.0
2015~2020	20.1	12.7	7.3	4.1
2020~2025	20.8	13.2	7.7	4.2
2025~2030	21.6	13.8	8.0	4.4
2030~2035	22.3	14.4	8.4	4.6
2035~2040	23.0	15.0	8.8	4.7
2040~2045	23.8	15.6	9.1	4.9
2045~2050	24.5	16.2	9.6	5.1
2050~2055	25.3	16.9	10.0	5.3
2055~2060	26.0	17.5	10.4	5.5
2060~2065	26.7	18.1	10.8	5.7
2065~2070	27.4	18.6	11.2	5.9
2070~2075	28.0	19.1	11.5	6.1
2075~2080	28.5	19.6	11.9	6.3
2080~2085	29.1	20.1	12.2	6.5
2085~2090	29.7	20.6	12.6	6.7

续表

年份	60 岁	70 岁	80 岁	90 岁
2090～2095	30.2	21.1	13.0	6.9
2095～2100	30.8	21.6	13.4	7.2

资料来源：联合国人口司数据，https://esa.un.org/unpd/wpp/，预测数据为中方案。

　　从表4-7中可见，无论以哪个年龄为起点，我国老年人口的剩余寿命都在随时间的推移而呈现出快速增长趋势，例如在1950～2015年，我国60岁老年人口的预期寿命从10.8岁增长到19.4岁，其增长幅度达到8.6岁，但随着年龄组的上升，老年人口的预期寿命增幅不断放缓①，在70岁的年龄组中，增幅为5.4岁，80岁的年龄组中增幅为3.1岁，到了90岁年龄组，增幅最小，但也有1.3岁。根据联合国人口司中方案的预测（见图4-7），在2015～2100年，我国60岁年龄组的预期寿命将会增长10.7岁，其中2025～2050年将是增长的高峰阶段，此后增幅将减缓，70岁年龄组的预期寿命增幅趋势与60岁相似，增幅高峰出现在2025～2050年，此后增幅减缓，而80岁年龄组、90岁年龄组预期寿命的增长幅度却保持稳步或小幅增长态势，这表明在未来我国会有越来越多的高龄老年人口出现。

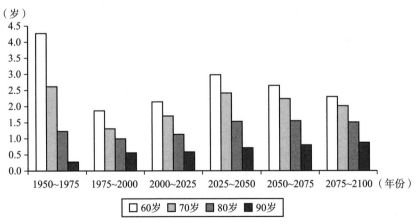

图4-7　1950～2100年我国老年人口预期寿命增长幅度分档统计

　　我国老年人口各年龄组别预期寿命的延长特征反映出了老年人口内部

① 人类生存具有终极年龄，预期寿命越接近终极年龄，增幅就会越小，直至为0。

数量的此消彼长关系，导致并加速了我国老年人口内部年龄结构向人口高龄化①的趋势演进（参见图4-8、图4-9）。

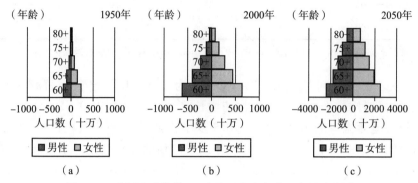

图4-8 我国三个年份60岁及以上老年人口年龄金字塔

资料来源：联合国人口司数据编制，https：//esa. un. org/unpd/wpp/，预测数据为中方案。

从图4-8中明显可见，在以60岁为最底层所构造的老年人口金字塔中，年龄越在上层的人口，其图形越是随着时间的推移而逐渐变宽，这表明高龄老年人口占老年总人口的比重逐渐变得越来越大。

图4-9采用罗淳（2001）的人口高龄化系数指标直观展示了我国1950～2050年人口高龄化的演变趋势，无论是以60岁为老年人的划分起点，

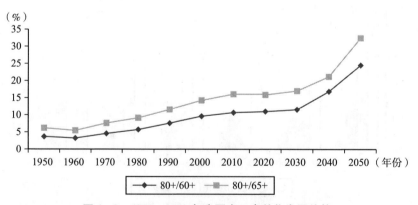

图4-9 1950～2050年我国人口高龄化发展趋势

资料来源：联合国人口司数据编制，https：//esa. un. org/unpd/wpp/，预测数据为中方案。

---

① 人口高龄化是老年人口剩余寿命延长所主导形成的，可用高龄化系数来反映其程度。采用罗淳（2001）的表述，高龄化系数表示为80岁及以上老年人口占60岁或65岁老年总人口的比重。

还是 65 岁，80 岁及以上老年人口的数量占比都随着时间的推移而上升，且两者上升态势基本趋于一致，到 2030 年两类占比分别达到 11.56% 和 17.03%，此后曲线迅速变得陡峭，表明比重大幅度上升，这与前面老年群体预期寿命的增长幅度变化特征是相吻合的。

4.3.2　内部导因：社会养老保险制度设计的内在缺陷

内部导因是指系统内部各行为主体能够控制或进行选择并实施的主观自主行为①。我国社会养老保险长寿风险形成的内部导因在于我国社会养老保险制度设计的内在缺陷，主要表现为社会养老保险的制度结构、参数设计以及养老保险管理体制不能自动回应人口平均预期寿命延长的冲击。

1. 退休年龄与人口预期寿命不匹配

在退休政策中，人们的寿命长短具有明显的经济重要性。从上面的分析可知，我国基础养老金的领取资格年龄，除了"城居保"规定领取年龄为 60 岁外，其他两项社会养老保险领取资格年龄直接与退休年龄挂钩，即达到退休年龄就可享有领取养老金待遇的资格②，因此退休年龄的长短直接关系到养老金的领取时间起点及社会养老保险制度的赡养率。我国目前职工的退休年龄政策是中华人民共和国成立初期制订的，一般情况下，除特殊工种外，男职工退休年龄为 60 岁，女职工退休年龄为 50 岁，女干部退休年龄为 55 岁③。在那个年代国民的人口预期寿命不到 50 岁，60 岁老年群体的预期寿命不到 10 岁，这表明当时领取劳动保险待遇的资格年龄是适应当时的人口预期寿命情况的。60 多年后，我国人口的预期寿命得到了显著的提高，2010 年国民的人口预期寿命已经达到了 74.83 岁，60 岁老年群体的预期寿命达到了 18 岁，增长幅度将近两倍，并且这种延长趋势还在继续，但领取社会养老保险待遇的资格年龄并未随着人口平均预期寿命的延长而发生变动，随着时间的推移两者之间的年限差越来越大（见图 4-10），预计到 2045~2050 年两者之间的差距将会达到 27.52 岁，如果以 20 岁作为参加工作的起点，60 岁作为首次领取养老金的资格年龄，则领取养老金的时间占据了工作时间的 70% 以上。这意味着对同一队列的

---

① 谢志刚. 系统性风险与系统重要性：共识和方向 [J]. 保险研究，2016 (7).
② 我国养老金领取资格需满足退休年龄和缴费年限。
③ 耿志祥，孙祁祥. 延迟退休年龄、内生生育率与养老金 [J]. 金融研究，2020 (5).

人口按原来预期寿命做出的基金平衡预算会出现收支失衡，原因很明显，预期寿命增加，养老金领取资格年龄保持不变（制度其他参数也保持不变），与过去相比，养老金的给付年限增加了，增加的年限就是实际的预期寿命与制度预期的预期寿命之年限差。由于在实际中还存在大量的提前退休现象，实际平均退休年龄会更低。提前退休①、工作年限缩短和预期寿命上升、养老金领取年份增加两个因素叠加，进一步加剧了养老保险基金的收支失衡。

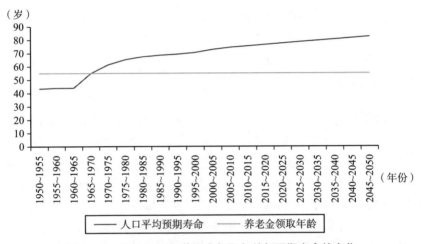

图 4 - 10　1950~2050 养老金领取年龄与预期寿命的变化

注：养老金领取年龄表示的是平均领取年龄。
资料来源：联合国人口司数据编制，https：//esa. un. org/unpd/wpp/，预测数据为中方案。

2. 养老保险缴费年限与人口预期寿命不匹配

根据现行制度设计，我国养老保险制度规定参保者只要累计缴费满15年就能领取基本养老金，远低于平均32. 5 年的就业期限②。这种政策设计给参保者自由选择缴费年限留下了极大的操作空间，理性的参保者往往会根据自己预期的寿命情况选择是否增加缴费年限，对自己预期寿命比较悲

①　提前退休意味着大量职工需要提前领取养老金，这将会大大增加养老金的支出成本，例如苏潘（2003）指出在德国提前退休使养老金预算增加25%，相当于使缴费率上升了约5 个百分点，此外美国的一项研究也表明，退休劳动者的退休期限每提前一年，将使养老保险制度的预算赤字增加5000 亿美元。
②　王海东. 基本养老保险制度研究——以保障水平为视角 [M]. 北京：中国人事出版社，2014：1.

观的参保者以及那些具有短视思维的参保者往往只会选择最低的缴费年限，增加了逆向选择的可能性。虽然在政策制定时为了鼓励参保者增加缴费年限，设计了多缴多得的激励机制（缴费每满1年发给1%），但现实情况是这种激励机制并没有达到预期激励效果，在社会养老保险系统内，特别是非正规就业群体内存在着大规模的"搭便车"现象，出现了大量"参而不缴"的情形，其表现为养老保险实际缴费人数与登记参保人数不一致（见图4-11）。

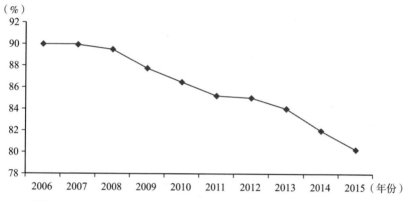

图4-11 2006~2015年企业部门缴费人数占参保职工人数的比重

资料来源：中国养老金发展报告2016.

从图中可看出，2006~2015年间企业部门缴费人数占参保人数的比重一直呈现出下降趋势，从2006年的89.98%下降到2015年的80.25%，这表明随着时间的推移，越来越多的参保职工没有缴费。截至2015年底，企业部门①缴费人数约为19731万人，占参保职工的80.25%，也就是说在企业部门参保系统内，有接近4000万人当年没有缴费，这不仅会影响这些职工的未来养老保险待遇，还会严重影响养老保险制度的财务可持续。从区域视角来看，这种"参而不缴"现象在各省份也表现出极大的差异，与2014年相比，大部分省份参而不缴现象进一步恶化。在31个省份中企业部门缴费人数占参保职工人数的比例最低的是海南省，仅为58.26%，也就是说每10个参保职工中，缴费人数不到6个；而占比最高的省份分别为上海、新疆、湖北、江苏、西藏和内蒙古，都超过了90%，

---

① 企业部门包括参加城镇职工基本养老保险的企业和其他人员。

各省份的具体情况见表4－8。

表4－8　　　　2015年各个省份企业部门缴费人数占
参保职工人数的比例及其变动　　　　　　单位：%

省份	比例	变动	省份	比例	变动
西藏	100	8.19	四川	83.79	－3.79
新疆	96.62	0.03	甘肃	83.42	－1.35
上海	94.79	－1.04	山东	82.91	－0.99
湖北	94.25	－0.32	辽宁	81.81	0.8
江苏	92.58	－0.34	福建	80.48	－2.09
新疆兵团	91.29	－0.57	青海	80.07	－2.08
内蒙古	90.52	－1.77	陕西	79.24	－3.69
宁夏	89.03	1.43	湖南	77.22	－0.75
云南	88.93	－0.97	天津	76.62	－1.64
山西	88.91	－1.51	重庆	76.26	－1.60
江西	87.80	－0.43	河北	75.73	－0.59
浙江	87.16	7.36	贵州	74.58	－1.83
黑龙江	86.50	－1.15	北京	72.17	2.65
广西	84.41	－0.13	河南	69.60	－3.28
安徽	83.98	－1.17	广东	65.05	－3.82
吉林	83.82	－1.37	海南	58.26	－1.26

注：（1）变动是2015年的比例与2014年相应比例之差。（2）新疆兵团是新疆生产建设兵团的简称。
资料来源：中国养老金发展报告2016.

15年的最低缴费年限规定不仅不符合当前平均工作年限的实际情况，也不能适应人口平均预期寿命延长的需要。随着我国人口老龄化的深入，基本养老保险的缴费年限与人口预期寿命延长的冲突将会进一步加剧。这种冲突的结果最终就表现为养老保险待遇支出增长而贡献不增的矛盾，出现收不抵支。对于统筹账户来说，15年的最低缴费年限规定实质上人为的恶化了统筹账户的制度赡养率，因为对于某一确定年份，一方面养老保险待遇领取者的数量是确定的，而另一方面部分养老保险供款者因为缴费满 15 年而停止继续缴费，这样没有真正发挥赡养的功能①，在寿命延长、多缴多得规定下，这一问题将会更加严重。对个人账户来说，15 年缴费年限的规定对个人账户养老金的影响更加明显和直接，不仅会导致个人账户低保障水平，而且在计发月数不变的情况下将会进一步加大统筹账户养老金的支出压力和规模。杨一心和何文炯（2016）研究指出职工平均缴费年限不得低于 20 年才能维持目前的基金收支比和人口年龄结构不变，实现基金年度平衡。

3. 养老保险地区分割统筹人为割断长寿互济

根据现行制度设计，我国社会养老保险基金采用的是省级统筹的基金管理模式，这也就意味着各省的基金是分割使用的，即使有些省份发生当期基金收不抵支，也无法调剂其他省份的结余来弥补基金缺口。当然，从制度设计初衷来看，由于我国地域广袤，各地经济发展、人口结构参差不齐，所以，养老保险基金地区分割统筹可以适应不同地区特色发展的需要，但从风险管理的角度来看，这种地区分割统筹的设计却与保险经营遵循的大数法则是背道而驰的。按照大数法则，社会养老保险统筹层次的高低与制度抗风险能力的强弱成正比，基本养老保险统筹层次越高意味着养老基金调剂的范围也越大，各地区的长寿风险也越分散，这样养老保险制度抗风险能力也越强，反之则越弱。

我国各省份养老金领取持续时间②差异较大，全国平均养老金领取持续时间为 21.83 年，有 18 个省份超过全国平均水平。养老金领取持续时间最长（超过 27 年）的是上海和北京，分别为 27.26 年和 27.18 年，养老金领取持续时间最短（低于 17 年）的是青海、云南和西藏，分别为 16.96 年、16.54 年和 15.17 年（见图 4 - 12）。在缴费率、替代率全国统一的情况下，当某省的预期寿命高于全国平均水平时则容易出现养老保险基金收不抵支，而低于全国平均水平的则会出现基金结余③，由于地区分割统筹，养老基金无法在各省份间实现自行调剂，人为地割裂了各省份人

---

① 王海东. 基本养老保险制度研究——以保障水平为视角［M］. 北京：中国人事出版社，2014：137.

② 各省份的预期养老金领取持续时间等于各省份的人口预期寿命减去领取基础养老金的平均年龄。

③ 在我国的实践中这种特征并不明显，这是由于大量青壮年人口流向了经济发达的地区，增加了当地的养老金收入，所以那些人口预期寿命长且经济发达的地区不仅没出现基金赤字还有大量基金结余。

口寿命的互济和对冲。因此，在人口预期寿命存在地区差异的情况下，养老保险基金地区分割统筹会放大社会养老保险的长寿风险。在实际中还有些省份养老保险基金还停留在省级、地市级调剂金阶段①，这些省份社会养老保险面临的长寿风险还会更加严峻。

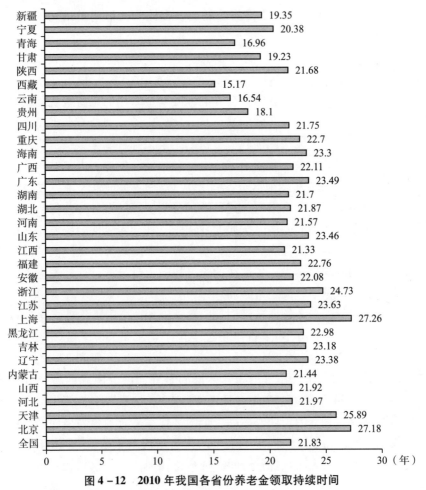

图4－12　2010年我国各省份养老金领取持续时间

注：图为作者整理得出，养老金领取的平均年龄假设为53岁。
资料来源：《中国人口和就业统计年鉴（2014）》。

———————————

① 郑功成（2013）认为除北京等7省份实现了企业职工基本养老保险基金省级收统支，绝大多数省份还停留在建立省级、地市级调剂金阶段。

4. 个人账户给付期与人口预期寿命不匹配

根据现行个人账户制度设计，我国个人账户养老金月标准额为个人账户累计额除以计发月数①，个人账户养老金终身给付。这也就意味着，在不考虑个人账户投资收益的情况下，如果预期寿命延长超过了事先确定计发月数的预期寿命，则个人账户中就没有了可用的基金，个人账户基金就会出现支付危机。虽然在 2005 年国家调整了个人账户的计发月数，将统一的 120 个月调整为分年龄的计发月数，对人口预期寿命延长趋势进行了政策回应，但由于我国个人账户计发月数的计算程序是根据 0 岁人口预期寿命减去退休年龄而得到，因此调整后的计发月数仍然滞后于我国退休人口的预期剩余寿命（见表 4-9）。

表 4-9　　　　个人账户计发月数与剩余寿命月数之比较

退休年龄（岁）	计发月数	剩余寿命（2005~2010）（月）	个人账户超支月数（月）
40	233	446	213
45	216	390	174
50	195	335	140
55	170	281	111
60	139	230	91
65	101	184	83
70	56	143	87

资料来源：《国务院关于完善企业职工基本养老保险制度的决定》和 World Population Prospects：The 2017 Revision. 部分数据经作者计算。

从表 4-9 所列数据可看出对于任何一个退休年龄所对应的计发月数都远远小于该退休年龄的剩余寿命。例如，在 2005~2010 年，参保者 60 岁退休对应的个人账户计发月数为 139 个月，在不考虑投资收益的情况下个人账户累积基金只够用来支付退休者 139 个月，但实际上参保者 60 岁的剩余寿命已达到了 230 个月，这意味着在现有个人账户设计下，对于 60 岁退休的人来说实际可以领取 230 个月的个人账户养老金，远远超过了个

---

① 三项社会养老保险个人账户计发月数表都是相同的，只是"城居保"规定 60 岁领取，所以个人账户计发月数为 139 个月。

人账户的计发月数，个人账户超支月数达到 91 个月。随着退休人口剩余
寿命的不断延长，养老保险个人账户超支期间还会越来越大。根据联合国
人口司公布的剩余寿命数据还可进一步估算出 2000～2050 年我国个人账
户计发年数和剩余寿命的差额（见图 4－13）。从图中可直观看出，随着
年份的推移，无论哪个退休年龄组别，个人账户计发年数和剩余寿命的差
值都在进一步扩大，这意味着需要更多的统筹基金来弥补个人账户支付月
数缺口。当然，在考虑了投资收益的情况下，实际上可支付养老金的月数
会随着投资收益而有所增加，但仍滞后于剩余寿命。这表明若计发月数一
直保持不变，则随着年份的推进，个人账户额外支付的缺口将会是一个天
文数字①。这个额外支付缺口或称为个人账户的隐性债务②，其实质就是
个人账户的长寿风险。

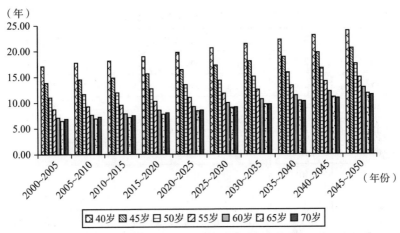

图 4－13　2000～2050 年个人账户计发年数与特定年龄剩余寿命的差值

注：图为作者根据统计资料整理得出。

资料来源：《国务院关于完善企业职工基本养老保险制度的决定》和《World Population Pros-
pects：The 2017 Revision》，其中预测数据为中方案。

　　不仅如此，为了提高职工向个人账户缴费的积极性，个人账户在设计
时赋予了账户养老金可继承性，即如果个人账户持有人在计发月数内死
亡，其账户中的剩余基金可依法被继承人继承；而如果账户持有人在给付

---

　　① 尼古拉斯·巴尔，彼得·戴蒙德著．郑秉文等译．养老金改革：理论精要［M］．北京：
中国劳动社会保障出版社，2013：312.

　　② 本书所指的隐性债务是指政府的养老金承诺会导致未来的成本。

期满后仍然继续生存，则按最初确定的给付标准支付养老金直至参保人死亡，个人账户基金不足部分从统筹基金中支付。从这样的设计中可知个人账户并不是一个独立的封闭系统，也不是按照大数法则来分散风险的自我平衡系统，它割断了个人账户长寿持有者与短寿持有者之间的寿命互济①。这种账户设计特征，一方面，人为抬高了短寿者的生存年限，那些在规定计发月数之前死亡的账户持有人的账户资产被继承相当于他们的寿命活到了平均水平，也就是说在整个制度中没有参保人的寿命会低于平均水平；而另一方面，那些实际寿命高于平均水平的，将会导致未来个人账户出现一个必需的额外支出缺口，这个缺口由统筹基金无偿兜底。据有关学者（Sin，2005）的测算，大约在 2035 年我国个人账户隐性债务与统筹账户隐性债务的比例将达到 50∶50，此后个人账户的隐性债务将会高于统筹基金的隐性债务。这表明我国"漏斗设计"的个人账户为我国统账结合的社会养老保险人为地制造了长寿风险，这个长寿风险若不加以关注和重视，将会成为影响社会养老保险财务可持续的一颗定时炸弹。

5. 养老保险待遇调整与人口预期寿命不匹配

《国务院关于深化企业职工养老保险制度改革的通知》正式提出建立基本养老保险待遇正常调节机制，基本养老金可按当年职工上一年平均工资增长率的一定比例进行调整。《社会保险法》从法律上规定了根据职工平均工资增长、物价上涨情况，适时提高基本养老保险待遇水平。《中共中央关于全面深化改革若干重大问题的决定》中也提出，建立健全合理兼顾各类人员的社会保障待遇确定和正常调整机制。但是，从既有制度规定来看，只在宏观上确立了调整原则而没有在微观上给出具体操作细则，养老金调整的时间、基数和比例都是模糊的，决策机制不透明，随意性大，且养老金待遇的调整依据只注重了经济增长（包括工资增长）、物价上涨的因素，并没有关注人口预期寿命的变化特征②。在我国人口预期寿命不断延长的背景下，我国城镇企业职工基本养老保险已连续 14 年上调了基础养老金，月平均养老金已从 2004 年的 711 元提高到 2016 年的 2362 元③，12 年间整整

---

① 由于个人寿命的不确定性，在制度参数设计时只能基于人口的平均预期寿命情况来定。
② 在具体政策实践过程中，我国养老金调节幅度的确定往往缺乏科学的依据，并不能完全反映工资或物价上涨对养老金购买力的影响。
③ 根据历年《人力资源和社会保障事业发展统计公报》数据计算得出，月平均养老金 = 基金支出 ÷ 参保退休职工人数 ÷ 12。

翻了三倍。虽然近三年养老金待遇调整增幅有所下降①，但这种随意增长方式②是否能满足养老保险制度的承载力和财务可持续是值得商榷的。不仅城镇职工基本养老保险的待遇调整存在问题，对于城乡居民养老保险来说同样存在，城乡居民养老保险基础养老金最低标准从最初每月55元提高到2015年的70元再增加到2018年的88元，每次调增幅度都超过25%，远远高于同期经济增长率和通货膨胀率，其调整机制仍然是粗放的、缺乏精算技术支撑。此外，在养老金待遇调整的具体操作中，由于我国社会养老保险制度的"许可弹性"使得养老金待遇调整存在相当大的随意性，地方政府在养老金调整的额度上具有绝对的话语权，往往是根据自己的财政情况，有钱就多提高，没钱就少提高。以城乡居民养老保险为例，截至2017年4月全国有8个省份提高了基础养老金发放标准，详情见表4-10。

表4-10　　　　　　2017年部分省份城乡居民基础养老金调整情况

省份	调整金额（元/月）	增长率（%）	调整后的基础养老金额度（元）
上海	100	13.33	850
内蒙古	20	22.22	110
河北	10	12.50	90
河南	2	2.56	80
宁夏	5	4.35	120
青海	15	10.71	155
浙江	15	12.50	135
江苏	10	8.70	125

资料来源：李金磊. 今年多地提高城乡居民基础养老金看你能涨多少？［N/OL］. 中国新闻网. ［2017-5-12］. http://www.chinanews.com/cj/2017/05-12/8221635.shtml.

从表4-10中数据可明显看出，各省份在基础养老金调整上，表现出

① 2016年基本养老金增幅为6.5%，2017年增幅为5.5%，2018年增幅为5%。
② 如此之说是因为从2000年至2012年，我国城镇职工的平均养老金每年的涨幅分别是11.13%、3.04%、12.5%、4.01%、4.6%、7.52%、15.17%、14.78%、16.57%、10.79%、10.2%、10.38%、11.18%，每年的增幅飘忽不定，如果将历年养老金涨幅与年度CPI涨幅对比，可发现许多年份物价上涨较多，但养老金增幅却并未相应提高，而另外有些年份养老金涨幅确远远高于同期的CPI涨幅。

了极大的随意性，地区之间调增幅度参差不齐。从绝对量来看，上海的调增幅度最大，每人每月调增 100 元，调整后的基础养老金额度达到 850 元/月，而河南调增幅度最小，每人每月只增加了 2 元，调整后的基础养老金额度仅为 80 元/月，两个地方调增金额相差了整整 50 倍；从相对量来看，内蒙古增长率最高达到 22.22%，河南最低增长率仅为 2.56%。总之，就现行的三项社会养老保险制度而言，真正意义上的待遇调整机制尚未形成，且三大群体在待遇调整方面并不协调，合理调待机制的缺失将会对我国养老保险财务可持续带来极大的隐患。

综上所述，在我国人口平均预期寿命延长的趋势下，社会养老保险制度的调整已严重滞后于我国人口预期寿命延长的趋势，加之长期以来，政府部门对长寿风险的认识和关注不够，使得社会养老保险本身蕴含了大量的长寿风险，其严重威胁着制度的偿付能力和可持续发展。

4.4　预期寿命对我国养老保险支出影响的实证分析——基于省级面板数据

4.4.1　预期寿命对我国养老保险支出影响的作用机理

达到退休年龄雇员的预期寿命延长，则不论哪一种养老保险模式，只要养老金给付水平保持不变，那么养老保险体制的成本负担必然加重（汤普森，2003）。通过 4.1 节分析内容可知，在我国现行的养老保险制度设计中，不论基础养老金还是个人账户养老金其支付的方式都是采用终身年金的方式，这种年金支付方式对人口预期寿命因素比较敏感，加之事先确定的退休年龄和养老金待遇水平，在人口预期寿命延长下，三者相结合就会导致养老保险支出的增加，甚至会出现财务危机，威胁养老保险可持续发展。在统筹账户中，预期寿命延长对养老金支出的影响比较隐蔽，主要是通过改变制度赡养率这个中间变量来实现。在制度覆盖率、退休年龄不变的约束下，预期寿命延长会改变退休者与劳动者之间的比例，导致社会养老保险的制度赡养率发生变化，进而对养老金的收支平衡产生影响；而在个人账户中，预期寿命的延长对个人账户的影响是比较直接和明显的，在退休年龄不变的约束下，预期寿命延长导致了工作期间与退休期间比值的变化，就理论上而言，在个人账户下，由于遵循严格的精算平衡，参保者预期寿命延长对个人账户基金平衡不会造成影响，只会导致个人养老金水平随预期剩余寿命延长而降低。然而在我国现有制度设计下，个人账户的养老金待遇为个人账户储存额除以对应年龄的计发月数，计发月数未与退休职工的剩余寿命相对应；同时如果参保人在计发月数内死亡，个人账户余额将一次性返还给其继承人，如果参保人在计发月数以后仍然存活，其还可以继续领取个人账户养老金直到参保人死亡为止。这种个人账户的待遇计发方式改变了预期寿命延长对个人账户基金平衡的影响路径，一旦账户持有人退休后的剩余寿命超过养老金计发月数就会使个人账户出现收不抵支的情形，产生个人账户收支缺口，而这个缺口将由统筹账户兜底。总之，在我国现有的统账结合模式下，无论对统筹账户还是个人账户，预期寿命的延长都会导致养老保险支出的增加。

4.4.2 预期寿命对我国养老保险支出影响的效应

1. 模型设定与变量选取

国际经验表明，人口预期寿命延长与养老保险支出水平之间存在着正相关关系。图 4 - 14 给出了 1990 年、1995 年、2000 年、2005 年和 2015 年我国养老金支出水平与我国人口平均预期寿命的发展趋势图。从图中可以清晰的看出预期寿命与我国养老保险支出水平在这个时间段均呈现出平稳增长趋势，两者之间简单的相关系数达到了 94.8%。在退休年龄和养老金目标替代率保持不变的约束条件下，预期寿命的增加会改变养老保险制度的赡养率进而会影响到养老金支出的规模，其很可能是导致近些年来我国养老金支出水平不断提高的重要原因。本部分试图通过实证分析来检验预期寿命延长对我国养老保险支出的影响。

根据前文影响机理分析，结合先前学者们的已有研究，认为人口老龄化（刘贵平，1996；姜向群，2006；李绍泰，2013；苏宗敏等，2015）、经济增长（李旭东，2010）、职工工资和养老金替代率（赵怡等，2015）、经济全球化（封进等，2010）、缴费率、城镇化水平、物价水平等因素（王鉴岗，2000；薛新东，2012）都会对养老保险基金收支平衡产生重大影响，在此基础上本书构建了一个简化的多元线性方程模型，以检验预期寿命对我国养老保险支出的影响。实证模型形式如下：

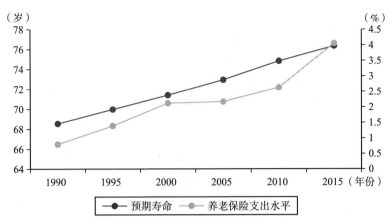

图4−14 预期寿命与我国养老保险支出水平趋势

资料来源：历年中国统计年鉴，部分数据经作者计算。

$$PL_{it} = \alpha_0 + \beta_1 Life_{it} + \beta_2 Wage_{it} + \beta_3 Demo_{it} + \delta M_{it} + \varepsilon_{it} \quad (4.1)$$

模型中，下标 i 表示 31 个省份，下标 t 表示时间，ε_{it} 为随机扰动项。

PL 是养老保险支出变量，选取了具有可比性的养老金支出水平这一指标，通过养老保险基金支出额占 GDP 的比重计算得到。

$Life$ 是人口平均预期寿命，它是模型中最核心的解释变量。理论上与养老保险支出密切相关的人口平均预期寿命应该是享有养老金领取资格群体或老年群体的剩余平均预期寿命，但囿于我国官方数据的限制，此处所采用的人口平均预期寿命是新出生婴儿人口的平均预期寿命，即 0 岁人口的平均预期寿命[1]，根据理论分析可知预期寿命延长会增加我国养老保险的支出。

$Wage$ 是工资变量。根据《国务院关于深化企业职工养老保险制度改革的通知》[2]《国务院关于建立统一的企业职工基本养老保险制度的决定》[3]《国务院关于完善企业职工基本养老保险制度的决定》[4] 以及《中华人民共和国社会保险法》[5] 的明确规定，我们可以从中看出工资变量对

---

[1] 最近的二三十年，我国婴幼儿死亡率已经降低到一个较低的水平，人口平均预期寿命的延长主要得益于老年人口死亡率的降低，因此采用该数据也能在很大程度上反映出老年人群体剩余寿命延长的趋势。

[2] 规定：建立基本养老金正常调节机制，基本养老金可按当年职工上一年平均工资增长率的一定比例进行调整。

[3] 规定：基础养老金月标准为当地职工上年度月平均工资的20%。

[4] 规定：退休时的基础养老金月标准以上年度在岗职工月平均工资和本人指数化月平均缴费工资的平均值为基数。

[5] 第十八条规定：国家建立基本养老金正常调整机制，根据职工平均工资增长、物价上涨情况，适时提高基本养老保险待遇水平。

我国养老保险支出具有重要影响，且两者应该呈现出正相关关系。实践中由于各地区经济发展水平不一致导致了职工的平均工资在各地区也表现出了极大的差异，因此本书用平均工资水平来表示工资变量，通过各地平均工资与人均 GDP 的比值计算得到，以此来衡量一个地区是否提供了与其经济发展水平相一致的工资水平。

Demo 是人口年龄结构变量，一个地区的人口年龄结构类型特别是人口老龄化程度会影响各地养老保险基金的支出规模，一般情况下人口老龄化程度越深，表明需要赡养的老年人口越多，需要的养老保险支出规模会越大，两者应该呈现出正向关系。在研究人口年龄结构对养老保险支出的影响时，有两个常用的变量指标：老年人口抚养比和制度赡养率。通常一个地区的老年人口抚养比越高，意味着该地区人口老龄化程度越深，老年群体绝对数量的规模越大，但高的老年人口抚养比是否会带来高的养老保险支出水平，则取决于养老保险领取者的覆盖面，即老年人口中有多大比重的老年群体享有养老金领取资格，如果享有养老金领取资格的老年群体数量不变，那么即使老年人口绝对数量增加也不会对养老保险支出产生影响。在我国学者的实证研究中，老年人口抚养比对我国养老保险支出水平影响的显著性是不确定的，薛新东（2012）的研究发现老年人口抚养比对我国养老保险支出水平的影响为正，但没通过显著性检验。由于我国城镇职工基本养老保险是一种"与工作相关联的养老保险制度"，在研究我国养老保险支出影响因素时，老年人口抚养比也许并不是人口年龄结构变量的最优表示[①]，因此，为了使数据更具代表性，同时也为了避免老年人口抚养比和制度赡养率之间的共线性，书中采用了养老保险制度赡养率作为人口年龄结构变量的表示，养老保险制度赡养率是领取养老金人数占养老金供款人数的比重，它反映了平均供养每个退休老年人需要供款的在职职工人数，通常养老保险制度赡养率越高，说明领取养老金的老年人数越多，向养老金供款的人数越少，相应地会增加养老保险的支出规模，给养老保险基金带来的支付压力也越大。

M 是为了保证计量结果的稳健性，书中加入的反映其他一些影响养老保险支出水平的控制变量向量，结合已有研究，我们取如下两个控制

---

① 本书在实证研究之前也检验了老年人口抚养比对养老金支出水平的影响，与薛新东（2012）得出的结果一致，老年人口抚养比对我国养老金支出水平的影响通不过显著性检验，因此在后面的实证分析中我们没有将老年人口抚养比这一变量引入进来，而是用制度赡养率表示人口老龄化变量。

变量：

（1）通货膨胀率（用 Inf 表示）。通货膨胀率反映了物价上涨情况，通常通货膨胀率越高，物价上涨幅度也越快，为了维持养老保险领取者的基本生活需求，客观上要求提高养老金的待遇支付水平，从而会增加养老保险支出。此外，我国在 2010 年颁布的《中华人民共和国社会保险法》也明确规定"根据物价上涨情况，适时提高基本养老保险待遇水平"。书中的通货膨胀率是通过各省份环比城镇居民消费价格指数（CPI）减去100 计算得到。

（2）城镇化水平（用 Urb 表示）。近年来，伴随着全国各地城镇化进程的加快，城镇职工人口数量也逐渐增加，潜在地增加了城镇职工基本养老保险的参保人数，参保人数的增加将会导致未来养老保险支出规模的增加。此外，在城镇化的过程中为解决失地农民的养老保障问题，在各地的安置实践中存在用"土地"换"社保"的模式①，这也会导致养老保险支出的增加。书中用城镇人口占总人口的比率来衡量各地的城镇化水平②。

2. 数据来源及处理

基于数据的可获得性，本书以我国城镇职工基本养老保险支出为研究样本，收集了我国 31 个省份 1995～2014 年的有关数据，利用面板数据③模型进行实证检验，考察预期寿命增加对我国养老金支出水平的影响效应。由于到目前为止，我们在官方的统计年鉴中只能够收集 1990 年、2000 年和 2010 年的分省份人均预期寿命，对此参照刘生龙等（2012）的做法，将收集的 1995～2014 年的面板数据分成 4 个 5 年期的区间面板数据，即 1995～1999 年、2000～2004 年、2005～2009 年和 2010～2014 年，对养老金支出水平、预期寿命、制度赡养率、平均工资水平、通货膨胀率、城镇化水平取 5 年的平均值④，所有变量的描述性统计见表 4－11。

---

① 薛新东. 我国养老保险支出水平的影响因素研究——基于 2005～2009 年省级面板数据的实证分析 [J]. 财政研究，2012（6）.

② 城镇人口用各省的总人口减去乡村人口而得到。

③ 与单纯的时间序列数据和截面数据相比，面板数据在控制不同地区之间的异质性，减少解释变量之间的多重共线性方面具有优势，能显著提高参数估计的有效性。

④ 预期寿命的估计方法采用刘生龙等（2012）的方式，1995 年各省的人均预期寿命是 1990 年和 2000 年的均值，2005 年各省的人均预期寿命是 2000 年和 2010 年的均值。

表 4 - 11　　　　　　　　　　变量的描述性统计

变量名	符号	变量说明	观察值	均值	标准差	最小值	最大值
养老保险支出水平（%）	PL	养老保险基金支出额占 GDP 的比重	123	2.413	0.977	0.626	5.617
人口平均预期寿命（年）	Life	新出生婴儿的平均预期寿命	123	72.24	3.613	62.005	80.26
平均工资水平（%）	Wage	平均工资与人均 GDP 的比值	123	132.41	56.438	45.458	381.71
制度赡养率（%）	Sysup	养老金领取人数占养老金供款人数的比重	123	35.608	10.121	10.961	65.012
通货膨胀率（%）	Inf	环比城镇居民消费价格指数减去 100	122	3.114	1.648	0.46	7.44
城镇化水平（%）	Urb	城镇人口占总人口的比重	123	40.768	18.44	14.646	89.42

注：重庆市的数据 1997 年才有，因此缺失 1995～1999 年时间段的观察值，在此时间段西藏的 CPI 数据不全，故而缺失。

上述相关人口变量的数据主要来源于《中国人口和就业统计年鉴》《中国人口统计年鉴》和《中国农村统计年鉴》；与城镇职工基本养老保险变量相关的数据来源于《中国劳动统计年鉴》，其余变量的数据均来源于《中国统计年鉴》或依据上述年鉴数据整理计算得到。

3. 实证结果与分析

首先对数据进行了混合 OLS 回归、固定效应回归和随机效应回归，回归结果根据 F 检验、LM 检验和 Hausman 检验后发现固定效应模型要优于随机效应模型和混合回归，因此最终采用固定效应模型进行估计①，表 4 - 12 给出了基于固定效应模型估计的预期寿命对我国养老保险支出水平影响的实证结果。

---

① 在混合回归和随机效应回归中预期寿命对养老金支出水平也都具有显著影响。

表 4 – 12　　　　　　　预期寿命对我国养老保险支出水平影响的结果

	被解释变量：养老保险支出水平					
	（1）	（2）	（3）	（4）	（5）	（6）
Life	0. 246 *** （9. 69）	0. 211 *** （10. 54）	0. 157 *** （5. 84）	0. 184 *** （6. 98）	0. 197 *** （8. 44）	0. 166 *** （4. 69）
wage	0. 0156 *** （7. 24）	0. 0144 *** （6. 17）		0. 0146 *** （5. 82）	0. 0112 ** （3. 62）	0. 0111 *** （3. 36）
sysup		0. 0187 * （1. 93）	0. 0271 ** （2. 78）	0. 0202 ** （2. 08）	0. 0195 ** （2. 13）	0. 0210 ** （2. 30）
urbrate				0. 00549 （1. 48）		0. 00608 （1. 39）
inf					– 0. 0533 ** （2. 24）	– 0. 0597 ** （2. 26）
Observations	123	123	123	123	122	122
R^2	0. 6821	0. 7118	0. 5533	0. 7157	0. 7468	0. 7513

注：* 、** 和 *** 分别表示在10% 、5% 和1% 的显著性水平上显著，括号中的数值是 t 统计量的绝对值。

模型（1）中包含了人口平均预期寿命和平均工资水平两个解释变量，从回归结果可以看到，人口平均预期寿命对我国养老保险支出水平有着显著的正向影响，这个结果符合预期的理论分析。平均工资水平对养老保险支出也具有正向影响，且通过了显著性检验，这个结果与我国养老保险待遇计发办法也是相一致的。

模型（2）在模型（1）的基础上引入了制度赡养率变量，我们发现人口平均预期寿命和平均工资水平仍然与我国养老保险支出水平有着显著的正向关系。相对于模型（1）来看，两者前面的系数均有所下降，制度赡养率对我国养老保险支出水平具有正向影响，且通过了显著性检验，这与预期的分析也是一致的。

模型（3）中仅包含了人口平均预期寿命和制度赡养率，可以看出两者对我国养老保险支出水平都具有正向影响，且都通过了显著性检验。

模型（4）在模型（2）的基础上加入了城镇化水平变量，我们发现人口平均预期寿命、平均工资水平和制度赡养率仍然与我国养老保险支出水平有着显著的正向关系。相对于模型（2）而言，人口平均预期寿命和平均工资水平两者前面的系数均有所下降，但制度赡养率前面的系数有所上升。城镇化水平对我国养老保险支出水平产生正向影响，但是没有通过显著性检验，这可能与选取的面板数据年限有关，城镇化是近些年来各地才开始大力推进的，由于城镇化而加入城镇职工养老保险制度的群体大多应该还是处于缴费阶段，所以采用的数据样本并不能完全反映出城镇化水平对养老保险支出的影响。

模型（5）在模型（2）的基础上加入了表示物价水平的通货膨胀率，我们发现引入该变量后，人口平均预期寿命、平均工资水平和制度赡养率仍然与我国养老保险支出水平有着显著的正向关系，但三者前面的系数均有所下降。通货膨胀率对我国养老保险支出水平产生负向影响，并且通过了显著性检验，这个结果看上去与我国《中华人民共和国社会保险法》规定的养老保险待遇计发办法背道而驰，不太合乎法律规定，原因可能是与我们选取的时间样本数据有关，文中的数据涉及 1995 ～ 2014 年 20 年的时间跨度，而《中华人民共和国社会保险法》是在 2010 年颁布，在此之前的历次养老保险待遇计发办法改革中都只强调待遇水平与工资挂钩。此外，国家已连续十年上调了基本养老保险待遇水平，但从国家多年的通货膨胀率数据来看，上调待遇期间的通货膨胀率却远低于 20 世纪 90 年代，所以该实证结果也合乎我国城镇职工养老保险发展的历程。

模型（6）在模型（5）的基础上加入了城镇化水平变量，从结果可以看出，人口平均预期寿命对养老保险支出水平仍然具有显著的正向影响，城镇化水平前面的系数仍然为正，但没通过显著性检验，通货膨胀率对我国养老金支出水平具有显著的负向影响。此外，我们发现在模型（5）的基础上加入城镇化水平变量后，模型的解释力增强了，达到了 75%，说明人口平均预期寿命、制度赡养率、平均工资水平、通货膨胀率和城镇化水平这五个变量可以在很大程度上解释我国养老保险支出水平上升的原因。

通过对表 4 - 12 中 6 个模型的分析，可以看出预期寿命对我国养老保险支出水平具有显著的正向影响，这种显著的正向影响关系与国际货币基金组织的研究报告（IMF，2012）是相一致[①]。对估计结果进行简单的计算可以得到新生婴儿平均预期寿命每增加 1 年将会使我国养老保险基金支

---

① 依据国际货币基金组织的研究报告（IMF，2012）如果 2010 ～ 2050 年人口寿命比预期超出 3 岁，不同国家平均每年需要额外增加的养老金支出占当年 GDP 的 1% ～ 2%。

出占 GDP 的比重提高约 0.194%[①]。在所研究的样本期间内，我国人口的平均预期寿命从第一阶段的 69.98 岁上升至第四阶段的 74.83 岁，意味着人口平均预期寿命的增加导致我国养老金支出水平上升了 0.94 个百分点，而样本期间内，我国的养老金支出水平从第一阶段的 1.39% 上升至第四阶段的 2.63%，共增加了 1.24 个百分点，这表明在此期间内，由于预期寿命延长对我国养老保险支出水平增加的贡献度高达 76%。

4. 研究结论

本书采用我国 1995~2014 年 31 个省份的面板数据从实证维度验证了预期寿命延长对我国养老保险支出水平的影响。我们首先对预期寿命延长增加养老保险支出的效应进行了理论分析，在此基础上综合了我国学者关于养老保险支出水平的研究成果，建立了本书的实证模型，并以此通过收集的数据对理论分析结果进行了实证检验。实证研究结果表明人口预期寿命对我国养老保险支出水平具有显著的正向影响，研究样本期间内，人口平均预期寿命的增加导致了我国养老保险支出水平增加了 0.94 个百分点，对我国养老保险支出水平增加的贡献度高达 76%，已成为近些年来我国养老金支出增加的重要因素。实证研究结果还表明工资水平和制度赡养率对我国养老保险支出增加有着显著的正向影响，城镇化水平对养老保险支出水平也具有正向影响，但是没有通过显著性检验，而通货膨胀率对我国养老保险支出具有显著的负向影响，这说明过去十年我国养老保险的待遇调整还是一种粗放型的调整，并未与实际的物价上涨情况相挂钩。伴随着先进医疗技术的广泛采用，人们生活观念、方式的改变以及覆盖城乡居民的基本医疗卫生制度的建立必然会带来我国人口平均预期寿命的进一步增加，这意味着预期寿命延长对我国养老保险支出的影响效应在未来还会进一步增强，若保持现有养老保险制度设计参数不变，那么预期寿命的延长必将对我国养老保险支出带来极大的冲击与挑战，进而有可能威胁到养老保险制度的可持续发展。

4.4.3　预期寿命对我国养老保险支出影响的预测

根据前述 6 个模型拟合效果的对比分析，模型（6）的解释力较优，

---

① 对表 4-12 中模型（1）~（6）中 life 前面的系数求简单平均值而得到。

因此，如果我们能掌握未来人口预期寿命、制度赡养率、平均工资水平和通货膨胀率情况，就可通过模型（6）来预测未来我国养老保险支出水平①。为了进一步考察和揭示预期寿命延长对养老保险支出水平影响的后果，本书根据过去各省人口预期寿命的增长幅度情况分别假设了三种不同预期寿命变动预测方案②，方案一为预期寿命每10年增加1岁，方案二为预期寿命每10年增加3岁，方案三为预期寿命每10年增加5岁，预测结果见表4-13。观察表中数据发现，如果人口预期寿命以每10年增加1岁的幅度延长（方案一），各省养老金平均支出水平将从2019年的2.96%一直增加到2050年的4.25%；如果人口预期寿命以每10年增加3岁的幅度延长（方案二），各省养老金平均支出水平将从2019年的3%增加到2050年的5.32%；如果人口预期寿命以每10年增加5岁的幅度延长（方案三），则各省养老金平均支出水平将从2019年的3.03%增加到2050年的6.38%。这表明无论在哪种假设方案下，随时间的推移预期寿命的延长都会导致养老金支出水平的抬升。对比三个方案下养老金支出水平的关键时间节点，可发现，在方案一下，2043年养老金平均支出水平才达到4%，且在预测期内养老金支出水平最高也在5%以内；在方案二下，养老金支出水平达到4%的时间节点提前到了2031年，向前推进了12年，且养老金支出水平在2046年超过了5%；而在方案三下，养老金支出水平达到4%的时间节点进一步提前到了2027年，与方案一相比整整提前了16年，并在预算期内养老金支出水平快速上升，支出水平在2047年超过了6%。这表明人口预期寿命延长对我国养老保险支出影响的后果是非常严峻的，人口预期寿命增加得越快，养老金支出水平越高，给政府财政支出带来的压力也越大。

表4-13　不同预期寿命假设方案下我国基本养老保险支出水平的预测　　单位：%

年份	方案一	方案二	方案三	年份	方案一	方案二	方案三
2019	2.96	3.00	3.03	2022	3.10	3.23	3.36
2020	3.01	3.08	3.14	2023	3.17	3.33	3.50
2021	3.05	3.15	3.25	2024	3.23	3.43	3.62

---

① 此处的养老保险支出水平是各省的养老金平均支出水平。

② 因为本书重点在于揭示预期寿命延长对养老金支出水平的影响，因此在方案设计中主要假设了预期寿命延长的几种情况，而其他解释变量的数据主要基于2016年有关基础数据得到，并做了适当调整。

续表

年份	方案一	方案二	方案三	年份	方案一	方案二	方案三
2025	3.29	3.52	3.75	2038	3.84	4.50	5.16
2026	3.34	3.60	3.87	2039	3.87	4.57	5.27
2027	3.38	3.68	3.98	2040	3.91	4.64	5.36
2028	3.44	3.77	4.10	2041	3.94	4.70	5.46
2029	3.49	3.85	4.22	2042	3.98	4.77	5.57
2030	3.54	3.94	4.33	2043	4.01	4.84	5.67
2031	3.59	4.02	4.45	2044	4.04	4.90	5.76
2032	3.64	4.10	4.57	2045	4.07	4.97	5.86
2033	3.68	4.17	4.67	2046	4.10	5.03	5.96
2034	3.71	4.24	4.77	2047	4.14	5.10	6.06
2035	3.74	4.31	4.87	2048	4.18	5.17	6.17
2036	3.77	4.37	4.97	2049	4.22	5.24	6.27
2037	3.81	4.44	5.07	2050	4.25	5.32	6.38

资料来源：数据由作者预测。

第 5 章

长寿风险对我国社会养老保险
财务可持续的影响评估

目前，我国的社会养老保险已实现了制度上的全覆盖，针对不同群体分别建立了城镇职工基本养老保险、城乡居民基本养老保险和机关事业单位职工养老保险。考虑到城乡居民基本养老保险和机关事业单位职工养老保险建立时间相对较短，制度建设还处于不断改革调适中，而城镇职工基本养老保险已经历了 20 多年的改革与完善，制度建设相对成熟，且城镇职工基本养老保险构成了整个养老保险体系中的支柱性制度安排[①]，在整个社会养老保险体系中占据着举足轻重的地位[②]，因此，本章以城镇职工基本养老保险[③]为例，分析长寿风险对我国社会养老保险财务可持续性的影响。

5.1 长寿风险影响我国社会养老保险
财务可持续的分析框架

在现有制度安排下，城镇职工基本养老保险基金由统筹账户基金和个人账户基金两部分构成，但在实际运作过程中，由于历史的原因，统筹账户和个人账户并未相互独立运营，而是采取了"混账管理"的模式。同时，为了化解转制成本，个人账户基金被挪用，个人账户长期处于"空

---

① 李浏清. 养老金全国统筹：央地分责尤为关键——访全国人大常委会委员、中国社会保障学会会长、中国人民大学教授郑功成 [J]. 中国人力资源社会保障，2018（3）.

② 2016 年城镇职工基本养老保险基金总收入约占整个社会养老保险基金收入的 92%（=35058/37991）。

③ 在本章中以下如无特别说明，社会养老保险、基本养老保险均指城镇职工基本养老保险。

账"运行状态。虽然国家在 2005 年试点做实个人账户，但个人账户做实进程却非常缓慢，面临诸多困难①，其性质与统筹账户并无差异。此外，个人账户的"保输不保赢"和"漏斗设计"② 的缺陷使得个人账户蕴含的长寿风险最终也会转移至统筹账户③。基于此，本书假设个人账户仅作为个人权益记录，且与统筹账户缴费收入混合使用来支付基本养老金，即也就是假设我国城镇职工基本养老保险筹资模式为现收现付制。在书中的第三章，总结分析了不同财务机制模式的内容、特征以及长寿风险影响社会养老保险财务机制的四条主要传导渠道，指出在现收现付制财务模式下，长寿风险对养老保险财务收支状况的影响主要是通过参保人口数量渠道传导。人口预期寿命的延长等于增加了人口数量，而人口变量是现收现付制养老保险财务稳定可持续发展的关键性约束条件。不同年龄别的人口预期寿命的延长情况会影响人口总体规模和结构状况，进而影响到参保人口数量和结构，导致制度赡养率发生变化。就理论上而言，若预期寿命的延长来源于低年龄段（少儿阶段）人口死亡率的下降，意味着少儿阶段的人口增加了，在他们尚未成为参保人口前，基金财务状况基本保持原有状态，随着他们年龄增长成为参保人口，基金财务状况将会发生变化；若预期寿命的延长来源于中青年死亡率的下降，意味着参保在职职工（缴费人口）人口数量增加了，养老金收入会增加；而若预期寿命的延长来源于退休老年人口死亡率的下降，则意味着参保退休职工（养老金待遇领取者）人口数量增加了，养老金支出会增加。因此，长寿风险会对社会养老保险财务可持续性产生影响，具体而言：

1. 社会养老保险基金收入

现收现付制下，长寿风险引起的人口规模和结构的变化直接影响着社会养老保险基金的收入规模。不同年龄别人口死亡率的改善情况影响着不同年龄别的人口规模，低龄段人口或中青年人口死亡率下降得越低，对应年龄段的人口也越多，意味着潜在的参保缴费者或现行的参保缴费者规模

---

① 自 2008 年之后，个人账户做实试点范围并未扩大，已开展个人账户做实的 13 个试点省份做实进度缓慢，其中，2010 年以来中央财政暂时中止了对辽宁做实试点的补贴，当期发放缺口由辽宁省闲置的个人账户资金补足。截至 2015 年底，人力资源和社会保障事业发展统计公报不再公布个人账户做实的省份情况。

② 参保人在计发月数内死亡，个人账户资产可继承，参保人计发月数之后仍生存，则领取个人账户养老金直到死亡，计发月数之后的养老金来源于统筹账户。

③ 如果参保职工在个人账户余额用尽后仍存活，政府会为参保职工继续发放个人账户养老金，这部分个人账户养老金来源于统筹账户。

也会越大。在缴费率保持不变的条件下，参保缴费者越多，社会养老保险资金来源越充足，养老保险基金收入也就越高。

2. 社会养老保险基金支出

同样，长寿风险引起的人口规模和结构的变化也直接影响着社会养老保险基金的支出规模。老年人口死亡率下降得越快，对应的老年人口数量也越多，意味着领取养老金待遇的参保人口也越多。在养老金替代率保持不变的前提下，参保待遇领取者越多，养老保险基金支出也越多。近半个世纪以来，理论和实践都表明，人口分年龄死亡率曲线已逐渐从"两头高、中间低"的 U 形状向 J 形状转变，且尾部越来越平缓，这说明少儿、青壮年人口死亡率下降的空间已非常有限，人口预期寿命的延长主要来源于老年人口死亡率的改善，这也意味着长寿风险导致退休年龄段（待遇领取年龄段）的新增人口必然多于工作年龄段（缴费年龄段内）的新增人口，从而导致社会养老保险基金支出的增幅要快于社会养老基金收入的增幅。所以，综合社会养老保险基金的收支状况来看，在保持原有制度不变的情况下，长寿风险会导致社会养老保险基金偿付能力不足，进而对制度财务可持续性构成威胁。

在研究思路上，借助联合国人口司发布的《世界人口展望 2012》和《世界人口展望 2017》公布的居中假设下的我国人口预期寿命的预测数据①，借鉴景鹏（2017）的做法，死亡模式采用远东生命表反推估计未来各年分年龄别的死亡率②，这样便得到了 2012 年版和 2017 年版的分年龄、性别死亡率，并将其视为两种基准情形（以下简称为 2012 基准和 2017 基准），通过考察两个基准死亡率差异导致的养老保险参保人口变动状况和基本养老保险基金财务收支变动状况，以此来揭示长寿风险对我国社会养老保险财务可持续性的影响。首先，构建基本养老保险参保人口预测模

---

① 联合国人口司依据各国的基础数据，在不同的假设水平下，定期测算未来的人口死亡率和预期寿命，定期更新对不同国家的预测结果，该数据普遍用于国际比较研究，考虑到我国已发表的人口预期寿命或死亡率预测结果建立在不同的测算目标下，并没有公认的权威预测结果，且我国较多学者对预期寿命和死亡率的预测大多基于 Lee - Carter 模型，但正如韩猛和王晓军（2010）指出由于我国人口死亡率统计数据质和量都有限，这导致 Lee - Carter 模型在我国的使用大大受限，同时，对于高龄人口 Lee - Carter 模型难以得到可靠结果，而高龄人口基本概况却是考察养老金财务平衡机制的重要测度，因此，考虑到研究的目的只在于揭示长寿风险对社会养老保险财务可持续的影响，故本书采用联合国人口司公布的 2012 年和 2017 年中国人口预期寿命的估算结果，作为未来我国对应寿命死亡率指标预测基础并予以适当调适。

② 景鹏. 城镇企业职工基本养老保险统筹账户缴费率动态调整研究 [M]. 成都：西南财经大学出版社，2017：106.

型。为了评估长寿风险对养老保险基金财务可持续的影响，需要分别对两个基准情形下的人口数量和结构、城镇人口数量和结构、参保人口数量和结构进行预测，从而确定参保在职职工的数量和结构，参保退休职工的数量和结构等，通过两个基准期的对比进而揭示出长寿风险对参保职工人数和结构的影响情况。其次，构建基本养老保险基金收支精算模型，包括基金收入精算模型、基金支出精算模型以及基金收支平衡精算模型，结合上述预测的参保人口变动情况，在一定精算假设基础之上就可测度长寿风险对我国基本养老保险基金收入状况、支出状况、当期结余状况以及累计结余状况变动的影响效应。

　　关于基准情形下构建城镇职工基本养老保险精算估计模型的基本原理和步骤详见图 5 - 1。

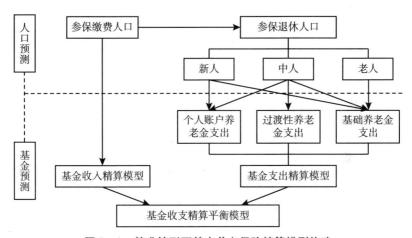

图 5 - 1　基准情形下基本养老保险精算模型构建

5.2　长寿风险对我国社会养老保险参保人口的影响

　　人口预期寿命的延长会对人口总的数量产生影响，从而也会导致社会养老保险参保人口数量的变动，进而影响到养老保险基金收支的变动，按照上述研究思路，本部分主要揭示了长寿风险对我国基本养老保险参保人口规模和参保人口结构的影响。因此，本部分首先根据 2012 基准下的死亡率预测了城镇职工基本养老保险的参保人口情况，然后，再根据 2017 基准下的死亡率预测了参保人口状况，最后通过对比分析两个基准情形下的不同参保人口情况①以此来测度长寿风险对社会养老保险参保人口的影响。

5.2.1 养老保险参保人口预测模型及参数设置

1. 参保人口测算思路及模型

对参保人口的预测主要采用年龄移算法②，以第六次全国人口普查数据为基础，推算出测算期内各年分年龄和性别的城镇人口数，并在此基础上进一步推算出参保人口数量及其构成。具体测算思路如下：首先，用 t 年分年龄、性别和城乡的人口数乘以相应的生存概率（1－死亡率）得到 $t+1$ 年分年龄、性别和城乡的人口数，用 t 年城乡育龄妇女人数乘以相应的年龄别生育率后加总得到 $t+1$ 年城乡新生儿数量，并设定每年人口"乡－城"迁移规模，从而得到各年分年龄和性别的城镇人口数。然后，在城镇人口预测基础上，结合分年龄和性别的城镇就业率情况③，计算得到各年分年龄和性别的城镇职工人数。最后，假设参保在职职工年龄结构与城镇劳动年龄人口相同、参保退休职工年龄结构与城镇老年人口相同，根据四类参保职工年龄区间，推算出四类参保职工分年龄、性别的参保人数，并且每年都有 20 岁职工加入新人。

根据上述思路，构建了以下参保人口预测模型。

$t+1$ 年分城乡的人口数量移算方程分别为：

$$P_{t+1,x+1}^{u,j} = P_{t,x}^{u,j} \times (1 - q_{t,x}^{u,j}) \tag{5.1}$$

$$P_{t+1,x+1}^{r,j} = P_{t,x}^{r,j} \times (1 - q_{t,x}^{r,j}) \tag{5.2}$$

其中，$P_{t,x}^{u,j}$ 代表城镇 t 年 x 岁 j 性别人口数量，$j=f$ 为女性，$j=m$ 为男性，$P_{t,x}^{r,j}$ 代表农村 t 年 x 岁 j 性别人口数量，$q_{t,x}^{u,j}$ 和 $q_{t,x}^{r,j}$ 分别代表城镇 t 年 x 岁的 j 性别人口死亡率和农村 t 年 x 岁的 j 性别人口死亡率。

t 年分城乡新生人口数量分别为：

$$B_t^u = \sum_{x=15}^{49} P_{t,x}^{u,f} \times f_{t,x}^u \times p_B^{u,j} \tag{5.3}$$

$$B_t^r = \sum_{x=15}^{49} P_{t,x}^{r,f} \times f_{t,x} \times p_B^{r,j} \tag{5.4}$$

其中 B_t^u 和 B_t^r 分别代表 t 年城镇和农村的新生人口数量，$P_{t,x}^{u,f}$ 和 $P_{t,x}^{r,f}$ 分别代表 t 年 x 岁的城镇和农村的平均育龄妇女（15～49 岁）人口数量，$f_{t,x}^u$ 和 $f_{t,x}^r$ 分别代表 t 年 x 岁的城镇和农村妇女的年龄别生育率，$p_B^{u,j}$ 和 $p_B^{r,j}$ 分别代表 t 年城镇和农村新出生 j 性别婴儿当年出生后存活到年底的概率。

t 年分性别和年龄的城镇人口数量为：

$$U_{t,x}^j = P_{t,x}^{u,j} + P_{t,x}^{r,j} \times \beta_{t,x}^j \tag{5.5}$$

其中，$U_{t,x}^j$ 代表 t 年 x 岁的分性别城镇人口数量，它等于 t 年 x 岁 j 性别城镇人口数量 $P_{t,x}^{u,j}$ 加上 t 年从农村迁入城市的 j 性别人口数量（$P_{t,x}^{r,j} \times \beta_{t,x}^j$），$\beta_{t,x}^j$ 代表 t 年农村 x 岁 j 性别人口迁移城市的倾向。

t 年分年龄和性别的城镇职工人数为：

$$L_{t,x}^{u,j} = U_{t,x}^j \times u_{t,x}^j \tag{5.6}$$

其中，$L_{t,x}^{u,j}$ 代表 t 年 x 岁的分性别的城镇职工人数，它等于 t 年分年龄和性别的城镇人口数量乘以分年龄和性别的城镇就业率 $u_{t,x}^j$。

在此基础上，假设 2016 年的参保在职职工（27826 万人[1]）年龄结构与 2016 年城镇劳动年龄人口（男性为 20～59 岁人口，女性为 20～49 岁人口）结构相同，即可获得分年龄和性别的参保在职职工人数；同样，假设 2016 年的参保退休职工（10103 万人[2]）年龄结构与 2016 年城镇老年人口（男性为 60 岁及以上人口，女性为 50 岁及以上人口）结构相同，即可获得分年龄和性别的参保退休职工人数。

我国城镇职工基本养老保险制度改革进程中，为了体现公正公平，缓解代际矛盾及平稳顺利推进改革，养老金待遇计发标准实施了"老人老办法，新人新办法和中人逐步过渡"的改革原则，这也就意味着在我国基本养老保险具体实践过程中存在着不同待遇类别的参保职工，为了全面揭示长寿风险对基本养老保险财务状况的影响，有必要针对不同职工分别建立精算模型。因此，本书进一步以《国务院关于建立统一的企业职工基本养老保险制度的决定》和《国务院关于完善企业职工基本养老保险制度的决定》的实施为依据，将基本养老保险参保职工划分为老人、老中人、新中人、新人 4 种类型（见表 5－1）。

---

[1][2] 资料来源为 2016 年度人力资源和社会保障事业发展统计公报。

表 5 - 1　　　　　　　城镇职工基本养老保险参保职工分类表

职工分类	对应时间	2016 年的年龄区间
老人	《国务院关于建立统一的企业职工基本养老保险制度的决定》文件实施前退休的参保职工	男性［79，100］ 女性［69，100］
老中人	《国务院关于建立统一的企业职工基本养老保险制度的决定》文件实施前参加工作、《国务院关于建立统一的企业职工基本养老保险制度的决定》文件实施后至《国务院关于完善企业职工基本养老保险制度的决定》文件实施前退休的参保职工	男性［71，78］ 女性［61，68］
新中人	《国务院关于建立统一的企业职工基本养老保险制度的决定》文件实施前参加工作、《国务院关于完善企业职工基本养老保险制度的决定》文件实施后退休的参保职工	男性［39，70］ 女性［39，60］
新人	《国务院关于建立统一的企业职工基本养老保险制度的决定》文件实施后参加工作的参保职工	男性［20，38］ 女性［20，38］

注：根据《国务院关于建立统一的企业职工基本养老保险制度的决定》和《国务院关于完善企业职工基本养老保险制度的决定》文件整理，假定城镇职工最初参加养老保险的年龄为 20 岁。

根据表 5 - 1 列示的各类参保职工的年龄区间即可得到 2016 年分年龄、性别的老人、老中人、新中人和新人的人口数，同样采用年龄移算法就可得到每年各类参保职工的分年龄和性别的参保人数，即 $t+1$ 年分年龄和性别的四类参保职工人数乘以相应的生存概率得到 t 年分年龄和性别的四类参保职工人数，基本表达式为：

$$N_{t+1,x+1}^{i,j} = N_{t,x}^{i,j} \times p_{t,x}^{i,j} \qquad (5.7)$$

其中，$N_{t,x}^{i,j}$ 代表 t 年 x 岁的 i 类 j 性别的参保人口数，i 代表参保职工类别，$p_{t,x}^{i,j}$ 代表生存率。同时，每年还有 20 岁的城镇职工加入新人这一人口系统。考虑新参加工作人口的参保率①后，即可获得 t 年的 20 岁新增加参保职工人数。

2. 参数设置及说明

（1）总和生育率。总和生育率是人口预测的一项重要参数，是分析研

① 假设新参加工作职工的参保率以每年 2% 的速度增加，从 2016 年的 70% 提高到 2029 年的 95%，以后保持不变。

究平均每个妇女一生中生育多少个小孩数的指标[①]，也是决定公共养老保险制度负担程度的重要人口参数。从计量方法上讲，它是各个年龄别生育率相加之和，即 $TFR = \sum_{x=a_1}^{a_2} f_x$，其中 f_x 表示 x 岁的年龄别生育率[②]；a_1 和 a_2 分别为最低生育年龄和最高生育年龄，一般生育年龄区间为 15～49 岁。根据 2010 年全国人口普查的结果，我国的总和生育率为 1.19，其中城镇的总和生育率为 0.98，农村的总和生育率为 1.44。然而，众多学者认为人口普查由于存在瞒报和漏报，导致总和生育率的真实值高于人口普查数据，普遍认为 2010 年我国的总和生育率应介于 1.4～1.6[③]，于是将 2010 年的总和生育率水平放大 1.3 倍[④]。生育政策的调整会改变妇女总和生育率，影响新出生人口数量，考虑到全面二孩政策的影响，假设符合政策规定、有意愿且有能力生育二孩的妇女占育龄妇女的 20%（景鹏和胡秋明，2017），且未来生育模式与 2010 年人口普查公布的生育模式相同[⑤]，从而得到各年城镇和农村的总和生育率。

（2）年龄参数。关于职工就业年龄，借鉴大多数学者的研究，假设职工就业年龄为 20 岁且参加工作的同年就参加城镇职工基本养老保险，职工极限生存年龄为 100 岁，那么缴费起始年龄和待遇领取最大年龄分别为 20 岁和 100 岁。关于退休年龄，我国现行职工退休年龄政策执行 20 世纪 70 年代的规定，除特殊工种外，一般情况下，男性、女干部、女工人的法定退休年龄分别为 60 岁、55 岁和 50 岁。尽管女干部退休年龄为 55 岁，然而在职工基本养老保险中所占比重较少，可以忽略不计[⑥]，故本书退休年龄的取值为：男性为 60 周岁，女性为 50 周岁。

（3）出生婴儿性别比。出生婴儿性别比是影响未来人口构成和育龄妇女人数的重要因素之一。关于出生婴儿性别比，人们通常认为生男生女的概

---

① 李永胜．人口统计学［M］．成都：西南财经大学出版社，2003：111.

② 年龄别生育率是指按年龄层次来进行观察与分析的生育率，它是育龄妇女之出生人数与育龄妇女人数的比值。

③ 主要代表学者包括崔红艳等（2013）、朱琴（2012）、陈卫和杨胜慧（2014）等。

④ 已有文献通过多种方法校正 2010 年总和生育率，普遍认为该值在 1.4～1.6 之间，此处取 1.5，那么总和生育率就放大了 1.3 倍（= 1.5/1.18），据此将城镇和农村的总和生育率按 1.3 倍进行放大。

⑤ 生育模式是指由早育、晚育和不同生育间隔等生育行为特征所形成的生育方式，通常用年龄别规格化生育率来表示，年龄别规格化生育率＝年龄别妇女生育率/总和生育率×100%。生育模式的形成受多种因素影响，相对稳定。

⑥ 唐青．全覆盖背景下养老保险可持续发展研究——以财务可持续发展为主线［M］．成都：西南财经大学出版社，2017：99.

率各占一半，但大量的人口统计资料表明，世界新出生人口性别比一般为105 左右，偏差在 2 ~3①。通过历次的人口普查数据发现，自 20 世纪 80 年代以来，我国新出生人口性别比有不断攀升的趋势，1982 年我国出生婴儿性别比为 108. 47，1990 年为 111. 14，2000 年增加到 116. 86，2010 年进一步上升，达到 117. 94，其中，农村出生婴儿性别比为 119. 1，城镇出生婴儿性别比为 116. 2，已严重偏离世界出生婴儿性别比的正常值。近年来，国家卫健委已采取多项措施综合治理出生人口性别比失衡问题，确保实现未来出生人口性别比有较大幅度的下降。因此，本书假设未来出生婴儿性别比每年下降 0. 4，一直到出生性别比达到 107 为止，即农村出生婴儿性别比在 2040 年达到 107 并保持不变，城镇出生婴儿性别比在 2033 年达到 107 并保持不变。

（4）"乡 - 城"迁移规模。"乡 - 城"迁移也就是通常所说的城镇化，它是影响城镇人口结构、就业总量和基本养老保险参保人口的重要因素。关于"乡 - 城"迁移规模，假设 2020 年及以前每年 1200 万人、2021 ~2025 年每年 1000 万人、2026 ~2030 年每年 800 万人、2031 ~2040 年每年600 万人、2041 ~2050 年每年 400 万人，到 2050 年城镇化率基本达到75%，并假设"乡 - 城"迁移规模的男女性别比为 5. 5②。

（5）死亡率或预期寿命。预期寿命是推算人口死亡情况的重要参数，也是影响基本养老保险制度内人口结构的重要因素。本书采用的预期寿命数据来源于联合国人口司发布的《世界人口展望 2012》和《世界人口展望 2017》公布的居中假设下的我国分年龄别的人口预期寿命，并据此推导出分年龄别的死亡率。

5.2.2 长寿风险对社会养老保险参保人口影响的测度结果

1. 基准情形下的参保人口预测结果

在上述养老保险参保人口预测模型和参数设置的基础上，可分别估算出 2017 ~2050 年两个基准情形（2012 基准和 2017 基准）下的基本养老保险参保人口情况，利用 Excel 软件对数据的处理，可以得到两个基准下的基本养老保险参保人口的预测结果③。

① 温勇等. 人口统计学 [M]. 南京：东南大学出版社，2006：22.
② 周娅娜，林义，景鹏. 城镇职工基本养老金调整方案设计与检验 [J]. 保险研究，2017 (9).
③ 两个基准下的参保人口预测数据详见本书附录 1.

　　2012 基准情形下的 2017～2050 年基本养老保险参保人口规模和结构变化趋势详见图5-2和图5-3，从图中可以看出，在 2012 基准情形下，参保在职人口的数量逐年减少，享受待遇的退休人口数量逐年增加，总参保人口的数量在预测期内逐年缓慢增加，这表明享受待遇人口数量的增长速度远高于参保人口的递减速度。此外，在四类参保职工中，在测算期内

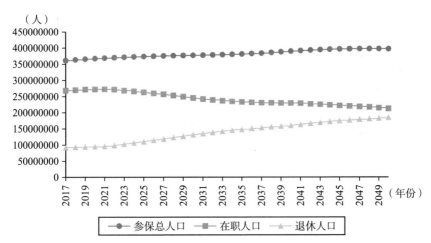

图5-2　2012 基准下预测期内在职人口、退休人口和总参保人口数量的变化趋势
资料来源：数据由作者预测。

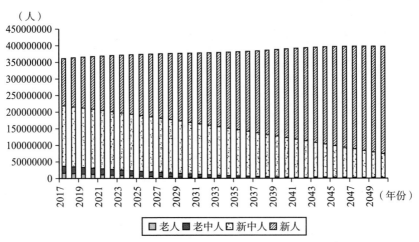

图5-3　2012 基准下预测期内参保人员结构的变化趋势
资料来源：数据由作者预测。

老人、老中人和新中人的人口数量随着时间的推移均呈现出下降趋势，这是由于老人、老中人和新中人均为封闭的人口系统①，新人的数量逐年增加。

2017 基准下预测期内基本养老保险参保人口规模和结构的变化趋势见图 5－4 和图 5－5。从图中可看出，2017 基准下的参保人口规模及结构的总体变化趋势与 2012 基准下大致保持一致。

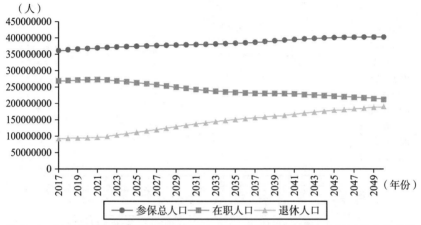

图 5－4　2017 基准下预测期内在职人口、退休人口和总参保人口数量的变化趋势
资料来源：数据由作者预测。

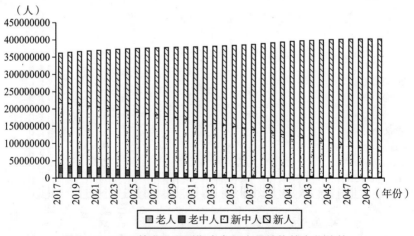

图 5－5　2017 基准下预测期内参保人员结构的变化趋势
资料来源：数据由作者预测。

---

①　只有死亡而没有出生的人口系统称为是封闭人口系统。

2. 长寿风险影响参保人口变动的预测结果

通过 2012 基准和 2017 基准下参保人口的对比分析，可得到长寿风险影响我国城镇职工基本养老保险参保人口变动的预测结果。表 5 - 2 揭示了 2017 ~ 2050 年长寿风险导致的城镇职工基本养老保险总参保人口差、在职人口差以及养老金待遇领取人口差的变动情况。从表中的数据可看出，2017 ~ 2050 年长寿风险造成的基本养老保险总参保人口差、在职人口差以及养老金待遇领取人口差将会越来越大，其中，总参保人口差由 2017 年的 4.77 万人扩大到 2050 年的 557.06 万人，在职人口差由 2017 年的 1.1 万人增加到 2050 年的 28.52 万人，退休人口差由 2017 年的 3.67 万人增加到 2050 年的 528.54 万人。34 年的时间内养老金待遇人口差增加了 144.02 倍，平均每年增长 16.25%，远高于在职人口差的增长倍数和年均增长率，这表明在现有退休制度安排下，长寿风险对我国基本养老保险财务可持续的影响主要来源于未来养老金支出的增加，且这种影响将随着时间的推移越来越显著。

表 5 - 2　　　　2017 ~ 2050 年长寿风险导致的参保人口差　　　　单位：万人

年份	总人口差	在职人口差	退休人口差	年份	总人口差	在职人口差	退休人口差
2017	4.77	1.10	3.67	2031	175.75	20.64	155.11
2018	11.07	2.39	8.68	2032	190.56	21.62	168.94
2019	18.94	3.92	15.03	2033	205.99	22.53	183.47
2020	28.67	5.63	23.04	2034	221.87	23.42	198.45
2021	40.16	7.47	32.69	2035	238.42	24.41	214.02
2022	53.26	9.36	43.90	2036	255.73	25.24	230.50
2023	66.46	10.96	55.50	2037	274.03	26.04	247.99
2024	79.63	12.55	67.08	2038	293.14	26.82	266.32
2025	92.85	13.97	78.88	2039	313.12	27.56	285.57
2026	106.15	15.30	90.84	2040	333.87	28.35	305.52
2027	119.59	16.66	102.93	2041	354.98	29.01	325.97
2028	133.16	17.76	115.40	2042	376.51	29.06	347.45
2029	147.01	18.83	128.18	2043	398.27	29.48	368.79
2030	161.24	19.75	141.49	2044	420.44	29.77	390.67

续表

年份	总人口差	在职人口差	退休人口差	年份	总人口差	在职人口差	退休人口差
2045	442.50	29.89	412.60	2048	510.15	30.33	479.81
2046	464.76	30.31	434.45	2049	533.52	29.52	503.99
2047	487.21	30.23	456.98	2050	557.06	28.52	528.54

注：数据由作者预测，参保人口差＝2017 基准的参保人口－2012 基准的参保人口，两个基准下的预测数据详见附录 1。

　　为了更进一步直观揭示长寿风险对参保在职人口数量和参保退休人口数量影响的差异程度，本书考察了未来各年长寿风险导致的退职比[1]变化情况，见表 5 - 3。从表中的数据可看出，2017～2050 年长寿风险导致的职退比差异逐年增大，总的职退比差异从 2017 年的 0.0001 扩大到 2050 年的 0.0237，这表明了长寿风险对参保退休职工的影响效应强于对参保在职职工的影响[2]，意味着未来长寿风险会增加在职职工一代的抚养压力。此外，从长寿风险对分性别职退比的影响差异来看，男性职退比差异从 2017 年的 0.0001 增加到 2050 年 0.0219，女性职退比的差异从 2017 年的 0.0001 增加到 2050 年的 0.0263，长寿风险导致的女性职退比差异的程度大于男性，且随着时间的推移，两者的差异程度经历了先扩大后缩小的变动趋势，在 2045 年两者差异达到最大值 0.091。这表明女性参保职工更易受长寿风险的冲击，这是由于女性相对于男性来说，存活的寿命更长，但随着男女性别存活寿命差异的缩小，长寿风险对两者影响的差异也会随之缩小。

表 5 - 3　　　　　　　2017～2050 年长寿风险导致的退职比差异情况

年份	总和	男性	女性	年份	总和	男性	女性
2017	0.0001	0.0001	0.0001	2020	0.0008	0.0006	0.0011
2018	0.0003	0.0003	0.0003	2021	0.0011	0.0007	0.0017
2019	0.0005	0.0004	0.0006	2022	0.0015	0.0009	0.0023

---

[1]　退职比是参保退休职工人数与参保在职职工人数的比值，是反映在职职工抚养退休职工压力的指标。该指标上升则代表退休职工人数相对增加，在职职工人数相对减少，这说明在职职工抚养退休职工的压力比较大，同时也意味着同期的养老金支出相对增加，收入相对减少。

[2]　从前面章节分析可知近些年来人口预期寿命的延长主要得益于老年人口死亡率的改善，老年人口死亡率的下降会增加老年人口的整体规模。

续表

年份	总和	男性	女性	年份	总和	男性	女性
2023	0.0019	0.0011	0.0031	2037	0.0100	0.0065	0.0150
2024	0.0023	0.0013	0.0038	2038	0.0108	0.0072	0.0159
2025	0.0028	0.0015	0.0046	2039	0.0116	0.0080	0.0167
2026	0.0032	0.0018	0.0054	2040	0.0124	0.0089	0.0175
2027	0.0037	0.0020	0.0062	2041	0.0133	0.0097	0.0185
2028	0.0042	0.0023	0.0070	2042	0.0144	0.0108	0.0196
2029	0.0047	0.0026	0.0079	2043	0.0154	0.0118	0.0207
2030	0.0053	0.0030	0.0087	2044	0.0164	0.0128	0.0218
2031	0.0059	0.0034	0.0096	2045	0.0175	0.0139	0.0230
2032	0.0065	0.0038	0.0105	2046	0.0186	0.0152	0.0237
2033	0.0072	0.0043	0.0113	2047	0.0198	0.0167	0.0243
2034	0.0078	0.0048	0.0122	2048	0.0209	0.0183	0.0248
2035	0.0085	0.0053	0.0131	2049	0.0223	0.0200	0.0256
2036	0.0092	0.0059	0.0140	2050	0.0237	0.0219	0.0263

注：数据由作者预测，退职比差 = 2017 基准的退职比 - 2012 基准的退职比。

图 5-6 和图 5-7 描绘了 2017～2050 年长寿风险对老人、老中人、新中人、新人四类参保职工人数的影响差异和数量变化趋势。从中可以看出，长寿风险导致的总参保人口数量差异呈现出逐年扩大的趋势，这表明在现有制度安排下，长寿风险对社会养老保险的影响将会越来越严重，但长寿风险对四类参保职工人数的影响却存在较大差异。长寿风险对老人和老中人数量的影响呈现出先缓慢上升后缓慢下降的驼峰状形态。对老人数量的影响从 2017 年 13032 人增加至 2029 年的 201917 人，2030 年及以后逐渐下降，直至 2042 年降至 0。对老中人数量的影响从 2017 年的 9823 人增加至 2035 年的 343899 人，2036 年及以后呈现下降趋势，到 2050 年为 26547 人。对新中人数量的影响从 2017 年的 22670 人一直上升到 2050 年的 3942149 人，是四类参保人口中受长寿风险影响最严重的群体。对新人数量的影响范围也是逐年上升，从 2017 年的 2185 人一直上升到 2050 年的 1601940 人。

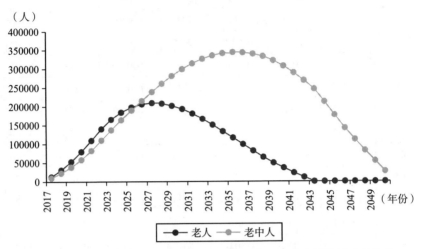

图 5 - 6   2017 ~ 2050 年长寿风险影响我国老人、老中人的数量变化趋势

资料来源：数据由作者预测。

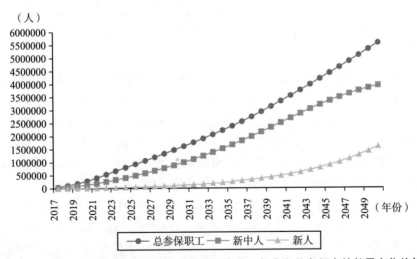

图 5 - 7   2017 ~ 2050 年长寿风险影响我国新中人、新人和总参保人的数量变化趋势

资料来源：数据由作者预测。

5.3　长寿风险对我国社会养老保险财务状况的影响

5.3.1　养老保险精算模型及参数选择

1. 养老保险基金收支预测模型

（1）养老保险基金收入模型。城镇职工基本养老保险的基金筹集主要来源于征缴收入，征缴收入等于参保在职职工人数、缴费基数、缴费率和遵缴率的乘积。t 年基金收入 I_t 表示为：

$$I_t = \sum_{i=1}^{4} \sum_{j=1}^{2} \sum_{x=a^j}^{b^j-1} N_{t,x}^{i,j} \times \omega_{t_0-1} \times \prod_{s=t_0}^{t} (1+k_s) \times (\theta_t + \tau_t) \times \lambda_t \quad (5.8)$$

式（5.8）中，$i = 1 \sim 4$ 分别表示老人、老中人、新中人和新人，$j = 1, 2$ 分别表示男性职工和女性职工，a^j 和 b^j 分别为第 j 类参保职工缴费和退休年龄，$N_{t,x}^{i,j}$ 为 t 年 x 岁的第 i、j 类参保职工人数，ω_t 为 t 年缴费基数，k_t 为 t 年缴费基数增长率，θ_t 和 τ_t 分别为 t 年统筹账户和个人账户缴费率，λ_t 为 t 年养老保险遵缴率，t_0 为精算分析起始年份（即 2017 年）。

（2）养老保险基金支出模型。养老保险基金支出包括基础养老金、过渡性养老金和个人账户养老金。老人退休后只领取基础养老金，老中人和新中人退休后领取基础养老金、过渡性养老金和个人账户养老金，新人退休后领取基础养老金和个人账户养老金。

①基础养老金支出模型。基础养老金支出等于所有参保退休职工与基础养老金的计发基数、计发比例和调整系数（1 + 调整比例）的乘积。t 年基础养老金支出 $O_{t,A}$ 表示为：

$$O_{t,A} = \sum_{i=1}^{4} \sum_{j=1}^{2} \sum_{x=b^j}^{c^j} N_{t,x}^{i,j} \times A_{t,x}^{i,j} \times m_{t,x}^{i,j} \times \prod_{s=t-x+b^j}^{t} (1+g_s) \quad (5.9)$$

式（5.9）中，$A_{t,x}^{i,j}$ 为 t 年 x 岁的第 i、j 类参保职工基础养老金计发基数，老人和老中人的计发基数是其退休前一年在岗职工平均工资，新中人和新人的计发基数是其退休前一年在岗职工平均工资与本人指数化年平均缴费工资的平均值。c^j 为第 j 类参保职工极限生存年龄，$m_{t,x}^{i,j}$ 为 t 年 x 岁的第 i、j 类参保职工基础养老金计发比例，$1 + g_t$ 为 t 年基础养老金的调整系数。

②过渡性养老金支出模型。过渡性养老金支出等于老中人和新中人的退休人数之和与过渡性养老金的计发基数、计发比例、视同缴费年限和调整系数的乘积。t 年过渡性养老金支出 $O_{t,B}$ 表示为：

$$O_{t,B} = \sum_{i=2}^{3} \sum_{j=1}^{2} \sum_{x=b^j}^{e^j} N_{t,x}^{i,j} \times B_{t,x}^{i,j} \times n_{t,x}^{i,j} \times [1998 - (t - x + a^j)] \times \prod_{s=t-x+b^j}^{t} (1 + g_s)$$

(5. 10)

式（5.10）中，$B_{t,x}^{i,j}$ 为 t 年 x 岁的第 i、j 类参保职工过渡性养老金计发基数，老中人和新中人的计发基数都是其退休前一年在岗职工平均工资，$n_{t,x}^{i,j}$ 为 t 年 x 岁的第 i、j 类参保职工过渡性养老金计发比例。

③个人账户养老金支出模型。个人账户养老金支出等于老中人、新中人和新人的退休人数之和乘以个人账户储存额除以计发月数乘以 12 再乘以调整系。t 年个人账户养老金支出 $O_{t,C}$ 表示为：

$$O_{t,C} = \sum_{i=2}^{4} \sum_{j=1}^{2} \sum_{x=b^j}^{e^j} N_{t,x}^{i,j} \times \left\{ \frac{\left[\sum_{s=a^j}^{b^j-1} \omega_s \times \tau_t \times (1 + i_s)^{b^j-s-1} \right]}{v_t^{i,j}} \right\} \times 12 \times \prod_{s=t-x+b^j}^{t} (1 + g_s)$$

(5. 11)

式（5.11）中，i_t 为 t 年个人账户记账利率，假设为一年定期银行存款利率，$v_t^{i,j}$ 为 t 年第 i、j 类参保职工个人账户养老金计发月数。

（3）养老保险基金结余模型。基金当期结余等于当年基金收入减去基金支出，基金累计结余等于上年累计结余本息之和加上当期结余。t 年当期结余 E_t 和累计结余 F_t 表示为：

$$E_t = I_t - (O_{t,A} + O_{t,B} + O_{t,C}) \tag{5.12}$$

$$F_t = F_{t-1} \times (1 + r_t) + E_t \tag{5.13}$$

其中，r_t 为 t 年基金投资收益率，累计结余为正时 r_t 是实际投资收益率，累计结余为负时 r_t 是一年定期银行存款利率，以体现货币时间价值。

2. 参数设定及说明

基于相关政策规定以及现有的相关研究成果，将模型参数设定如下：

（1）参保职工人数、参保年龄和退休年龄。三个参数取值详见前一节内容。

（2）缴费基数和缴费率。《国务院关于完善企业职工基本养老保险制度的决定》规定城镇职工基本养老保险的缴费率为 28%，其中统筹账户缴费率为20%①，个人账户缴费率为8%，养老保险缴费基数为上年度在岗职工平均工资，但现实中为数不少的企业想方设法逃避足额缴费，致使缴费基数不实情况越来越严重。根据《中国社会保险发展年度报告（2015）》数据计算得出，实际缴费基数②占上年度在岗职工平均工资的比重逐年下降，如表5-4所示，由2010年的72.22%降至2015年的68.06%。为体现真实缴费情况，本书假设未来各年缴费基数保持为上年度在岗职工平均工资的68%，那么缴费基数增长率就等于平均工资增长率。由于经济新常态下GDP增速放缓，假设GDP增长率在2020年及以前为6.5%，此后每5年下降0.5个百分点，2050年降至3.5%，同时假设通货膨胀率为2%。本研究以2016年在岗平均工资为基准。

表5-4 城镇职工基本养老保险实际缴费基数

年份	征缴收入（亿元）	在职职工（万人）	遵缴率	缴费率	实际缴费基数（元）	上年度在岗职工平均工资（元）	占比
2010	11110	19402	86.5%	28%	23642.50	32736	72.22%
2011	13956	21565	85.2%	28%	27127.76	37147	73.03%
2012	16467	22981	85.0%	28%	30107.08	42452	70.92%
2013	18634	24177	84.0%	28%	32769.24	47593	68.85%
2014	20434	25531	81.2%	28%	35202.34	52388	67.20%
2015	23016	26219	80.3%	28%	39042.73	57361	68.06%

注：实际缴费基数 = 征缴收入 ÷（在职职工 × 遵缴率 × 缴费率）。

（3）遵缴率和投资收益率。受养老保险关系转移接续不畅、企业生产经营困难、职工对制度持续性缺乏信心等因素影响，养老保险"参而不缴"现象较为突出。《中国社会保险发展年度报告（2015）》显示，城镇职工基本养老保险遵缴率（缴费人数占参保在职职工比重）由2010年的86.5%降至2015年的80.3%，故假设未来遵缴率保持为80%。由于体制机制障碍和缺乏合适投资渠道，我国基本养老保险基金投资收益率很低，年均收益率不足2%。由此，本书假设基金投资收益率与一年定期银行存

---

① 尽管2016年国家实行了为期两年的阶段性降低养老保险统筹账户缴费率政策，但未来能否长期继续降费不得而知，为此本书假设统筹账户缴费率仍为20%。

② 实际缴费基数 = 征缴收入 ÷（在职职工 × 遵缴率 × 缴费率）。

款利率相同，取值为2%。

（4）计发比例和个人账户计发月数。根据《国务院关于建立统一的企业职工基本养老保险制度的决定》和《国务院关于完善企业职工基本养老保险制度的决定》，假设老人和老中人的基础养老金计发比例分别为70%和20%，新中人和新人的基础养老金计发比例与其退休时的缴费年限挂钩，缴费每满1年计发1%，老中人和新中人的过渡性养老金计发比例为1.2%。个人账户养老金的计发月数，老中人为120个月，新中人和新人的计发月数详见表5-5。

表5-5   个人账户养老金计发月数表

退休年龄	计发月数	退休年龄	计发月数	退休年龄	计发月数	退休年龄	计发月数
40	233	48	204	56	164	64	109
41	230	49	199	57	158	65	101
42	226	50	195	58	152	66	93
43	223	51	190	59	145	67	84
44	220	52	185	60	139	68	75
45	216	53	180	61	132	69	65
46	212	54	175	62	125	70	56
47	208	55	170	63	117		

资料来源：《国务院关于完善企业职工基本养老保险制度的决定》。

（5）养老保险待遇调整指数。《国务院关于完善企业职工基本养老保险制度的决定》和《中华人民共和国社会保险法》都提出要求建立基本养老保险待遇正常调整机制，根据职工平均工资增长和物价上涨情况适时提高基本养老金。参考有关研究成果的设定，本书也将养老金待遇调整指数简化为工资增长率的一定比例，将其赋值为70%，并假设平均工资增长率与缴费基数增长率相同。

5.3.2 长寿风险对社会养老保险财务状况影响的测度结果

根据上述长寿风险对参保人口数量影响的预测结果，结合构建的养老保险精算模型和参数设置，本部分基于我国城镇职工基本养老保险现有制度，测度了 2017～2050 年长寿风险对我国城镇职工基本养老保险基金财务状况的影响效应，具体结果见表 5-6 和表 5-7。

表 5-6　　现行制度下长寿风险对我国城镇职工基本养老保险基金收支状况影响的测度　　　单位：亿元

年份	基金收入	基金支出			
		总计	基础养老金	过渡性养老金	个人账户养老金
2017	1.15	9.18	4.90	3.77	0.51
2018	2.71	22.82	12.27	9.27	1.28
2019	4.82	41.78	22.60	16.80	2.38
2020	7.52	68.27	37.09	27.22	3.96
2021	10.83	103.39	56.36	40.92	6.11
2022	14.64	149.47	81.78	58.59	9.10
2023	18.52	205.60	112.93	79.63	13.04
2024	22.90	270.76	149.20	103.69	17.87
2025	27.53	347.29	192.10	131.29	23.90
2026	32.57	434.67	241.43	162.06	31.18
2027	38.13	534.48	298.16	196.41	39.90
2028	43.68	650.82	365.09	234.99	50.73
2029	49.79	784.15	442.61	277.78	63.76
2030	56.14	937.56	533.03	324.97	79.55
2031	63.06	1108.26	635.10	375.11	98.05
2032	70.68	1299.10	750.53	428.99	119.58
2033	78.80	1516.37	883.81	487.37	145.19
2034	87.65	1760.52	1035.66	549.70	175.16
2035	97.76	2032.82	1206.96	615.89	209.97
2036	108.16	2334.93	1400.33	684.45	250.16
2037	118.85	2676.35	1621.09	758.30	296.96
2038	130.36	3059.29	1871.44	836.66	351.20
2039	142.64	3486.63	2153.71	918.81	414.11
2040	156.31	3962.52	2472.81	1003.60	486.11

续表

年份	基金收入	基金支出			
		总计	基础养老金	过渡性养老金	个人账户养老金
2041	170.34	4475.28	2821.51	1085.30	568.48
2042	180.84	5047.97	3216.86	1165.94	665.16
2043	194.45	5663.72	3645.98	1244.28	773.47
2044	208.16	6341.89	4129.52	1315.93	896.43
2045	221.57	7077.92	4660.84	1381.82	1035.25
2046	238.15	7846.74	5223.02	1437.46	1186.26
2047	250.57	8688.59	5845.54	1486.24	1356.81
2048	265.27	9601.41	6524.52	1527.90	1548.99
2049	272.38	10620.05	7285.04	1561.83	1773.17
2050	277.59	11785.48	8119.27	1586.22	2079.99

注：（1）数据由作者预测。

（2）表中基金收入 = 2017 基准下的基金收入 – 2012 基准下的基金收入；表中基金支出 = 2017 基准下基金支出 – 2012 基准下的基金支出，两个基准下的基金收支预测数据详见附录 2。

从表 5 – 6 的数据可看出，人口预期寿命的改善使得 2017～2050 年我国城镇职工基本养老保险基金收入和支出均呈现出上升趋势，且随着时间的推移长寿风险对基金收支影响的程度还会进一步加深，这是由于人口预期寿命的改善不仅增加了领取阶段的退休职工人口数量，而且同样增加了缴费阶段的在职职工人口数量。从对基金收入的影响程度来看，从 2017 年的 1.15 亿元上升到 2050 年的 277.59 亿元，上升了大约 242 倍，年平均增长率为 18.09%。而对基金支出的影响，在 2017 年仅为 9.18 亿元，但随着新中人和新人陆续进入退休年龄，这一数值快速增加，到 2050 年已高达 11785.48 亿元，与 2017 年相比大约上升了 1284 倍，年平均增长率高达 24.22%，基金总支出的年平均增长速度比基金收入的年平均增长速度快 6.13 个百分点，这表明长寿风险对基金总体支出规模的影响程度远远高于对基金收入规模的影响，这一影响差异和趋势在未来应加以重视。此外，从对保险基金总支出各部分构成的影响来看，对基础养老金支出的影响从 2017 年的 4.90 亿元增加到 2050 年的 8119.27 亿元，大约增加了 1657.5 倍，年平均增长率为 25.19%；对过渡性养老金支出的影响，从 2017 年的 3.77 亿元增加到 2050 年的 1586.22 亿元，大约增加了 420.24

倍，年平均增长率为 20.09%；对个人账户养老金支出的影响，从 2017 年的 0.51 亿元增加到 2050 年的 2079.99 亿元，大约增加了 4095.86 倍，年平均增长率为 28.67%。这表明在基金总支出的构成中，长寿风险对基础养老金支出规模的影响最大，对个人账户养老金支出规模的影响次之，对过渡性养老金支出规模的影响最小，这是因为基础养老金的受众群体最多，所有退休参保职工都需要领取基础养老金，个人账户养老金的发放涉及老中人、新中人和新人，过渡性养老金的发放仅涉及老中人和新中人；但就影响的增长速度来看，长寿风险对个人账户基金影响的速度增长最快，远高于对基础养老金和过渡性养老金影响的增长速度，这不仅是由于受众群体的差异，更主要的原因在于我国个人账户的设计缺陷。

进一步，再来看长寿风险对城镇职工基本养老保险基金结余的影响程度，详见表 5-7。由于 2017~2050 年长寿风险对城镇职工基本养老保险基金支出的影响程度一直高于对基金收入的影响程度，这导致了预算期内基金当期结余和累计结余一直保持赤字，且随着时间的延长赤字规模逐年扩大。2017 年长寿风险导致的城镇职工基本养老保险基金收支差即当期结余为 -8.03 亿元，此后当期结余一直保持赤字且规模不断扩大，在 2050 年这一赤字规模将达到 11507.89 亿元，赤字规模年均增长率高达 24.64%。在预算期内，伴随当期赤字的不断扩大，如果不采取有效防范措施，累计赤字规模也会逐年加大，到 2050 年累计赤字规模达到 101348.34 亿元。这表明在测算期内城镇职工基本养老保险基金的内源性融资不足以抵消长寿风险对养老保险基金支出的冲击。

表 5-7　　　现行制度下长寿风险对我国城镇职工基本养老保险基金结余影响的测度　　　单位：亿元

年份	当期结余	累计结余	年份	当期结余	累计结余
2017	-8.03	-8.03	2024	-247.86	-815.63
2018	-20.12	-28.30	2025	-319.76	-1151.70
2019	-36.96	-65.83	2026	-402.10	-1576.84
2020	-60.75	-127.90	2027	-496.35	-2073.19
2021	-92.56	-223.02	2028	-607.14	-2680.33
2022	-134.83	-362.31	2029	-734.36	-3414.69
2023	-187.08	-556.63	2030	-881.41	-4296.11

续表

年份	当期结余	累计结余	年份	当期结余	累计结余
2031	– 1045. 20	– 5341. 31	2041	– 4304. 94	– 30783. 57
2032	– 1228. 42	– 6569. 72	2042	– 4867. 13	– 35650. 70
2033	– 1437. 57	– 8007. 29	2043	– 5469. 28	– 41119. 97
2034	– 1672. 87	– 9680. 16	2044	– 6133. 72	– 47253. 70
2035	– 1935. 06	– 11615. 22	2045	– 6856. 35	– 54110. 05
2036	– 2226. 77	– 13841. 99	2046	– 7608. 59	– 61718. 63
2037	– 2557. 50	– 16399. 49	2047	– 8438. 02	– 70156. 65
2038	– 2928. 93	– 19328. 42	2048	– 9336. 14	– 79492. 79
2039	– 3344. 00	– 22672. 41	2049	– 10347. 66	– 89840. 46
2040	– 3806. 21	– 26478. 62	2050	– 11507. 89	– 101348. 34

注：（1）数据由作者预测。
（2）表中基金当期结余 = 2017 基准下基金当期结余 – 2012 基准下的基金当期结余；表中基金累计结余 = 2017 基准下基金累计结余 – 2012 基准下的基金累计结余，两个基准下的基金收支预测数据详见附录 2。

　　前文分析表明，若维持现有基本养老保险制度不变，在长寿风险冲击下，我国城镇职工基本养老保险的财务状况令人堪忧，虽然人口预期寿命的延长能增加养老保险的基金收入，但无法弥补人口预期寿命延长带来的巨大保险基金支付需求，这使得基本养老保险基金当期结余和累计结余在预算期内一直保持赤字规模不断扩大的趋势。由此可见，现有的基本养老保险制度条件下，制度本身无法消化长寿风险的冲击，基金偿付能力受到严重挑战，迫切需要相关政策干预，优化社会养老保险制度参数，以提升制度本身抗长寿风险的能力，增强社会养老保险的财务可持续性。那么，是否有可行的制度优化政策？在制度优化政策情形下能否提高制度抗长寿风险能力？下文将对此展开深入分析，以期探寻适宜的社会养老保险制度改革优化方案。

5.4　政策模拟与敏感性分析

　　当前，我国基本养老保险制度处于走向成熟、定型的关键时期，各项制度优化政策都在抓紧制定并逐步实施。根据制度改革实践和十三五规划纲要提出的发展目标，本书认为渐进延迟退休年龄、合理设计养老金待遇调整机制、合理调整个人账户养老金计发月数、提高养老保险基金的投资收益率是完善城镇职工基本养老保险制度的重要内容①，也就成为制度优化的重要政策选择。基于此，本部分同样采用精算技术对上述四项制度优化政策分别进行模拟，并与现有制度相比较，从基金收入、基金支出、当期结余和累计结余四个方面进行综合分析，测度这些制度优化政策对改善长寿风险冲击的有效性，进而考察优化制度参数情形下是否能提高制度抗长寿风险的能力②。

5.4.1　渐进延迟退休年龄

相较于 OECD 国家的平均退休年龄，我国男性和女性法定退休年龄明显偏低。随着我国人口预期寿命的大幅度改善，原有的退休年龄政策已越来越不符合我国社会经济发展的需要和趋势。为此，国家多次在重要场合提出研究制定并实施渐进式延迟退休年龄政策方案③。法定退休年龄的延长不仅增加了养老保险的缴费人数，而且还能减少待遇领取人数，从而能实现基金的开源节流，进而改善长寿风险对基本养老保险基金财务状况的冲击。然而，到目前为止我国还未公布具体的退休年龄方案，参照发达国家经验，借鉴相关文献，本书对延迟退休年龄方案做如下设定：首先，自2021 年起，所有女性每两年延长 1 岁，到 2040 年女性和男性的退休年龄相同，都为 60 岁；其次，自 2041 年起，男性和女性每 2 年延长 1 岁，到2050 年达到 65 岁。在渐进延迟退休年龄的制度优化政策下，本研究重新测算了 2017～2050 年长寿风险对我国城镇职工基本养老保险财务状况的

---

①　本书没有考虑扩大制度覆盖面的影响，究其原因，一是政策因素，随着制度历史遗留问题基本得到解决，扩面的政策性支持措施已逐渐消失；二是制度因素，随着城乡居民基本养老保险制度的建立与完善，城镇灵活就业人员参保有了两种制度选择，对职工基本养老保险扩面形成了一定的分流效应；三是体制因素，国有和集体企业已基本实现应保尽保，非公企业和灵活就业人员的扩面难度较大；四是经济因素，经济增速放缓和产业转型升级使竞争劣势企业生产经营愈加困难，经济效益快速的下滑给扩面带来较大负面影响。基于此，本书认为制度扩面潜力十分有限，依靠扩面来缓解基金财务状况难以奏效。

②　本章 5.2 节中的精算模型和精算假设同样适用于本部分，政策模拟和敏感性分析只是意味着对应的参数取值发生了变动，其余参数取值仍保持原来不变。

③　在党的十八届三中全会《中共中央关于全面深化改革若干重大问题的决定》中提出"研究制定渐进式延迟退休年龄政策"；在《中共中央关于制定国民经济和社会发展第十三个五年规划的建议》中指出"出台渐进式延迟退休年龄政策"。

影响，结果如表5-8所示。

表5-8　　　　延迟退休情形下长寿风险对我国城镇职工
基本养老保险财务状况影响的测度　　　　单位：亿元

年份	总支出	征缴收入	当期结余	累计结余	年份	总支出	征缴收入	当期结余	累计结余
2017	9.18	1.15	-8.03	-8.03	2034	1538.73	138.87	-1399.86	-8604.81
2018	22.82	2.71	-20.12	-28.30	2035	1747.46	170.39	-1577.07	-10181.88
2019	41.78	4.82	-36.96	-65.83	2036	2023.92	187.13	-1836.79	-12018.66
2020	68.27	7.52	-60.75	-127.90	2037	2279.59	227.01	-2052.58	-14071.25
2021	102.39	11.13	-91.27	-221.73	2038	2626.26	246.82	-2379.43	-16450.68
2022	148.05	15.06	-132.98	-359.15	2039	2942.10	297.99	-2644.11	-19094.79
2023	201.10	19.91	-181.19	-547.52	2040	3365.69	323.85	-3041.84	-22136.63
2024	264.05	24.96	-239.09	-797.56	2041	3820.19	350.82	-3469.37	-25606.00
2025	334.24	31.67	-302.56	-1116.07	2042	4303.70	383.64	-3920.06	-29526.06
2026	418.25	37.76	-380.50	-1518.89	2043	4836.85	416.45	-4420.40	-33946.46
2027	508.17	46.71	-461.47	-2010.74	2044	5421.50	451.67	-4969.83	-38916.29
2028	619.27	53.88	-565.39	-2616.34	2045	6043.81	492.67	-5551.14	-44467.44
2029	738.48	65.05	-673.43	-3342.09	2046	6703.51	535.44	-6168.07	-50635.51
2030	831.23	73.24	-757.98	-4100.08	2047	7444.33	568.75	-6875.57	-57511.08
2031	965.89	91.51	-874.37	-4974.45	2048	8229.76	613.42	-7616.34	-65127.42
2032	1144.74	101.82	-1042.92	-6017.37	2049	9074.84	663.93	-8410.91	-73538.33
2033	1313.25	125.67	-1187.58	-7204.95	2050	10000.17	716.82	-9283.36	-82821.68

资料来源：数据由作者预测。

从表5-8中可看出，延迟退休年龄情形下，长寿风险导致的基金总支出增长速度高于基金征缴收入，使得当期结余和累计结余保持赤字增长，从2017年的赤字8.03亿元增加到2050年的赤字9283.36亿元和82821.68亿元，这表明单独采用延迟退休年龄政策并不能完全化解长寿风险对基本养老保险的财务冲击。但与现行制度相比较，在延迟退休年龄情形下，长寿风险对基本养老保险财务状况的冲击要明显小于现有制度情形，结果如图5-8所示。由于延长退休年龄，自2021年（延退政策的执行起点时间）起城镇职工基本养老保险的财务状况得到了明显改善，征缴收入、当期结余和累计结余均高于现行制度情形，总支出均低于现行制度情形。这是由于退休年龄的延迟一方面增加了缴费人数和缴费年限，这能够提高基金的征缴收入，使得两者之间的差距从 2021 年的 0.3 亿元上升到 2050 年的 439.23 亿元；另一方面，退休年龄的延迟减少了养老金待遇领取人数和领取时间，这又降低了基金的总支出，使得两者之间的差距从 2021 年的 -1 亿元缩小到 2050 年的 -1785.30 亿元。基金总支出的减少幅度高于基金征缴收入的增加幅度，这导致延退情形下长寿风险对基本养老保险基金当期结余和累计结余的冲击效应小于现行制度情形，当期结余差额和累计结余差额从 2021 年不断扩大，其中，当期结余差额从 2021 年的 1.30 亿元增加到 2050 年的 2224.53 亿元，累计结余差额从 2021 年的 1.3 亿元增加到 2050 年的 18526.66 亿元。在 2050 年累计赤字规模为 82821.68 亿元，较现行制度情形下降低了 18.28%。这表明延迟退休年龄能在一定程度上改善基金财务状况，缓解长寿风险对基本养老保险的财务冲击，增强其财务可持续性。

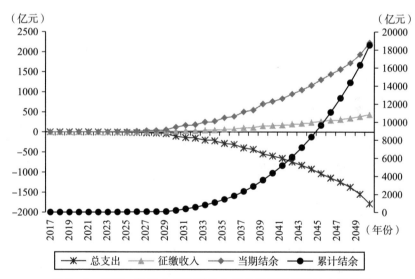

图 5 – 8 2017～2050 年延迟退休年龄化解长寿风险冲击的效果

注：（1）数据由作者预测。
（2）左侧纵坐标对应总支出、征缴收入和当期结余，右侧纵坐标对应累计结余。
（3）化解长寿风险冲击的效果是基于延退情形与现行制度情形下长寿风险对基金冲击的比较而得到。

5.4.2　合理设计养老金待遇调整机制

基本养老保险待遇调整不仅影响养老保险基金长期收支平衡，而且关乎参保退休职工切身利益，受到社会各界高度关注。《国务院关于完善企业职工基本养老保险制度的决定》正式提出建立基本养老金待遇正常调整机制，根据职工工资和物价变动等情况适时调整基本养老金，调整幅度为在岗职工平均工资年增长率的一定比例。《中华人民共和国社会保险法》更是从法律上规定根据职工平均工资增长和物价上涨情况适时提高基本养老金。但实践中，2005～2015 年城镇职工基本养老金以上年平均养老金为标准，按 10% 左右的幅度逐年增长，月平均养老金从 2004 年的 711 元提高到 2015 年的 2353 元[①]。持续大幅提高养老金对改善退休职工基本生活、缩小制度间待遇差距、扩大制度覆盖面等有着积极作用，但同时导致基金支付压力增大，而且造成一些地区在岗职工工资与退休职工养老金的"倒挂"现象（何文炯等，2012），甚至使人们形成了"养老金越高—期望越高—满意度越低"的怪圈（郑功成，2013）。针对过去 11 年大幅提高养老金产生的负面效应，以及人口老龄化程度加深和经济增速放缓，2016 年城镇职工基本养老金涨幅降至 6.5%，2017 年降至 5.5%，2018 年进一步降至 5%。那么，未来养老金涨幅是继续下降还是保持不变？如果继续下降，调整比例是多少？这些问题反映出我国虽然在制度上确立了养老金待遇的调整原则，但在实践中尚未真正建立起养老金待遇调整机制。《中华人民共和国社会保险法》规定根据物价上涨和工资增长情况调整基本养老金，意味着合理的养老金调整比例应能弥补通胀并适度分享经济发展成果。基于此，本书以通货膨胀率和上年度在岗职工平均工资增长率为指标，建立基本养老金调整比例公式[②]：

$$g_t = \pi_{t-1} + \alpha \left(g_{w_{t-1}} - \pi_{t-1} \right) \tag{5.14}$$

其中，g_t 为 t 年养老金调整比例，π_{t-1} 为 $t-1$ 年通货膨胀率，$g_{w_{t-1}}$ 为 $t-1$ 年在岗职工平均工资增长率，$0 < \alpha < 1$ 为实际工资增长分享比例。由式（5.14）可知，在给定各年通货膨胀率和工资增长率的情况下，养老

---

① 根据历年《人力资源和社会保障事业发展统计公报》数据计算得出，月平均养老金 = 基金支出÷参保退休职工人数÷12。

② 周娅娜，林义，景鹏. 城镇职工基本养老金调整方案设计与检验 [J]. 保险研究，2017 (9).

金调整比例取决于分享比例的大小。本部分将实际工资分享比例取值为
0.4①，并在此情形下，重新测算了 2017～2050 年长寿风险对我国城镇职
工基本养老保险财务状况的影响，结果如表 5-9 所示。

表 5-9　　　　　　　养老金待遇调整情形下长寿风险对我国基本

养老保险财务状况影响的测度　　　　　　单位：亿元

年份	总支出	征缴收入	当期结余	累计结余	年份	总支出	征缴收入	当期结余	累计结余
2017	8.91	1.15	-7.77	-7.76	2034	1516.19	87.65	-1428.54	-8470.15
2018	21.90	2.71	-19.20	-27.11	2035	1745.09	97.76	-1647.33	-10117.48
2019	39.63	4.82	-34.81	-62.47	2036	2001.11	108.16	-1892.96	-12010.44
2020	64.03	7.52	-56.51	-120.22	2037	2290.00	118.85	-2171.14	-14181.58
2021	96.00	10.83	-85.18	-207.80	2038	2613.60	130.36	-2483.24	-16664.82
2022	137.54	14.64	-122.90	-334.85	2039	2974.54	142.64	-2831.90	-19496.72
2023	187.68	18.52	-169.16	-510.71	2040	3376.13	156.31	-3219.82	-22716.54
2024	245.16	22.90	-222.27	-743.19	2041	3815.12	170.34	-3644.78	-26361.32
2025	312.05	27.53	-284.52	-1042.58	2042	4308.37	180.84	-4127.54	-30488.86
2026	388.18	32.57	-355.60	-1419.04	2043	4839.36	194.45	-4644.91	-35133.77
2027	474.36	38.13	-436.24	-1883.66	2044	5425.97	208.16	-5217.81	-40351.58
2028	574.42	43.68	-530.74	-2452.07	2045	6065.03	221.57	-5843.46	-46195.04
2029	688.34	49.79	-638.54	-3090.61	2046	6743.69	238.15	-6505.54	-52700.58
2030	818.78	56.14	-762.64	-3853.26	2047	7491.76	250.57	-7241.19	-59941.77
2031	964.36	63.06	-901.30	-4754.56	2048	8306.02	265.27	-8040.74	-67982.51
2032	1126.32	70.68	-1055.64	-5810.19	2049	9221.65	272.38	-8949.27	-76931.79
2033	1310.22	78.80	-1231.42	-7041.61	2050	10282.91	277.59	-10005.32	-86937.11

资料来源：数据由作者预测。

从表 5-9 中可看出，虽然养老金待遇调整指数下降能减少基金的总
支出，但由于没有外源性融资，当期的征缴收入仍不能弥补当期的养老金
需求，预测期内的当期结余和累计结余仍然保持赤字增长，累计赤字规模

① 关于取值 0.4 的原因分析详见周娅娜等. 城镇职工基本养老金调整方案设计与检验 [J].
保险研究，2017（9）.

从 2017 年的 7.76 亿元增加到 2050 年的 86937.11 亿元。但与现行制度相比较，基本养老金待遇调整指数的下降缓解了长寿风险对基本养老保险支出的冲击，从而改善了养老保险基金的财务状况。为了进一步揭示养老金待遇指数调整缓解长寿风险对基本养老保险基金冲击的效应，本书将养老金待遇调整情形与现行制度情形下的基金收支情况进行对比分析，结果如图 5 - 9 所示。

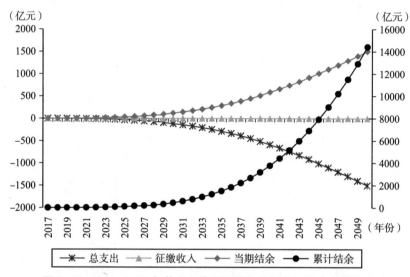

图 5 - 9　2017 ~ 2050 年养老金待遇调整化解长寿风险冲击的效果

注：（1）数据由作者预测。
（2）左侧纵坐标对应总支出、征缴收入和当期结余，右侧纵坐标对应累计结余。
（3）化解长寿风险冲击的效果是基于养老金待遇调整情形与现行制度情形下长寿风险对基金冲击的比较而得到。

图 5 - 9 的政策模拟结果显示，由于养老金待遇的调整只会影响基金支出而不影响征缴收入，使得养老金待遇调整情形下的征缴收入与现行制度情形下的征缴收入保持一致，即两者之间的差额等于 0，而养老金总支出低于现行制度情形，两者之间的差额从 2017 年的 - 0.27 亿元缩小到 2050 年的 - 1502.56 亿元。在保持基金征缴收入不变的前提下，基金总支出的减少，必然使得当期基金结余和累计基金结余高于现行制度情形，这也就是说在养老金待遇指数下降的情形下，当期赤字规模和累计赤字规模都将低于现行制度情形。到 2050 年，养老金待遇调整情形下的基金累计结余为 - 86937.11 亿元，比现行制度情形下增加了 14411.23 亿元，基金

累计赤字规模较现行制度情形下降低了 14.22%。这表明合理调整基本养老保险待遇水平能在一定程度上改善基金财务状况，部分化解长寿风险对基本养老保险财务的冲击，有助于增强基本养老保险的财务可持续性。

5.4.3　延长个人账户养老金计发月数

由于参保职工退休后个人账户的月支付额是基于个人账户积累额和相应退休年龄的计发月数而得到，因此个人账户养老金计发月数的设计直接关系到退休职工的养老保险待遇水平，若增加个人账户养老金计发月数，则退休后的月养老金待遇就会相应的减少，反之亦然。现阶段，我国城镇职工基本养老保险个人账户养老金计发月数标准执行的是《国务院关于建立统一的企业职工基本养老保险制度的决定》和《国务院关于完善企业职工基本养老保险制度的决定》的规定：老中人个人账户养老金计发月数标准统一为 120 个月；新中人和新人个人账户养老金计发月数依退休年龄不同而存在差异。然后，随着医疗技术的发展、社会经济水平的提升，人们的健康水平一直在提高，个人账户养老金的计发月数与人口预期寿命，特别是与退休人口剩余寿命大幅度改善的趋势越来越不相符合，并一直遭受诟病。虽然在《国务院关于完善企业职工基本养老保险制度的决定》中对个人账户养老金计发月数标准进行了调整优化，但个人账户计发月数是基于人口预期寿命而得到，并非退休职工的预期剩余寿命。从前述分析可明显看出，相对于退休职工的剩余寿命，任何一个退休年龄所对应的计发月数都远远小于实际情况，这表明我国个人账户养老金计发系数明显过小。这意味着在现行制度情形下，有越来越多的职工在个人账户积累额发放完毕后仍然生存，那么为了支付个人账户制下继续享受的养老金待遇，必然就会动用统筹账户的基金，进而加大基本养老保险的支付压力。基于此，为了考察个人账户养老金计发月数调整对化解城镇职工基本养老保险长寿风险的冲击效应，本书借鉴相关文献，对个人账户养老金计发月数做如下设定：个人账户养老金计发月数均比现行制度情形下延长 12 个月[1]，即50 岁退休的参保职工个人账户养老金计发月数由现行制度的 195 个月调整到 207 个月，60 岁退休的参保职工个人账户养老金计发月数由现行制度的139 个月调整到 151 个月。在延长个人账户养老金计发月数标准的情形下，

---

[1]　此方案设计只针对新中人和新人，老中人的计发月数仍然为 120 个月。

本部分重新测算了 2017 ~ 2050 年长寿风险对我国城镇职工基本养老保险财务状况的影响，并将其与现行制度情形进行比较分析，结果如图 5 - 10 和图 5 - 11 所示。

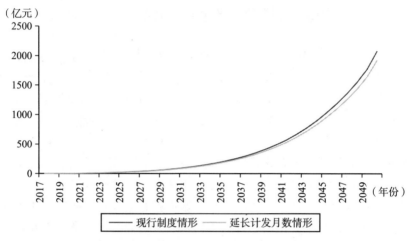

图 5 - 10　长寿风险对个人账户养老金总支出的影响

注：数据由作者预测。

　　观察图 5 - 10 可发现，在延长个人账户养老金计发月数的情形下，长寿风险对基本养老保险个人账户总支出的影响明显小于现行制度情形，2017 年两者之间的差距为 0. 03 亿元，到 2050 年两者之间的差距进一步扩大到 155. 71 亿元，随着时间的推移，越来越多新中人和新人步入退休行列，这种影响还将进一步扩大。由于延长个人账户计发月数将导致退休后个人账户的月养老金待遇降低，进而影响到个人账户养老金总支出的减少，但对基本养老保险基金的征缴收入并未产生任何影响。在这两种作用下，使得延长个人账户养老金计发月数情形下，当期基金结余和累计结余均高于现行制度情形，也就是当期赤字规模和累计赤字规模低于现行制度情形，如图 5 - 11 所示。到 2050 年，延长个人账户养老金计发月数情形下的基金累计赤字规模为 100267. 31 亿元，比现行制度情形下减少了 1081. 04 亿元，基金累计赤字规模降低了 1. 07%。这表明延长个人账户养老金计发月数虽然能在一定程度上改善基金的财务状况，但化解长寿风险对基本养老保险财务冲击的效果似乎并不明显，在增强基本养老保险财务可持续性方面作用有限。出现这样的结果原因在于一是在我国统账结合的制度模式中，个人账户实施的是"小账户"，个人账户养老金待遇在整个基本养老保险待遇中占比较少；二是测算周期较短，在测算期内，大量新人并未进入退休年龄，而本书设计的个人账户计发月数延长方案只涉及新中人和新人，这使得在预测期内该政策实施涉及的对象人数较少，政策模拟效果大打折扣，没有达到预期。

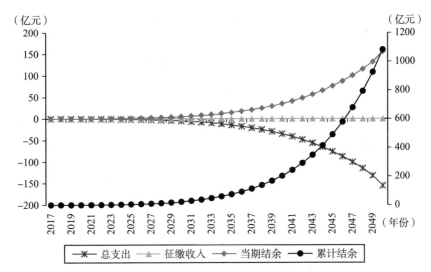

图 5 - 11　2017 ~ 2050 年延长个人账户养老金计发月数化解长寿风险冲击的效果

注：（1）数据由作者预测。
（2）左侧纵坐标对应总支出、征缴收入和当期结余，右侧纵坐标对应累计结余。
（3）化解长寿风险冲击的效果是基于延长个人账户计发月数情形与现行制度情形下长寿风险对基金冲击的比较而得到。

5.4.4　提高养老保险基金投资收益率

由于我国养老保险基金 90% 以上都存入银行[①]，且参考 1 年期银行存款利率计息，这使得近十年来我国基本养老保险基金的年均投资回报率不足 2%，基金保值能力受到极大挑战。为实现基金保值增值，2015 年《基本养老保险基金投资管理办法》提出"实行中央集中运营、市场化投资运作"，未来养老保险基金很有可能委托全国社会保障基金进行投资。考虑到养老保险基金的风险承受能力，以及资产配置比例和期限结构与全国社会保

---

① 刘学良. 中国养老保险的收支缺口和可持续性研究 [J]. 中国工业经济，2014（9）.

障基金不同，本书认为从长期看，其投资收益率应至少达到全国社会保障基金的一半。参照全国社会保障基金 17 年间平均年化回报率（8.37%）①，假设未来养老保险基金年均投资收益率为 4.5%。在提高养老保险基金投资收益率的情景下，本研究重新测算了 2017～2050 年长寿风险对我国城镇职工基本养老保险财务状况的影响。由于提高保险基金投资收益率并不会改变城镇职工基本养老保险基金的征缴收入、总支出和当期基金结余状况，只对城镇职工基本养老保险基金的累计结余产生影响，如表 5－10 所示。从表中数据可以看出，提高养老保险基金投资收益率情形下，基金累计赤字从 2017 年 8.03 亿元增加到 2050 年的累计赤字 101512.99 亿元，与现行制度情形相比，累计赤字规模不仅没减少，反而增加了 0.16%，这表明现行制度条件下，提高基金投资收益率并未缓解长寿风险对基本养老保险财务的冲击，这与理论上认为的提高资金投资收益率改善基金财务状况的结论相悖离，究其根本原因在于，在现行制度情形下，长寿风险的冲击使得基金当期结余和累计结余减少，并在预算期内一直保持赤字增长，在这种情形下，正如"巧妇难为无米之炊"，即使再高的投资收益率也无法使赤字基金实现增值，增加基金的有效积累。

表 5－10　　　　　提高基金收益率情形下长寿风险对我国
基本养老保险财务状况影响的测度　　　　单位：亿元

年份	累计结余	年份	累计结余
2017	－8.03	2027	－2237.84
2018	－28.50	2028	－2844.98
2019	－66.75	2029	－3579.34
2020	－130.51	2030	－4460.76
2021	－228.94	2031	－5505.96
2022	－374.07	2032	－6734.38
2023	－577.98	2033	－8171.94
2024	－851.85	2034	－9844.81
2025	－1209.95	2035	－11779.87
2026	－1666.50	2036	－14006.64

① 资料来源：http://www.ssf.gov.cn/cwsj/ndbg/201606/t20160602_7079.html。

续表

年份	累计结余	年份	累计结余
2037	−16564.14	2044	−47418.35
2038	−19493.07	2045	−54274.70
2039	−22837.07	2046	−61883.28
2040	−26643.27	2047	−70321.30
2041	−30948.22	2048	−79657.44
2042	−35815.35	2049	−90005.11
2043	−41284.62	2050	−101512.99

资料来源：数据由作者预测。

第 6 章

社会养老保险应对长寿
风险的国际经验及启示

6.1　社会养老保险防范化解长寿风险的改革趋势

早期的社会养老保险制度普遍是单一支柱的现收现付制 + DB 给付，随着全球人口预期寿命的持续性改善和人口高龄化的凸显，传统的养老保险制度逐步陷入困境，各国社会养老保险的财务负担能力和财务可持续性受到了严重的挑战。为了回应这一挑战，不少国家纷纷正在或即将对养老保险制度进行改革和优化，通过提高社会养老保险制度本身的运行效率，借以来防范和化解长寿风险对养老保险财务可持续性的冲击。通过梳理和总结各国社会养老保险改革的实践经验及措施，可以发现在长寿风险不断加剧的背景下国际社会养老保险应对长寿风险冲击的改革呈现出以下几大趋势。

6.1.1　渐进提高法定退休年龄，推进退休年龄性别均等化

法定退休年龄是养老金制度中最关键、最敏感的一个制度参数，它为人们制定经济决策提供了一个明确的信号。法定退休年龄的提高一方面能在一定程度上减少养老金的领取年限，相对增加养老金的缴费年限，实现增收节流，抑制或缓解预期寿命延长导致养老金成本的快速上升；另一方面还有助于协调、实施养老保险待遇的指数调节机制[①]。因此，近些年来，

---

① 林义. 社会保险 ［M］. 北京：中国金融出版社，2010：106.

在面临长寿风险冲击时，尽管社会养老保险制度在各个国家存在差异，但各国政府纷纷通过立法渐进提高法定退休年龄或领取全额养老金的年龄资格门槛，逐步消除法定退休年龄性别差距，通过平衡工作时间和退休时间，以此来缓解养老保险基金收支日趋尖锐的矛盾，提升社会养老保险财务可持续性。《全球社会保障 2010》指出 1989 年以来，全球 170 个国家的男、女平均退休年龄整体呈上升趋势，2009 年全球平均法定退休年龄为61.2 岁，其中执行 60 岁及以上法定退休年龄的国家占比达到 85.9%，全球有 111 个国家执行男女法定退休年龄均等化政策，占比为 65.3%[①]。显然渐进提高法定退休年龄，推进退休年龄性别均等化这一改革策略已成为世界范围内社会养老保险应对长寿风险冲击改革的重要趋势之一。以OECD 国家为例，自 20 世纪 90 年代以来，大多数国家都渐进提高了领取养老金的年龄资格门槛，并积极推进男、女性法定退休年龄的均等化（见表 6 - 1 和表 6 - 2）。

表 6 - 1　　部分 OECD 国家分性别的法定退休年龄调整情况比较　　单位：岁

	1989 年		1999 年		2010 年		2016 年	
	男性	女性	男性	女性	男性	女性	男性	女性
澳大利亚	65	60	65	60	65	62	65	65
奥地利	65	60	65	60	65	60	65	60
比利时	60	60	60	60	65	65	65	65
加拿大	66	66	65	65	65	65	65	65
捷克	60	57	60	57	61	58.7	63	62.5
丹麦	67	62	67	67	65	65	65	65
芬兰	65	65	65	65	65	65	65	65
法国	60	60	60	60	60.5	60.5	61.6	61.6
德国	63	60	63	60	65	65	65	65
希腊	57	57	57	57	57	57	62	62
匈牙利	60	55	60	55	60	59	63	63
冰岛	67	67	67	67	67	67	67	67
爱尔兰	65	65	65	65	65	65	66	66

---

① 张兴. 提高法定退休年龄政策国际比较 [J]. 中国劳动, 2013 (5).

续表

	1989 年		1999 年		2010 年		2016 年	
	男性	女性	男性	女性	男性	女性	男性	女性
意大利	55	55	55	55	65	60	66.6	65.6
日本	65	60	65	63	65	65	65	65
韩国			60	60	60	60	61	61
卢森堡	65	65	60	60	60	60	60	60
墨西哥	65	65	65	65	65	65	65	65
荷兰	65	65	65	65	65	65	65.5	65.5
新西兰	60	60	61.1	61.1	65	65	65	65
挪威	67	67	67	67	67	67	67	67
波兰	65	60	65	60	65	60	66	61
葡萄牙	65	62	65	62	65	65	66.2	66.2
斯洛伐克	60	57	60	57	62	57	62	62
西班牙	65	65	65	65	65	65	65	65
瑞典	65	65	65	65	65	65	65	65
瑞士	65	62	65	62	65	63	65	64
土耳其	45	45	45	45	44.9	41	60	58
英国	65	60	65	60	65	60	65	63
美国	65	65	65	65	66	66	66	66
平均	62.83	61.10	62.57	61.17	62.98	61.91	64.43	63.88

注：为了便于比较，表中的养老金领取年龄是经过换算的，是指假设个人 20 岁参加工作，首次全额领取养老金的年龄，不完全等同退休年龄，有些国家虽然规定了领取养老金的退休年龄，但在实际操作中只要满足缴费年限要求就可提取，且养老金待遇不扣减，此时的养老金领取年龄 = 20 + 全额领取养老金的缴费年限。

资料来源：1989 年、1999 年和 2010 年数据来源于 Pensions at a Glance 2011；2016 年数据来源于 Pensions at a Glance 2017。

表 6 - 2　　　　　　　渐进式提高法定退休年龄改革的示例

国家	渐进式延迟法定退休年龄的实施情况及安排
美国	2002 ~ 2027 年，退休时间每年延长 2 个月，中间停 12 年后，继续每年延迟 2 个月，提高至 67 岁止。
英国	女性 2016 ~ 2018 年，将养老金领取年龄统一至 65 岁，男女在 2024 ~ 2026 年共同延迟至 66 岁，2034 ~ 2036 年共同延迟至 67 岁，2044 ~ 2046 年共同延迟至 68 岁。

续表

国家	渐进式延迟法定退休年龄的实施情况及安排
澳大利亚	女性从 1995 年 7 月 1 日始，每 1 年半延迟 6 个月，至 2017 年延迟到 65 岁，随后男女同时每 1 年半延迟 6 个月，至 2022 年延迟到 67 岁。
德国	2000～2017 年，每年延迟 2 个月、3 个月或 4 个月不等，至 65 岁止。
波兰	每年在 1 月、5 月、9 月三个月各提高法定退休年龄 1 个月，至 2020 年和 2040 年分别实现将男性和女性的法定退休年龄均等提高至 67 岁。
捷克	男性和女性的法定退休年龄每年分别提高 2 个月和 4 个月，至 2019 年实现男女均等的法定退休年龄后，采取男女相同的每年延迟 2 个月的渐进式退休年龄延迟政策，而且不设上限。
韩国	至 2034 年将法定退休年龄由当前的 60 岁渐进提高至 65 岁。
希腊	自 2013 年 12 月起，实现女性与男性相同的 65 岁法定退休年龄，未来 10 年将同等提升至 67 岁。
爱尔兰	2011 年立法规定，延长领取国家养老金的退休年龄，由 66 岁逐渐提高至 67 岁（2021 年）和 68 岁（2028 年）。
荷兰	2012 年立法规定，到 2020 年男女法定退休年龄由 65 岁提高到 66 岁。
意大利	2011 年立法规定至 2018 年前，将女性的法定退休年龄提高至 66.25 岁，实现与男性均等。
斯洛文尼亚	2013 年通过立法规定至 2016 年前，逐步提高女性法定退休年龄至 65 岁以实现与男性均等。
西班牙	自 2013 年 1 月开始，退休年龄从 65 岁逐渐提高到 2019 年的 67 岁（2018 年之前每年延长 1 个月），此后每年延长 2 个月，直至 2027 年。

资料来源：郝君富，李心愉. 退休年龄国际比较与退休年龄延迟政策发展趋势研究 [J]. 中国地质大学学报（社会科学版），2015 (6). 经作者整理。

　　从表 6-1 中列式的数据中可看出，1989 年以来，30 个 OECD 主要国家的平均退休年龄都呈现出上升趋势，其中有 5 个国家提高女性养老金领取年龄，在这些国家中女性养老金领取年龄普遍低于男性，如澳大利亚、丹麦、英国、日本等；16 个国家同时提高了男性和女性的退休年龄，例如德国、美国、意大利、爱尔兰等。从平均退休年龄来看，20 多年来，OECD 主要国家男性平均退休年龄从 1989 年的 62.83 岁延迟到 2016 年的 64.43 岁，提高了 2.05 岁；女性则由 61.1 岁延迟到 63.88 岁，提高了 2.78

岁，女性提高幅度明显高于男性，男女法定退休年龄性别差距进一步缩小。在 2016 年 35 个经合组织成员国中有 19 个成员国女性的法定领取全额养老金的年龄达到 65 岁及以上①；24 个成员国男性的法定领取全额养老金的年龄达到 65 岁及以上②；冰岛、挪威、以色列（仅限男性）和意大利（仅限男性）的法定退休年龄均已达到 67 岁。据 OECD（2017）研究报告指出，随着世界范围内人口平均预期寿命的持续改善，未来还有 18个成员国计划增加法定退休年龄，预计将比当前法定退休年龄平均增加3.3 岁，到 2060 年，预计所有经合组织国家的男性和女性的法定退休年龄将分别增加到 65.8 岁和 65.5 岁，除了以色列，波兰和瑞士，其他成员国的法定退休年龄的性别差距将会逐步消除③。

6.1.2　增加缴费年限，鼓励老年就业

养老保险缴费年限的增加有利于增加基金收入，改善基金收支状况，提升制度财务可持续性，与实施提高法定退休年龄的政策具有异曲同工之妙，但相对于实施提高法定退休年龄"牵一发而动全身"的系统影响不同④，提高缴费年限的政策实施起来相对阻力较少，因为缴费年限的增加不论是 DB 计划还是 DC 计划都有利于改善退休者的待遇保障水平。在人口预期寿命不断延长以及人口高龄化愈发凸显的趋势下，基于政治和经济上的考虑，增加养老保险的缴费年限，鼓励老年人就业已成为大多数国家应对长寿风险挑战的重要举措。例如，西班牙内阁在 2009 年通过的养老金改革议案中规定，将养老保险的义务缴费年限由 15 年逐步延长到 25年，若要获得全额养老金待遇则必须满足缴费期限 38.5 年（针对年满 65岁退休者）或 37 年（针对年满 67 岁退休者），同时为鼓励老年人继续工作，规定老年人退休后继续工作的年限将视其为已缴费年限，提高养老金待遇 2% ~4% 不等⑤；古巴在 2008 年的养老保险改革中，计划从 2009 年

---

① 这 19 个国家分别为智利、澳大利亚、比利时、加拿大、丹麦、芬兰、日本、墨西哥、新西兰、西班牙、瑞典、德国、荷兰、冰岛、美国、葡萄牙、意大利、爱尔兰和挪威。
② 这 24 个国家为上述 19 国加上奥地利、英国、瑞士、波兰和以色列。
③ OECD, Pensions at a Glance 2017: OECD and G20 Indicators, OECD Publishing, Paris. http://dx. doi. org/10. 1787/pension_glance – 2017 – en.
④ 退休年龄政策作为一项重要的宏观公共管理政策，它的调整不仅会动态影响国家公共养老基金的收支状况，还会通过影响社会公众的微观投资、消费等决策进而对一国的宏观经济需求和经济增长等带来重要影响。
⑤ 郑秉文. 中国养老保险发展报告 [M]. 北京：经济管理出版社，2012：191.

到 2015 年将领取全额养老金的缴费年限由原来的 25 年增加到 30 年；希腊政府在 2010 年通过立法，规定从 2015 年起将领取全额养老金的最低缴费年限由原来的 37 年增加到 40 年；比利时 2013 年领取养老金的最低缴费年限为 38 年，在 2016 年增加到 40 年；2008 年法国政府决定自 2012 年开始延长能源、交通等公共部门职员领取全额养老金的缴费年限，从 37.5 年增加到 40 年。此外，意大利、卢森堡、捷克等国也已通过立法规定提高领取全额养老金的最低缴费年限。目前，大多数经合组织国家都要求劳动者获得全额养老金待遇的缴费年限或居住年限必须达到 30~40 年（见表 6-3）。

表 6-3　部分 OECD 国家领取全额养老金待遇的缴费或居住年限要求　单位：年

国家	年限	国家	年限	国家	年限
澳大利亚	10	英国	30	日本	40
新西兰	10	阿根廷	30	卢森堡	40
爱沙尼亚	15	葡萄牙	31	荷兰	40
希腊	15	捷克	35	挪威	40
智利	20	以色列	35	瑞典	40
匈牙利	20	加拿大	40	法国	41.5
意大利	20	丹麦	40	爱尔兰	42.5
墨西哥	24	芬兰	40	瑞士	44
波兰	25	冰岛	40	比利时	45

注：以居住年限作为领取资格的国家主要有丹麦、瑞典、挪威、芬兰、冰岛、加拿大、荷兰、智利、澳大利亚、新西兰和希腊。

资料来源：OECD，Pensions at a Glance 2015；OECD and G20 Indicators.

6.1.3　积极推进多层次养老保险体系建设，合理共担长寿风险

20 世纪 80 年代以来，随着全球人口死亡率的持续改善，主要发达国家老龄人口比例快速增长，对西方国家社会养老保险制度带来了前所未有的压力，养老保险制度改革及其对社会经济的影响受到世界范围内的广泛关注。虽然各国养老保险改革的方向和具体路径不尽相同，但构建多支柱、多层次的养老保险体系实现长寿风险多元主体共担已成为世界性的共同趋势。多层次养老保险模式是国家根据不同的经济保障目标，综合运用

各种养老保险形式而形成的老年经济保障制度①，是 20 世纪 80 年代中期瑞士等国对传统单一养老保险制度进行重大结构性改革后形成的产物。多层次养老保险体系的核心内容在于风险的分散，促使国家、企业和个人三方共同参与解决养老问题，共同实现长寿风险的分担。从宏观上来看，多层次养老保险体系的建立意味着不同层级的养老保险举办者将对不同的层次承担不同的责任，能分散政府的财政风险（包括社会养老保险长寿风险）。对于第一层次来说，往往由政府负责管理营运，需要承担财政兜底的风险；而对于第二和第三层次，政府主要承担监管责任，并不直接承担财政兜底，这就相应地降低了政府面临的长寿风险。在单一公共养老保险制度下，一般养老保险制度模式往往为现收现付制，政府承担着无限责任，在应对人口老龄化和预期寿命延长产生的财政压力时显得力不从心，难以承担全部的养老风险，增加了政府的破产概率。在此背景下，欧美等发达国家和地区不断改革社会养老保险制度，纷纷建立起了多支柱、多层次养老保险体系（见表 6 - 4），试图在控制政府财政支出和老年经济保障方面寻求平衡点，与此同时，世界银行和货币基金组织在世界范围内对多层次养老保险体系的推广，使得多层次养老保险体系成为国际社会养老保险应对长寿风险、增加养老保险制度可持续发展改革的共同趋势和主旋律，可望成为 21 世纪许多国家养老保险改革发展的目标模式②。

表 6 - 4　　　　建立多层次、多支柱养老保险体系国家的示例

国家	多层次、多支柱养老保险框架
波兰	第一支柱：名义账户 第二支柱：开放养老基金 第三支柱：补充养老保险，包括职业养老金计划、个人退休账户和个人养老保障账户
瑞典	第一层次：保障养老金 第二层次：名义账户（收入养老金） 第三层次：实账积累制养老金（费用养老金）
意大利	第一支柱：公共养老金，包括零层次社会养老保险和一层次公共养老保险两个层次 第二支柱：职业补充养老保险 第三支柱：自愿性商业养老保险计划和私人养老保险计划（PIPs）
加拿大	第一支柱：老年保障金（Old Age Security Pension，OAS） 第二支柱：加拿大/魁北克养老金计划（CPP/QPP） 第三支柱：企业年金计划、个人储蓄养老计划以及保险公司提供的具有养老性质的产品

①② 林义. 社会保险（第四版）[M]. 北京：中国金融出版社，2016：87.

国家	多层次、多支柱养老保险框架
德国	第一层次：基本养老保险，包括法定养老金和吕路普养老金 第二层次：补充养老保险，包括企业补充保险和里斯特养老保险 第三层次：个人自愿储蓄养老保险
美国	第一支柱：年老、生存和失能保险（OASDI） 第二支柱：雇主补充养老计划（政府或雇主出资，带有福利的养老金计划） 第三支柱：个人退休账户（IRA）
英国	零支柱：国民年金 第一支柱：国家基本养老金计划、国家第二养老金计划 第二支柱：职业养老金计划 第三支柱：个人养老金计划
日本	第一支柱：公共养老金制度，包括国民年金、厚生年金和共济年金 第二支柱：企业补充养老金 第三支柱：个人养老保险
智利	第一支柱：社会共济养老金计划 第二支柱：强制性的个人养老金计划 第三支柱：个人自愿储蓄
瑞士	第一支柱：基本联邦保险计划 第二支柱：职业养老金计划 第三支柱：个人养老保险计划
荷兰	第一支柱：国家养老金 第二支柱：职业养老金 第三支柱：补充的个人养老金
西班牙	第一支柱：国家退休金制度，包括基于经济调查的养老金和收入相关联的养老金 第二支柱：职业年金制度 第三支柱：私人养老金制度，包括商业养老保险和私人养老金计划

6.1.4　养老保险与预期寿命"自动"关联：重要的创新举措

纵观过去20多年世界各国社会养老保险应对长寿风险的改革，可以发现有一个重要的创新举措，即在社会养老保险制度中引入了养老保险与预期寿命变化相关联的自动调整机制，将人口预期寿命参数内生化于养老保险制度设计之中，实现养老保险制度或部分制度参数随预期寿命的变化而自动调整，以此来回应长寿风险对社会养老保险制度的冲击，最终达到实现养老保险制度长期财务平衡和可持续发展的目标，其实质是改变了长寿风险的分担机制，将公共养老保险蕴含的长寿风险在国家、个人家庭之间以及代际之间进行重新转移和分担，实现了政府承担无限责任向承担有限责任的转变。将养老保险与预期寿命挂钩由于事先确定了养老保险与预期寿命变动的关系，两者之间的关系相对简单也比较透明，人们也能合理预期，能给个人较为宽裕的时间调整自己的储蓄和劳动力供给，因此这一政策同时具有经济上和政治上的吸引力。自动化的调整意味着当预期寿命发生变化或预测发生变化时，政府不再面临养老金筹资方面的令人不快的意外。与此同时，预期寿命的增加也为政府提供了未来削减待遇的一个合理依据，跟其他削减待遇的改革措施原因相比，在政治上更容易接受（OECD，2011）。这种改革取向和政策的实施正呈现出迅速蔓延趋势，并成为近些年来养老保险政策最重要的创新举措①，并且这一政策取向还在不断地演进蔓延之中。经济合作与发展组织（OECD，2011）指出，在所有 34 个经合组织国家中大约有一半的国家，在其强制性的退休收入计划中都引入了养老保险与预期寿命变化之间的自动关联机制。

通过对 OECD 各国自动关联机制的梳理，可将其归纳为四种不同的类型（见表 6 - 5）。前两种自动关联方式，改变了这些国家养老保险体系的框架结构，是对养老保险制度进行的一次彻底系统性改革②。相比之下，后两种自动关联方式则是在保持原有养老保险制度不变的前提下，对既有社会养老保险制度的某些边际做出调整，将部分制度参数与预期寿命挂钩，是一种参量式的改革。接下来，将分别对四种不同类型的自动调整机制进行详细阐述，并分析其对长寿风险分担和转移的影响。

表 6 - 5   养老保险与预期寿命自动关联的方式及部分实施国家

类型	国家
强制性 FDC 计划取代或附加于传统的 NDB 计划	澳大利亚、智利、爱沙尼亚、匈牙利、以色列、墨西哥、挪威、波兰、斯洛伐克、瑞典
NDB 计划向 NDC 转变	瑞典、意大利、波兰
养老金待遇与预期寿命相关联	葡萄牙、德国、芬兰
养老金受益资格与预期寿命相关联	丹麦、法国

资料来源：OECD（2011）. Linking Pensions to Life Expectancy. 经作者整理。

---

① Whitehouse, E. R., Life – Expectancy Risk and Pensions: Who Bears the Burden? [R], Social, Employment and Migration Working Paper, No. 60, OECD Publishing, Paris. 2007.
② 目前世界范围内主要有 7 个国家先后实施了名义账户制，它们分别是拉脱维亚、瑞典、意大利、波兰、蒙古国、吉尔吉斯斯坦和俄罗斯。

1. 强制性固定缴费（FDC）计划的引入

在传统的社会养老保险计划中通过强制性固定缴费计划的引入实现养老保险制度与预期寿命的自动关联是各国引入自动调整机制的主流方式，主要代表性国家参见表6-5。其具体实现形式主要有两种：其一是将强制性的 FDC 养老金计划作为传统公共 NDB 养老金计划的替代物，如在智利，爱沙尼亚，匈牙利，墨西哥，波兰，斯洛伐克共和国、瑞典等国，FDC 养老金计划已经取代了所有或部分公共的 NDB 养老金计划；其二是在传统的公共 NDB 养老金计划基础上附加了强制性的固定缴费计划，即通过立法将 FDC 计划纳入养老保险法定强制执行计划，与国家传统的养老保险计划并存，两种计划平行运行，如澳大利亚、以色列和挪威，其实质是在原有公共养老保险制度框架下建立了多层次的养老保险体系结构。澳大利亚 1992 年在传统的普遍税收筹资的、家庭经济调查型年金制度的基础上新加入了 FDC 计划，作为基本制度的补充；而挪威在 1996 年将强制性的 FDC 计划引入原有公共退休养老计划中。

在 FDC 计划中，当人们退休时，个人账户的累积缴费和投资回报通常需要转化为定期的养老金支付，即通常所说的"生存年金①"，生存年金的计算将基于参保者退休时的平均预期寿命。因此，FDC 型养老保险计划能随着预期寿命的变化实现自动调整。当参保者健康水平改善，预期寿命延长，如果按照过去的年龄开始领取养老金，则年金待遇将要降低；若要保持养老金待遇水平不降低，则人们会选择延长工作时间，推迟退休，增加缴费积累，这就将参保者预期寿命变化内化于养老保险计划中②。

就长寿风险的分担情况来看，强制固定缴费计划的引入与实施改变了预期寿命增加的财务风险的分配方式。在传统的纯粹 NDB 计划中，养老保险待遇往往视为个人收入的函数，给付是事先承诺的，替代率或养老金水平不随预期寿命变化而变动，也就是说无论老年人预期寿命如何变化，都提供一个特定的福利水平，即保持养老金替代率恒定，在此情况下，养

① 生存年金是以被保险人存活为条件，间隔相等时期（年、季或月）支付一次保险金的保险类型。对于生存年金，保险金的支付期数是不确定的，它以被保险人的生存为给付条件，保险金一直支付到被保险人死亡时为止。

② 即使人们退休后不把个人账户的积累额一次性转换成年金，而是通过自身定期从个人账户中提取资金，随预期寿命的延长，他们每一段时间能够持续提取的资金规模也会减少。因此，无论是作为年金提取还是其他方式，其效果都是一样的。

老金财富①（Pension Wealth）必然会随着预期寿命的延长而增加，较长的退休时间意味着更高的终身待遇，这种寿命延长的额外成本即长寿风险主要由养老金计划提供者承担，通常也就是政府。而在 FDC 计划中养老金财富（退休时刻累积的缴费和投资回报）无论参保者退休后的预期寿命如何变化，它都是一样的。然而，随着人们退休余命的增加，养老金财富必须在更长的退休时间内分散，这也就意味着随着参保者退休后寿命的延长，养老金的替代率将会自动降低，寿命延长的额外成本将由参保人员个人退休后以较低的养老保险待遇形式承担，其实质是由个人退休者集体承担了长寿群体的风险，将部分长寿风险从政府完全承担向退休者个人或家庭承担进行了转移。

2. 名义账户计划（NDC）的引入

自 20 世纪 90 年以来，瑞典、意大利和波兰三个 OECD 国家均将自己传统的与收入相关联的 NDB 型公共养老金计划转变为名义账户计划②。从前述章节分析可知，尽管名义账户计划以现收现付制为筹资模式，个人账户只作为个人缴费记录的凭证，但在给付方式上却遵循着 FDC 的待遇支付规则，参保者退休时的养老金待遇依赖于个人账户积累的名义资本（积累的缴款额和名义记账利率）和参保者退休时的平均剩余寿命（见表 6 - 6），其在应对长寿风险方面具有与 FDC 计划相同的作用和类似的功能。

表6-6   瑞典、意大利、波兰名义账户计划养老金待遇计发公式比较

国家	待遇计发公式	备注
瑞典	退休待遇额 = 个人账户账面余额 ÷ 年金除数（Annuity Adivisor）	年金除数与退休人口的平均余命以及 1.6% 的年金回报指数相关
意大利	退休待遇额 = 个人账户账面余额 × 转换系数	转换系数与人均预期寿命和经济增长率相关，与退休年龄呈正向关系
波兰	退休待遇额 = 个人账户账面余额 ÷ g 值（g-value）	g 值为退休时同年龄组人的平均剩余寿命（不分性别）

资料来源：郑秉文. 中国养老金发展报告2014——向名义账户制转型 [M]. 北京：经济管理出版社，2014：199 - 231. 经作者整理。

---

① 养老金财富是养老金待遇终身现金流的现值，等于养老金替代率乘以年金因子。
② 瑞典在1998年通过立法，在公共养老保险制度中引入了名义账户制并将其定位为第二支柱；意大利在1995年的养老保险制度改革中实现了现收现付制 DB 计划向名义账户制的根本转变，并将其定位为第一支柱；波兰在1999年的改革中将现收现付制 DB 计划改革为名义账户制并将其定位为第一支柱。

从表6-6中列式的三个国家养老金待遇计发公式来看，在名义账户计划中，同样包含了一个年金化过程。参保者退休时需将个人账户中的名义资本按照一定的转换率转化为一系列定期支付。转换率就像年金率，通常取决于参保人退休时的平均预期寿命值，这样便建立了名义账户制养老金计划与预期寿命变化的自动关联，随着预期寿命的增加，它们将自动减少福利。

　　就长寿风险的分担情况来看，名义账户计划的引入同 FDC 计划的引入有着相类似的结果，同样改变了预期寿命增加的财务风险的分配方式，在 NDC 计划中养老金财富依然是既定的，参保者退休后剩余寿命的延长必然会导致低的养老金水平和替代率，长寿风险实现了从政府承担向退休者个人或家庭承担的部分转移。

3. 养老金待遇与预期寿命自动关联机制的引入

　　第三种将养老保险与预期寿命自动关联的方式是在保持 DB 型给付不变的前提下，在养老金待遇水平确定和调整机制中引入预期寿命变动因素，从而实现养老金待遇随预期寿命变动而自动调整。在实施这类改革的国家中往往是保留了传统的固定收益公共养老保险计划，只是在制度参数设计时引入了预期寿命和养老金待遇之间的自动关联机制，对传统的单一盯住工资或价格，抑或是二者相结合的养老金待遇调整机制进行了完善，实现养老保险待遇对预期寿命进行的指数化处理，如芬兰、葡萄牙和德国。芬兰和葡萄牙在原有 NDB 公共养老金计划中，考虑了养老金领取年龄剩余寿命变动情况，将最初的养老金待遇水平与养老金领取年龄的剩余寿命直接相关联。自 2010 年以来，芬兰为了稳定新养老金的精算现值平衡，通过在养老金待遇调整机制中引入了预期寿命系数，实现了养老金待遇调整与预期寿命变化的自动关联。预期寿命系数是针对 62 岁每一队列的人口计算的，其计算主要使用过去 5 年的男女混合死亡率统计数据，并假设每年的折现率为 2%；而葡萄牙在 2007 年的养老金改革中通过在养老金待遇计算公式中引入了可持续因子（Sustainability Factor）[1] 将养老金待遇调整与 65 岁时的预期寿命变化自动挂钩。可持续因子基于 2000 年 65岁人口的平均预期寿命（2006 年以前）与养老金领取前一年的平均寿命之间的关系而得到，因此这一调整将直接基于预期寿命。在德国，养老金

---

　　① 葡萄牙养老金待遇是按照下列公式计算得出：养老金待遇 = 参考收入（Reference Earnings）× 应计利率（Accrual Rate）× 可持续因子（Sustainability Factor）

待遇调整与预期寿命的关联要相对复杂一些，因为待遇调整不仅与预期寿命有关，还与养老金体系的财务状况有关。通过引入反映养老金体系财务可持续性的调节因子（Sustainability Factor）来加强福利指数化与养老金体系财务状况之间的联系，从而实现养老金待遇与预期寿命的关联，可持续因子通过制度抚养比率来衡量。所以，在其他条件保持不变的情况下，如果预期寿命增加，则每个缴费者对应的养老金领取人数将会增加，必然会导致制度抚养比发生变化，从而实现对养老保险待遇的调整。

就长寿风险的分担情况来看，在 NDB 计划中引入养老金待遇与预期寿命的自动关联机制，目的是应对预期寿命增加所导致的养老金待遇既定支付成本的增加，也就是个人养老金财富的增加。这种关联机制意味着在传统 NDB 计划中的养老金替代率在不同的预期寿命情形下不再是一个保持不变的常数，而将会随着预期寿命的延长而降低，其实质是在时间维度上对不同年龄组别劳动者的养老金权益进行重新分配①。这表明自动关联机制的引入使得退休者个人以降低养老金替代率的形式承担了预期寿命延长的风险，长寿风险从政府承担向退休者个人或家庭承担进行了转移。在上述三个国家中，由于德国独特的养老金积分计划自动关联机制的引入不仅实现了长寿风险由政府承担向退休者个人承担的转移，还实现了长寿风险向缴费者个人承担的转移，这种影响在上述 13 个将养老保险与预期寿命自动关联的 OECD 国家中是独一无二的②。

4. 养老金受益资格与预期寿命自动关联机制的引入

在保持传统 NDB 计划不改变的前提下，另一种将养老保险与预期寿命自动关联的方式就是在受益资格的设计中引入养老金受益资格与预期寿命的自动关联机制，其实质是根据人口预期寿命的延长趋势制定相匹配的退休年龄，减缓预期寿命延长对公共养老保险体系额外增加的财务支出负担，这种关联机制具体又包括两种情形：其一是将养老金领取年龄与预期寿命变化自动关联，采用这种关联机制的国家很少，主要以丹麦为代表③。

---

① 林义，邱添. 国外养老待遇调整谁说了算 [J]. 中国社会保障，2011 (7).

② Whitehouse, E. R., Life-Expectancy Risk and Pensions: Who Bears the Burden? [R]. Social, Employment and Migration Working Paper, No. 60, OECD Publishing, Paris. 2007.

③ 英国养老金委员会在 2005 年提议将领取公共养老金的最早年龄进行预期寿命指数化，基于预期寿命改善的预测，预计到 2050 年领取养老金待遇的最早年龄将为 68 岁，然而，当它在议会中被提出为一项法案时，这个提议被改变了，取而代之的是通过三个阶段渐进推迟领取养老金的年龄。

在 2027 年一旦正常养老金领取年龄由 65 岁提高到 67 岁，丹麦就将启动这种自动调整机制，将养老金领取年龄与 60 岁的剩余寿命自动相关联，但养老金领取年龄的调整将滞后预期寿命变化 5 年实施。例如，到 2027 年当领取养老金的年龄达到 67 岁时，预计 60 岁的男性预期寿命为 20.8 岁，女性为 24.2 岁。到 2040 年，若预期寿命将进一步增加 1.3 年，考虑到未来 5 年的滞后，2045 年养老金领取年龄将调整为 68.3 岁①。其二是将领取养老金的缴费年限与预期寿命变化自动挂钩，主要以法国为代表。法国在 2003 年的养老金改革立法中，确定在 2012 年以后将领取全额养老金所需的缴费年限要求与预期寿命的变化相挂钩，最低缴费年限将随着预期寿命的增加而增加，其目的是维持缴费年限与养老金平均领取年限的比率不变，保持在 2003 年的水平，大约为 2∶1②，该比率是基于退休后的剩余寿命与 20 岁开始领取全额养老金进行供款年限的比值而得到。这种将缴费年限与预期寿命相关联的调整机制有效地减少了与预期寿命增长相关的福利支出，但与此同时，法国政府也保留了不进行调整的权利，例如劳动力市场恶化，高失业率下不支持额外的工作年限。

就长寿风险的分担情况来看，在传统 NDB 计划中引入养老金受益资格与预期寿命自动关联机制，无论是与养老金领取年龄还是与缴费年限的自动关联，其目的都是在预期寿命延长的背景下保持或缩短养老金待遇给付的平均持续时间，锁定政府未来的支付责任。这种关联方式意味着在预期寿命延长的情况下，个人要工作更长的时间、缴纳更多的保费才能获得政府事先承诺的养老金待遇水平。与传统 NDB 计划相比较而言，这种自动关联机制的引入虽然保持了原有的养老金替代率水平，但缩短了养老金领取的时间，使得老年人能获得的养老金财富相对减少③，个人以延长缴费期限、增加缴费额的形式承担了预期寿命延长的风险，从而实现了长寿风险由政府完全承担向个人与政府共担的转移，其实质是长寿风险在代际之间进行了转移和分散。

① Whitehouse, E. R., Life – Expectancy Risk and Pensions: Who Bears the Burden? [R]. Social, Employment and Migration Working Paper, No. 60, OECD Publishing, Paris. 2007.

② John A. Turner, Autopilot: Self – Adjusting Mechanisms for Sustainable Retirement Systems [R]. Society of Actuaries Policy Paper, 2007.

③ 虽然增加缴费时间会导致更高的养老金津贴，但收益的增加通常很低，足以产生净的公共储蓄。在养老金计划中，缴费和养老金福利之间存在着微弱的联系，这种额外的贡献可能只会提高系统的可持续性。

6.2　典型国家社会养老保险应对长寿风险的改革实践与经验

6.2.1　德国应对长寿风险的改革实践与经验

1. 德国人口预期寿命和人口结构的演变

随着经济的发展，德国人口的平均预期寿命越来越长，且趋势非常明显，预计未来还会有进一步延长的空间（见表 6-7）。研析表 6-7 可以看到，1950～1955 年到 2010～2015 年三个年龄组别的预期寿命都快速增长，其中 0 岁人口预期寿命从 67.52 岁增加到了 80.45 岁，65 岁人口剩余寿命从 13.25 岁增加到了 19.30 岁，80 岁人口剩余寿命从 5.4 岁增加到了 8.65 岁。在 2095～2100 年，三个年龄组别的人口预期寿命预计还将会有大幅度提高，分别达到 91.52 岁、27.48 岁和 13.76 岁。

表 6-7　　　　　德国人口平均预期寿命：历史和预测值　　　　单位：岁

分类	1950～1955 年	1995～2000 年	2010～2015 年	2025～2030 年	2050～2055 年	2095～2100 年
0 岁人口预期寿命	67.52	77.32	80.45	82.94	86.30	91.52
65 岁人口剩余寿命	13.25	17.30	19.30	20.91	23.36	27.48
80 岁人口剩余寿命	5.40	7.73	8.65	9.51	10.97	13.76

资料来源：United Nations，World Population Prospects.

随着人口预期寿命的持续延长和生育率的持续走低，德国人口结构也在不断向老年型人口结构转变，并最终成为欧洲地区老龄化程度最严重的国家。根据联合国人口司的数据可知（见表 6-8），1950 年德国 65 岁及以上人口占总人口的比重就已经达到9.57%，80岁及以上老年人口占比为0.98%，随后人口老龄化趋势不断加剧，人口高龄化现象逐渐显现，2015年60岁及以上老年人口占比接近20%，80岁及以上老年人口占比快速上升到5.35%，预计到2050年这两项指标将分别达到27.09%和11.74%，2100年两项指标进一步增加，预计将分别达到28.63%和13.17%，这意味着与2015年相比80岁及以上年龄段人口所占比例增长了近3倍，德国人口高龄化程度进一步加剧。

表6-8　　　　　　　德国人口结构：历史和预测值　　　　单位：%

年份	0~19岁	20~64岁	65岁及以上	80岁及以上
1950	30.24	59.21	9.57	0.98
2000	20.56	60.07	15.90	3.48
2015	17.17	57.49	19.99	5.35
2030	16.81	51.19	24.88	7.12
2050	15.40	45.78	27.09	11.74
2100	15.95	42.25	28.63	13.17

资料来源：United Nations，World Population Prospects.

2. 德国养老保险体系的基本内容

德国是世界上最早建立社会保险制度的国家，其养老保险始于1889年颁布的《养老保险法》，经过120多年的发展，历经多次改革，目前德国已形成了三层次的养老保险体系。

第一层次是享受国家税收优惠和政府补贴的基本养老保险。第一层次的基本养老保险是德国多层次养老保险体系的基础，包括法定养老保险和吕路普养老金。其中，（1）法定养老保险为政府强制性参与的养老保险制度，采用传统现收现付制财务模式，主要规定在1992年颁布实施的《社会法典第六册——法定养老保险》中，2014年进行了最近一次修改。法定养老保险覆盖了德国总体从业人员①的90%，为各类参保人员及其家庭成员提供了年老、病残和遗属抚恤金；法定养老保险资金由政府、雇主和雇员三方共同分担，政府承担30%，来自政府补贴和国家财政支付的专项

———————
① 包括所有雇佣劳动者和独立营业者。

税收，雇主和雇员承担70%左右；参保人员达到法定退休年龄并缴费满一定年限方可领取养老金。（2）吕路普养老金又称为基础养老金，是德国2004年养老保险改革的重要成果。该计划是一种个人自愿投保的商业养老保险计划，但参与者可享受政府高比例、大数额的退税，采用完全基金积累财务模型，主要规定在2005年颁布实施的《老年收入法》中。在德国所有纳税人都可以自愿参加吕路普养老金计划①，但特别适用于自雇型的自由职业者；基金筹集来源于个人和政府，政府主要以税收减免的方式承担，在2015年免税比例为80%，到2025年将达到100%；商业保险公司是提供吕路普养老保险产品的唯一主体，但需要得到联邦税务总局的审批，参保者年满60岁或62岁可以按月领取养老金，养老金不可以一次性提取，也不能抵押、转让和继承（与保险公司事先签订遗嘱保险的除外）。

　　第二层次是享受国家税收优惠和政府补贴的补充养老保险。德国第二层次的补充养老保险包括企业补充养老保险和里斯特养老保险计划，其中，（1）企业补充养老保险是企业自愿为员工建立的一种退休计划安排，是法定养老保险的补充，政府为其提供税收优惠并通过立法进行宏观调控和引导。（2）里斯特养老保险计划是德国2001年养老保险改革的产物，该计划类似于吕路普养老金计划，也是个人自愿投保的商业保险计划，采用基金完全积累财务模式，但参保者除了可以享受税收优惠外还能得到政府的直接财政补贴，具体规定在2002年实施的《老年财产法》中。里斯特养老保险计划同样适合所有雇员，但最适宜人群主要是低收入家庭和多子女家庭；基金筹集来源于政府和个人，政府通过直接补贴和税收优惠方式承担；里斯特养老保险产品的供给主体是多元化的，满足认定资格的保险公司、银行、基金公司或德国建房互助储金信贷社都可以提供里斯特养老保险产品，个人或家庭可根据自身偏好自由选择购买②；参保者最早只有在62岁之后才可以年金形式领取养老金，养老金允许部分一次性提取（30%），不能抵押但可以转让和继承。

　　第三层次是个人自愿储蓄养老保险。第三层次的个人自愿储蓄养老保险是由商业保险机构提供，个人自愿选择参与的一种补充养老保险。资金完全来源于个人缴费，满足保险合同规定的领取条件就能按事先约定的方

---

① 参与者有年龄限制，2012年1月1日之前，60岁以下人群可以参与；2011年12月31日之后，62岁以下人群可以参与。
② 林义，周娅娜. 德国里斯特养老保险计划及其对我国的启示 [J]. 社会保障研究，2016（6）.

式领取养老金，它能满足人们更加灵活的、不同层次的养老需求，为个人或家庭提供额外的老年退休收入经济保障。

3. 德国社会养老保险应对长寿风险的改革经验

（1）提高法定退休年龄，增加缴费年限。为了应对长寿风险德国政府早在 1992 年的改革中就提出通过提高法定退休年龄，增加缴费年限两种策略来应对预期寿命增加所带来的养老金支出额外成本。在 1992 年改革中规定：到 2000 ~ 2001 年将男性法定退休年龄从 63 岁提高到 65 岁；2000 ~ 2006 年将女性法定退休年龄从 60 岁提高到 65 岁，实现法定退休年龄性别均等化；法定养老金的缴费年限，从过去的 5 年以上提高到 35 年。为了实现这一目标遏制早退，德国政府还引入早退休调整因子，即在法定退休年龄前提前退休将会受到每月养老金被削减的惩罚①；而延迟退休将得到提高每月养老金待遇的奖励。伯克利（Berkel，2004）的研究指出，由于在改革中引入早退休调整因子使得 1992 年的改革有效推迟法定退休年龄两年。

在 2003 年的改革方案中德国社会保险制度财务可持续发展委员会（通常称为吕路普委员会）提出由于人均预期寿命的增加会给德国养老保险带来巨大的支付压力，建议将法定退休年龄在 65 岁的基础上再延长两岁，此举有望抵消三分之一的养老保险支付压力，但在 2004 年的议会中没有获得立法。2006 年社会民主党和工会共同通过法律，决定在 2012 年和 2029 年间渐进将法定退休年龄从 65 岁提高到 67 岁，前 12 年每年延长1 个月，之后每年延长 2 个月，1964 年之后出生的人适用新的法定退休年龄（见表 6 - 9）。与此同时，进一步增加了法定养老保险的缴费年限，要求至少缴费满 45 年方能在 65 岁退休领取全额养老金。

表 6 - 9　　　　　　　　德国延长法定退休年龄计划表

出生时间	推迟退休	法定退休年龄	出生时间	推迟退休	法定退休年龄
1949 年 1 月	1 个月	65 周岁 1 个月	1950 年	4 个月	65 周岁 4 个月
1949 年 2 月	2 个月	65 周岁 1 个月	1951 年	5 个月	65 周岁 5 个月
1949 年 3 ~ 12 月	3 个月	65 周岁 3 个月	1952 年	6 个月	65 周岁 6 个月

① 1992 年的改革规定在 2001 年后，在 65 岁前提前退休，每提前一个月退休，养老金将会被削减 0.3%。

续表

出生时间	推迟退休	法定退休年龄	出生时间	推迟退休	法定退休年龄
1953 年	7 个月	65 周岁 7 个月	1959 年	14 个月	66 周岁 2 个月
1954 年	8 个月	65 周岁 8 个月	1960 年	16 个月	66 周岁 4 个月
1955 年	9 个月	65 周岁 9 个月	1961 年	18 个月	66 周岁 6 个月
1956 年	10 个月	65 周岁 10 个月	1962 年	20 个月	66 周岁 8 个月
1957 年	11 个月	65 周岁 11 个月	1963 年	22 个月	66 周岁 10 个月
1958 年	12 个月	66 周岁	1964 年	24 个月	67 周岁

资料来源：张兴. 提高法定退休年龄政策国际比较 [J]. 中国劳动，2013（5）.

（2）引入"可持续因子"将养老保险与预期寿命自动关联。早在 1999 年的改革中德国政府就提出在基本养老保险待遇计发公式中引入人口因子（生命预期函数）的设想，但因保守党在大选中失败未能实现。直到 2004 年的改革才最终将可持续因子纳入到基本养老保险待遇的计发公式中。相对于 1999 年改革中提出的人口因子，可持续因子不仅包括了人口预期寿命变化，还包括了整体人口结构变化以及劳动力市场的变化，其本质是法定养老保险的制度赡养率。引入可持续因子后，待遇计发公式为：

$$B_{t,i} = EP_i \times AA_i \times PV_{t-1} \times \frac{ANW_{t-1}}{ANW_{t-2}} \times SF_t \qquad (6.1)$$

其中，$B_{t,i}$ 代表养老金领取者 i 在 t 年的待遇；EP_i 代表养老金领取者 i 在退休时积累的个人积分数；AA_i 是精算调整因子，取决于养老金领取者 i 的退休年龄；PV 表示养老金价值；ANW 表示扣除公共和私人养老金缴费的平均净收入；SF_t 是可持续因子，定义如下：

$$SF_t = \left(1 - \frac{PQ_{t-1}}{PQ_{t-2}}\right)\alpha + 1 \qquad (6.2)$$

其中，$PQ = \dfrac{养老金领取者人数}{缴费者人数 + 失业者人数}$，$\alpha$ 是权重因子，取值在 0 和 1 之间。在养老金待遇计发公式中可持续因子的引入把养老金待遇的确定和调整与生产增长率和费基增长率联系起来，权重因子考虑了这两个因素各自的重要程度，使得经济负担在缴费者和养老金领取者之间实现有效的分担[1]。

---

[1] 罗伯特·霍尔茨曼，爱德华·帕尔默. 名义账户制的理论与实践——社会保障改革新思想 [M]. 郑秉文等译. 北京：中国劳动社会保障出版社，2009：51.

当 $\alpha = 0$ 表明待遇调整不考虑人口结构和制度赡养率，缴费率和待遇给付将保持原有水平不变，制度赡养率上升所产生的额外经济负担将完全由在职一代承担。当 $\alpha = 1$ 意味着这是一种纯粹以收定支的养老金待遇调整政策，缴费率保持不变，养老金待遇将下降到总收入的30%左右。委员会目前将其值设定为四分之一，这表明在人口冲击下，养老金的增长等于净工资增长减去25%的人口变动率，即25%的人口变动导致的额外养老金支出成本将由退休人员承担（降低养老金待遇的方式）。

在上述公式中虽然人口预期寿命因素并未直接出现，但是通过制度赡养率间接引入，制度赡养率的高低强烈依赖于退休者的剩余寿命情况。这样，可持续因子就把人口预期寿命因素自动纳入养老保险制度中，将养老保险待遇调整和养老保险融资与预期寿命自动关联起来，在其他约束保持不变的情况下，当人均预期寿命增加时意味着养老金领取人数增加，这会抬升制度赡养率，进而导致养老金待遇的降低，减少预期寿命冲击，这也就是说长寿风险导致的养老金额外成本的增加能通过养老金领取者和缴费者共同分担，从而降低政府在预期寿命冲击中承担的责任。

（3）重视发挥商业养老保险的作用，合理分担政府长寿风险。在德国三层次养老保险体系的构建中最凸出的特点就是在2002年和2004年两次养老保险改革中通过政府财政直接补贴和税收优惠激励政策将里斯特养老保险计划和吕路普养老保险计划两项采用基金完全积累制的新型商业养老保险计划纳入德国养老保险体系中，充分发挥了商业养老保险的作用，积极调动市场参与到政府长寿风险的管理中来，不仅实现了长寿风险由政府独自承担向市场金融机构的转移，也实现了在稳定法定养老保险缴费率的同时，确保了未来合适的养老保险待遇水平，使整个系统在长寿风险不断加剧的背景下变得更加可持续。

6.2.2 智利应对长寿风险的改革实践与经验

1. 智利人口预期寿命和人口结构的演变

智利是拉美国家人口预期寿命增长较快、人口老龄化程度较为严重的国家。根据2017年联合国人口司的统计数据可知，智利人口的平均预期寿命在1950~1955年仅为54.64岁，到2010~2015年已达到78.83岁，随着社会经济的发展，预期寿命还有大幅度提高的空间，预计到2050~

2055 年将达到 85.69 岁，2095~2100 年将进一步增加，突破 90 岁。不仅新出生人口预期寿命增长较快，老年人口的剩余寿命也在大幅度提高，例如 65 岁人口的剩余寿命在 1950~1955 年为 12.87 岁，2010~2015 年就已提高到 19.07 岁，预计到 2050~2055 年将会达到 23.36 岁，2095~2100 年将进一步延长达到 27.12 岁（见表 6-10）。

表 6-10　　　　　智利人口平均预期寿命：历史和预测值　　　　　单位：岁

年份	1950~1955	1995~2000	2010~2015	2025~2030	2050~2055	2095~2100
0 岁人口预期寿命	54.64	76.10	78.83	81.80	85.69	90.79
65 岁人口剩余寿命	12.87	17.48	19.07	20.84	23.36	27.12
80 岁人口剩余寿命	6.14	8.54	9.62	10.56	11.93	14.32

资料来源：United Nations，World Population Prospects.

伴随着人口预期寿命的延长，智利的人口老龄化程度也在不断加深（见表 6-11）。65 岁及以上老年人口占比从 1950 年的 4.27% 上升到 2000 年的 7.36%，然后在 2015 年迅速上升到 10.17%，预计到 2050 年和 2100 年这一指标将分别上升达到 22.06% 和 28.54%。与此同时，伴随老龄化的不断深入，智利高龄化现象也不断显现，2015 年 80 岁及以上老年人口占比为 2.35%，预计到 2030 年将增加到 3.78%，2050 年快速增加到 7.83%，2100 年进一步增加，预计占比达到 13.57%。

表 6-11　　　　　智利人口结构：历史和预测值　　　　　单位：%

年份	0~19 岁	20~64 岁	65 岁及以上	80 岁及以上
1950	45.91	49.32	4.27	0.50
2000	35.16	55.99	7.36	1.49
2015	27.66	59.81	10.17	2.35
2030	22.96	57.38	15.88	3.78

续表

年份	0～19 岁	20～64 岁	65 岁及以上	80 岁及以上
2050	18.82	51.30	22.06	7.83
2100	16.07	41.83	28.54	13.57

资料来源：United Nations，World Population Prospects.

2. 智利养老保险体系的基本内容

智利是拉美国家中最早建立社会保险制度的国家，1924 年颁布实施的《社会和劳动法》，建立了传统的以现收现付制为基础的养老金制度，资金来源于税收，国家统一管理营运。从 20 世纪 50 年代开始，由于受财政收支失衡、低效率的管理体制以及收入分配不公等一系列原因导致了传统养老保险制度逐步陷入困境和危机①，1980 年 11 月 4 日，皮诺切特政府通过"建立明确定义资产权益可自由选择的退休金个人储蓄账户"的法案，即《养老保险法》。自此智利开始了举世瞩目的社会养老保险制度的重大深层次系统改革，摈弃了传统现收现付的代际赡养，取而代之的是在公共养老保险领域建立起了全新的强调以个人自我积累、私营化经营管理为特征的强制性储蓄养老保险计划，并随后受到多个国家的效仿。经过 1980 年的改革以及之后的再改革，目前智利的养老保险体系主要由三支柱构成：第一支柱是具有较强收入再分配功能的团结养老金支柱（Solidarity Pension System，PSP)②，具体包括基础团结养老金计划（PBS）和养老金团结补充计划（APS）两项，前者主要是针对那些没有任何养老金计划的老年群体，资金完全来源于政府税收，它覆盖了 65 岁以上 60% 的贫困人口。为了获得基础团结养老金，贫困者必须达到 65 岁，且至少在智利居住 20 年或者在申请待遇之前的 5 年至少有 4 年居住；后者建立在养老金收入调查基础之上，与参保者缴费相关联，主要针对的是那些低养老金待遇的老年群体，目的是改善他们退休后的生活水平。第二支柱为强制性的、实施个人账户制的完全基金积累制的私营养老金计划，采用 FDC 模式。它是智利养老保险体系的主体，资金完全来源于自己的供款，个人每

---

① 周志凯. 养老金个人账户制度研究 [M]. 北京：人民出版社，2009：63.
② 该计划是在 2008 年的改革中才建立，在 2008 年改革之前，智利就已存在针对养老金待遇不足设计的老年保障项目（最低养老金保障制度和社会救助养老金制度），2008 年 7 月 1 日社会救助养老金制度被基础团结养老金计划取代。

月必须按工资收入的 10% 缴纳保险费，存入个人账户，雇主不承担缴费义务（但需承担代扣代缴的义务），个人账户实行市场化运作，风险由个人完全承担，养老基金管理公司（AFPs）负责运营管理，根据《养老保险法》规定 AFPs 负责个人账户资金的收缴、投资营运以及待遇发放，并受政府专门机构（养老基金管理总局）监督。个人可自由选择个人账户的养老基金管理公司，并可以在各家 AFPs 间进行转换（每年最多 2 次）。该计划主要覆盖 1983 年 1 月 1 日之后进入劳动力市场的私人和公共部门雇员以及退出旧养老保险制度的人员，而在非正规部门就业的人员、个人自雇者以及旧制度中的人员可自愿选择加入；在供款阶段个人的缴费和账户的投资收益都能享受免税优惠，但领取阶段需缴税；个人达到法定养老金领取年龄（男性 65 岁，女性 60 岁）后可自由选择四种方式①领取养老金，无论参保者是否退出工作领域。第三支柱为个人自愿储蓄的养老金计划，个人自愿建立储蓄账户，向自愿储蓄账户供款也可获得政府税收优惠，但有上限约束并定期调整，职工可在退休时选择将其全部或部分资金转入强制性的个人账户中，也可在缴费期间领取，但退休前领取需缴纳特别税。

3. 智利社会养老保险应对长寿风险的改革经验

（1）FDC 型个人账户的引入与保护老年贫困并重。为了应对长寿风险的冲击，智利在 1981 年的改革中摒弃了传统的现收现付养老模式，建立了全新的 FDC 型个人账户，实现了养老保险与人口预期寿命自动相关联，将原来由政府承担的长寿风险转移给了个人，但与此同时，政府也通过多种措施防止老年贫困的发生。其一，在养老金领取阶段设计了多种组合的年金化领取方式，引入商业保险公司充分发挥其风险管理优势。个人达到法定退休年龄时可将个人账户中积累的基金购买商业保险公司的即期终身生存年金或延期终身生存年金②，由保险公司按合同约定定期支付

---

① 这四种方式为：一是购买即期生命年金方式，即个人退休后用其个人账户中积累的全部资金向保险公司购买终生生存年金，由保险公司向参保人发放养老金，直到参保人去世；二是定期提取方式，即个人退休后个人账户中积累的资金继续由 AFPs 管理并由其为参保者定期发放养老金；三是临时收入和延期的生命年金相结合的方式，即个人在退休后一段时间内由 AFPs 负责定期向参保人发放养老金，此后从某个时点开始则由保险公司向参保人定期发放养老金，直至生命尽头；四是定期提取和即期生命年金相结合的方式，即个人退休时将个人账户积累的资金分为两部分，一部分继续留在 AFPs，由其定期向参保人发放养老金，另一部分则向保险公司购买终身生存年金，由保险公司负责定期发放养老金。

② 即期终身生存年金是指个人购买生存年金后就能立即获得第一笔资金给付，直到被保险人死亡为止，通常在趸缴保费后的第一个月就能领取；而延期终身生存年金则是购买年金保险后，约定在未来某一个时点才开始领取养老金，直到被保险人死亡为止。

（通常为1个月）与通货膨胀率挂钩的养老金，直至退休者死亡。这不仅防止了个人由于短视等原因提前过渡支取养老基金失去生活保障，陷入贫困，实现个人长寿风险向保险公司的转移，同时也有利于商业保险公司年金产品市场的发展与壮大。其二，FDC个人账户的引入，建立了缴费与待遇的严格精算机制，参保者退休后的待遇水平完全依赖于个人账户的积累额和个人的剩余寿命，在积累额一定的前提下，剩余寿命的延长通常也意味着养老金待遇的下降。为了减少预期寿命指数化对养老金待遇下降的影响，智利建立了最低养老金保障制度和社会救助养老金制度，为养老金待遇较低的老年群体提供退休生活保障，防止由于个人账户基金积累不足而出现老年贫困。此后在2008年的改革中，进一步扩大和完善了保护老年贫困的制度外延，建立了一个新的团结养老金计划（SPS）作为FDC计划的补充，以弥补私营养老金制度再分配性较差和替代率降低等问题，并逐步取代了原来的最低养老金保障制度和养老金救助制度。新的团结养老金计划还覆盖了那些具有缴费记录但个人账户养老金待遇低于最低标准的退休群体，当参保者退休后个人账户养老金待遇标准低于规定标准时，且满足相应的居住年限和财产状况要求后，参保者就可以获得团结补充计划养老金，其计算公式为：

$$APS = PBS - \frac{PBS}{PMAS} \times PB \qquad (6.3)$$

其中，APS代表团结补充计划养老金，PMAS代表最高福利养老金标准（2014年12月为CLP279427），PBS代表基础团结养老金，PB代表个人账户获得的养老金。当个人账户养老金数额增加时，团结补充计划养老金将减少。

新的团结养老金计划将缴费型制度与非缴费型制度相融合，把无养老金缴费以及有养老金缴费的老年贫困群体都纳入了保障范围，提供政府兜底责任，制定了相应的最低收入保障线，确保每一位满足居住年限的老年人都能获得基本的老年生活保障，有效地防止了老年贫困[①]。

（2）不断拓宽投资渠道实现养老保险基金保值增值。FDC个人账户制下的养老金待遇依赖于退休时个人账户的基金积累额，在人口预期寿命延长的情况下，个人账户资金的投资回报能有效减缓或弥补由于预期寿命延长对养老金待遇下降的冲击。为了实现养老保险基金的保值增值，减缓冲击，智利不断拓宽养老保险基金的投资渠道和范围，从最初的只允许投资

---

① 2008年以来，虽然智利面临着严峻的经济形势，但智利的养老金水平并没有下降，老年人的基尼系数回落，社会稳定帮助经济渡过难关，团结养老金的作用出现端倪。

固定收益类产品（国债、公司债券等）到投资于股票市场（1985 年开始）再进一步拓宽投资国外证券（1990 年开始），目前的养老金运营已实现了从简单化向多元化、证券化和国际化转变，海外投资已成为最主要的投资渠道（见表 6 - 12）。通过多元化的投资，不仅分散了风险，而且私营养老保险基金也获得了不错的投资回报，实现了基金的保值增值。如图 6 - 1 所示，在过去的 20 多年私营养老基金绝大多数年份的实际投资回报率都为正，总体平均收益率达到 5.17%。虽然在 2008 年的金融危机中养老基金投资受到重创，出现巨额亏损，但在 2009 年养老基金投资回报又得以迅速回升。

表 6 - 12　　　　　　　智利养老保险基金投资渠道和范围　　　　　　单位：%

年份	国有部分	企业部门	金融机构	国外投资	其他
1996	42.10	32.77	24.56	0.54	0.02
2000	35.73	17.57	35.62	10.88	0.09
2005	16.45	23.25	29.74	30.44	0.12
2008	14.30	26.89	30.15	28.50	0.16
2009	9.75	27.00	19.29	43.85	0.11
2010	11.70	27.61	15.28	45.28	0.13
2011	21.50	24.46	17.58	36.38	0.09
2012	21.38	22.05	18.01	38.47	0.10
2013	21.49	18.61	17.44	42.41	0.06
2014	21.38	16.84	17.76	43.82	0.20

资料来源：国际养老基金管理公司协会网站，http：//www.fiap.cl/.

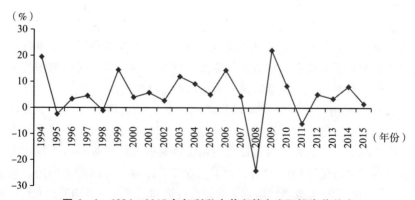

图 6 - 1　1994 ~ 2015 年智利私人养老基金实际投资收益率

资料来源：智利养老基金监督局，http：//www.safp.cl/；OECD 数据库，http：//stats.oecd.org/.

（3）加大财政补贴夯实养老储备基金。为了防备和减缓长寿风险和人口冲击对政府公共财政支出的影响，智利政府在 2006 年注资 6.04 亿美元建立了公共养老储备基金作为国家基本养老保险的重要补充，并固化了政府在公共养老储备基金中的财政补贴责任，政府每年都将以 GDP 的 0.2% ~ 0.5% 不等的水平持续向该储备基金进行融资。根据国际经济与合作组织的报告，截至 2015 年底，智利公共养老储备基金的规模已超过了 81 亿美元，占 2015 年 GDP 的 3.6%。相对于智利 1700 万左右的人口规模，这个用于国民养老的战略储备专项基金并不小①。

6.2.3　瑞典应对长寿风险的改革实践与经验

1. 瑞典人口预期寿命和人口结构的演变

瑞典是世界上人口寿命较长、较早进入人口老龄化的国家。如表 6 - 13 所示，瑞典新出生人口的预期寿命在 1950 ~ 1955 年就已超过 70 岁，65 岁人口的剩余寿命和 80 岁人口的剩余寿命分别为 14.24 岁和 5.79 岁，随后一直保持持续增长，到 2010 ~ 2015 年新出生人口预期寿命已达到 81.89 岁，65 岁人口剩余寿命和 80 岁人口剩余寿命也都分别增加到 19.96 岁和 8.97 岁，预计在未来还有较大的增长空间，到 2050 ~ 2055 年这三项指标将分别达到 87.33 岁、23.98 岁和 11.31 岁，2095 ~ 2100 年进一步增长，将分别增长到 92.38 岁、28.10 岁和 14.14 岁。

表 6 - 13　　瑞典人口平均预期寿命：历史和预测值　　单位：岁

分类	1950 ~ 1955 年	1995 ~ 2000 年	2010 ~ 2015 年	2025 ~ 2030 年	2050 ~ 2055 年	2095 ~ 2100 年
0 岁人口预期寿命	71.86	79.30	81.89	84.29	87.33	92.38
65 岁人口剩余寿命	14.24	18.18	19.96	21.67	23.98	28.10
80 岁人口剩余寿命	5.79	8.05	8.97	9.91	11.31	14.14

资料来源：United Nations，World Population Prospects.

① 郭金龙，周小燕，陆明涛. 长寿风险及其管理的理论和实证分析 [M]. 北京：经济管理出版社，2017：248.

与此同时，伴随着生育率的持续下降，瑞典也较早进入了人口老龄化，且趋势在不断加剧。根据联合国人口司的数据可知（见表 6 – 14），1950 年瑞典 65 岁及以上人口占比就已经超过 10%，2015 年达到 18.64%，预计到 2050 年和 2100 年将分别增加到 22.27% 和 25.93%。此外，伴随着老年人口剩余寿命的延长，瑞典 80 岁及以上老年人口的占比也年年攀升增幅迅速，在 1950 年这一比例仅为 1.5%，到 2000 年就已达到 4.79%，预计到 2050 年将达到 8.63%，2100 年进一步增加达到 11.92%。

表 6 – 14　　　　　　瑞典人口结构：历史和预测值　　　　　　单位：%

年份	0~19 岁	20~64 岁	65 岁及以上	80 岁及以上
1950	28.85	59.61	10.04	1.50
2000	22.97	55.76	16.48	4.79
2015	21.38	55.11	18.64	4.87
2030	21.63	50.80	20.56	7.01
2050	20.19	48.91	22.27	8.63
2100	18.42	43.73	25.93	11.92

资料来源：United Nations，World Population Prospects.

2. 瑞典养老保险体系的基本内容

1913 年瑞典议会通过《养老金法案》在全国范围内建立了具有强制性和普惠性的公共养老金制度，此后又经过多次改革，20 世纪 80 年代中期之后，迫于经济和人口形势冲击，瑞典政府对公共养老保险制度进行了更加激进的改革，1998 年瑞典通过年金改革法案，在公共养老保险制度中立法引入名义账户制，自此世界上诞生了一种崭新的社会养老保险制度模式，其模型和理念已经广泛地被越来越多的国家采用，同时得到了世界银行的大力推广①。目前瑞典的养老保险体系主要由三大支柱组成。

第一支柱是公共养老保险，具体由三部分构成（见表 6 – 15）。其一是建立在收入测试基础上的保障养老金（Guarantee Pension），采用现收现付模式，资金来源于政府税收，主要提供给那些没有收入或从个人名义账

①　王新梅. 瑞典记账制养老金的给付与自动调节［J］. 社会保障研究，2018（1）.

户中获益较少的老年群体，具有较强的收入再分配和防止老年贫困功能。为了获得保障养老金，参保者需满足 65 岁且在瑞典居住至少满三年，若要获得最大限额的保障养老金则需满足 40 年的居住年限，未达到的将按比例扣减保障养老金。在 2014 年，对于一个在 1938 年之后出生的单身退休老人来说，他可以领取到的全额保障养老金是 94572 克朗，大约为平均收入的 24%。当个人与收入相关联的养老金超过 136420 克朗（相当于平均收入的 35%）时，就不再获得保障养老金资助。其二是收入型养老金（Income Pension），它在公共养老金中占比最高，建立在个人账户基础上，采用现收现付制，也就是名义账户养老金，资金筹集来源于雇主、雇员和政府，雇主缴费率为雇员全部收入的 10.21%，而雇员的缴费率为工资收入的 7%，两者都有限额规定。政府的缴费主要表现在从预算中直接转移一定比例的国家养老金缴费①。在雇主和雇员的缴费中，14.88% 注入名义账户并分别进入四个缓冲基金中，每只基金接受全部缴费的 1/4，相应也承担 1/4 的养老金待遇支付，个人的退休年龄是灵活的，最早可在 61 岁领取名义账户养老金。其三是累积型养老金，称为费用养老金（Premium Pension），同样建立在个人账户基础上，资金来源于雇主与雇员缴费中的 2.33%，但实行强制的基金完全积累制，由国家养老金管理局（PPM）负责管理，个人可自主选择将个人账户中的资金交由市场上的基金公司投资营运②，个人承担投资风险。个人可在退休年龄达到 61 岁时以年金方式领取，也可延迟领取，但要求将个人账户资产投资于安全基金中。

表 6-15　　　　　　　　　　瑞典公共养老保险体系

		待遇结构	融资结构
公共养老金	保障养老金	DB、基于家计收入调查	税收/现收现付
	名义账户制	DC	缴费/现收现付
	实账积累制	DC	缴费/完全积累

资料来源：郑秉文. 中国养老金发展报告 2014——向名义账户制转型［M］. 北京：经济管理出版社，2014：223.

第二支柱是准强制的职业养老金计划，它是瑞典公共养老保险制度的

---

① 郭灵凤. 瑞典公共养老金模式的嬗变：结构改革与参数因素［J］. 欧洲研究，2017（5）.
② 针对那些不愿做投资决策的个人，政府设有默认投资选项（特殊投资基金），将他们的缴费自动投资于由第七国家养老基金（AP7）管理的保费储蓄基金（Premium Savings Fund）。

重要补充，是劳资双方谈判的产物，并不是法律强制规定，主要通过全国性的集体谈判协议决定来实现，主要由商业性保险公司进行管理和运作。资金筹集主要来源于雇主，雇员通常不用缴费，政府对职业年金运营实行严格的监督管理。目前瑞典的职业养老金计划主要包括白领员工的职业年金计划（ITP）、白领员工职业年金补充计划（ITPK）、蓝领员工的职业年金计划（SAF－LO）、中央政府雇员职业年金计划（PA03）和地方政府雇员职业年金计划（KAP－KL）。一些行业（如银行、保险等）除了ITP计划以外还设有其他的养老金计划，但福利待遇与ITP计划相似。不属于集体协议的雇主可以自愿提供计划，但这些计划也往往遵循ITP提供的福利范围和水平。据估计职业养老金计划覆盖了瑞典近90%的员工。

第三支柱是个人储蓄养老金，它是瑞典公共养老保险制度的又一重要补充，主要由商业保险公司提供，在瑞典有超过50%的劳动人口拥有私人储蓄养老金。政府通过税收优惠政策引导和鼓励个人进行自我养老储蓄，购买者和保险公司都可在规定内享有税收优惠，为了防范个人长寿风险，限制一次性领取储蓄养老金，政府还分别设置了分期给付和终身年金方式领取储蓄养老金的税收优惠政策。

3. 瑞典社会养老保险应对长寿风险的改革经验

（1）引入名义账户实现公共养老保险计划与预期寿命的自动关联。瑞典是世界上第一个引入名义账户制的国家，也是迄今为止改革成效最好的国家之一，为了应对长寿冲击，瑞典在1998年的公共养老保险制度改革中引入了个人账户制（名义账户和积累制账户），不仅建立了缴费与待遇的精算关联，强化了个人养老责任，而且还建立了人口预期寿命与公共养老保险待遇相关联的自动调整机制，实现了长寿风险在代际间和代内间的转移和共担。在名义账户制下，参保者退休后个人账户累积的名义资本将根据精算规则转化为终身年金。每年的养老金待遇水平依赖于累计的名义资本和"年金系数"（Annuity Coefficients），年金系数取决于个人的退休年龄和同期的剩余寿命（基于前5年男女混合死亡率表），同时还包含了一个1.6%的实际折现率，也称为年金回报指数（政府预期的经济长期增长率），这样，通过年金系数就将养老保险待遇与人口预期寿命及宏观经济环境的变化相关联起来。

年金系数的计算公式为[①]:

$$年金系数 = \frac{1}{12L_i} \sum_{k=i}^{r} \sum_{x=0}^{11} \left[L_k + (L_{k+1} - L_k) \frac{X}{12} \right] (1.016)^{-(k-i)} (1.016)^{-X/12}$$

(6.4)

其中，i 为养老金领取年龄（$i = 61$，62，$\cdots$，r）；$k-i$ 为退休年份数；X 为月份（0，1，$\cdots$，11）；L_i 为 i 年龄人口组每 10 万人口的生存人口数量比例。

年金系数对于特定队列人口而言是确定的，它反映了养老金领取群体的剩余寿命趋势和 1.6% 的年金回报指数（见表 6-16）。随着人口预期寿命的延长，年金系数也会相应地增加，例如对于 65 岁领取养老保险待遇的参保者来说，在 2000 年的年金系数为 15.4，预计到 2020 年将上升到 16.8，2040 年将进一步增加到 17.4（OECD，2011），这表明在名义账户制下的养老保险待遇将随着预期寿命的延长而有所下降，两者实现了自动关联。据瑞典社会保险局测算，引入个人账户制后（假设名义账户采用 1.8% 的平均收入指数增长率，积累制账户采用 3.25% 的净投资回报率），按照 18.5% 的缴费率，对于 1942 年出生的参保者在 65 岁退休时养老金替代率为 65%，1965 年出生的参保者养老金替代率则下降为 57%，而 1990 年出生的参保者养老金替代率将进一步下降仅为 53%[②]。

表 6-16　　　　　　　　瑞典各年龄组别的年金系数

出生年份	61 岁	62 岁	63 岁	64 岁	65 岁	66 岁	67 岁	68 岁	69 岁	70 岁
1938	17.87	17.29	16.71	16.13	15.56	14.99	14.42	13.84	13.27	12.71
1939	17.94	17.36	16.78	16.19	15.62	15.04	14.47	13.89	13.32	12.76
1940	18.02	17.44	16.86	16.27	15.69	15.11	14.54	13.96	13.39	12.82
1941	18.14	17.56	16.98	16.39	15.81	15.23	14.65	14.08	13.50	12.94
1942	18.23	17.65	17.06	16.48	15.89	15.31	14.74	14.16	13.59	13.02
1943	18.33	17.75	17.16	16.58	15.99	15.41	14.84	14.26	13.68	13.11

资料来源：郑秉文. 中国养老金发展报告 2014——向名义账户制转型［M］. 北京：经济管理出版社，2014：225.

郑秉文. 中国养老金发展报告 2014——向名义账户制转型［M］. 北京：经济管理出版社，2014：225.
② Swedish Social Insurance Board, The Swedish Pension System Annuak Report 2007.

（2）引进平衡机制增加财务稳定性。名义账户制的采用会使得养老金替代率随着人口预期寿命的延长和经济变动而不断下降，为了增强名义账户的财务稳定性，缓和不利人口和经济形势的冲击，瑞典 2001 年在名义账户制中引进了平衡机制（Balance Mechanism）导入了养老金自动削减程序，以增加公共养老保险制度对预期寿命和经济变动的敏感性。平衡机制主要通过"平衡率"（Balance Ratio），也就是收入指数（Income Index）来调节名义账户的记账利率和养老金待遇给付水平，从而实现个人账户的收支平衡，其计算公式表示如下：

$$平衡率 = \frac{养老金资产}{养老金负债} \tag{6.5}$$

其中，养老金资产包括缓冲基金（Buffer Fund）（相当于 5 年的养老金支出额）和按缴费收入形式计算的资产价值，后者是将每年的缴费资产乘以周转期计算得出[①]；而养老金负债同样也包括两部分：未退休人口的应计名义养老资金和已退休人口养老金的资本价值。如果资产超过或等于负债，即平衡率≥1，表明名义账户处于财务平衡状态，则不做调整；反之，如果资产少于负债，即平衡率 <1，表明养老金偿付出现赤字，此时平衡机制就会启动，养老金待遇指数和记账利率将会被平衡率而削减以便使制度恢复平衡，也就是说，在平衡机制启动后养老金待遇指数和记账利率将采用平衡指数，原收入指数将被临时搁置，这意味着激活了的平衡机制将会导致较低的养老金替代率和记账利率。例如，当收入指数为 105%、平衡率为 0.98 时，此时平衡指数为 105% ×0.98 =102.9%，这时养老金的记账利率则由原来的 5% 下降为 2.9%。只要平衡率低于 1，平衡过程将会一直持续下去，直到平衡指数达到原记账利率水平，平衡机制才会停止。为了平滑暂时的变动，资产与负债比率的计算是基于 3 年移动平均值的基础上而得到的，表 6 –17 显示了 2007 ~2012 年瑞典名义账户制的平衡率状况。

表 6 –17　　　　　　　　2007 ~2012 年瑞典名义账户制的平衡率

	2012 年	2011 年	2010 年	2009 年	2008 年	2007 年
平衡率	0.9837	1.0198	1.0024	0.9549	0.9826	1.0026

资料来源：Pensions at a Glance 2015.

———————————

① 周转期是指预计向制度缴费和基于此缴费的待遇支付之间的预期平均时间，具体包括缴费周期和支付周期两部分，缴费周期与平均退休年龄和平均缴费年龄相关，而支付周期则取决于平均退休年龄和人口预期寿命，目前的周转期是 32.5 年。

（3）合理分配死亡人口养老金实现长寿互济。在名义账户制下，当参保者在最早领取养老金年龄之前或在达到平均剩余寿命之前死亡，个人账户都将会留下一笔养老金余额，在瑞典将其称之为继承收益（Inheritance Gains）。对这笔继承收益，瑞典的处理方式是将其重新规划，转移给同年龄组仍然存活的参保人，这样幸存参保人的名义账户每年都会由于继承收益的分配而增加，具体的分配额取决于每位幸存参保者名义账户的资产余额和继承收益因子（Inheritance Gains Factor），继承收益因子基于历史的死亡率数据计算得出（计算来自5年期的男女混合死亡率表）。这种对待遗属待遇的方法体现了制度内的再分配因素，实现了长寿风险在代内间的转移与分担，即短寿者的养老金权益向长寿者进行了转移，超过平均预期寿命仍存活的长寿者将会获益，他们的长寿风险由短寿者进行了分担。

6.2.4 日本应对长寿风险的改革实践与经验

1. 日本人口预期寿命和人口结构的演变

日本是目前世界上人口预期寿命最长、人口老龄化速度最快、程度最为严重的国家之一。根据2017年联合国人口司的数据显示，1950～1955年日本新出生人口的预期寿命为62.8岁，65岁人口剩余寿命和80岁人口剩余寿命分别为12.51岁和5.42岁，在1995～2000年日本新出生人口预期寿命、65岁人口剩余寿命和80岁人口剩余寿命就分别增加到80.51岁、19.57岁和9.06岁，以后进一步保持增长势头，在2010～2015年三项指标已分别上升到83.28岁、21.62岁和10.36岁，预计到2095～2100年将进一步上升到93.88岁、29.80岁和15.99岁（见表6-18）。伴随着人口预期寿命的显著快速改善和人口生育率的持续走低，日本人口老龄化的速度进一步加剧，与美国、英国、德国、法国等传统老牌资本主义国家相比，日本是最晚进入老龄化社会的资本主义国家①，但其老龄化速度却是最快的，短短24年（1970～1994年）65岁及以上人口的占比就从7%增加到14%，在未来还有进一步加剧的空间（见表6-19），预计到2030年

---

① 美国65岁及以上人口占比在1942年达到7%，2013年达到14%，经历了71年；英国65岁及以上人口占比在1929年达到7%，1976年达到14%，经历了47年；德国65岁及以上人口占比在1932年达到7%，1972年达到14%，经历了40年；法国65岁及以上人口占比在1864年达到7%，1979年达到14%，经历了115年。

65 岁及以上人口的比重将从 2015 年的 24.18% 增加到 26.94%，2050 年将进一步增加到 31.63%。与此同时，人口高龄化现象进一步凸显和加剧，根据 2017 年联合国人口司的数据可知，在 1950 年，由于战争的原因，日本 80 岁及以上高龄人口占比仅为 0.44%，到 2000 年迅速增加到了 3.57%，50 年的时间，80 岁及以上人口比重增长了 8 倍多，高龄化速度之快也令人瞠目结舌。预计到 2030 年这一指标还将增加到 11.10%，而到 2050 年将进一步增加到 13.03%，虽然在 2100 年预计 65 岁及以上人口的占比相对于 2050 年会略有下降，但 80 岁及以上高龄人口占比的增长趋势还将继续，这表明未来日本将拥有庞大规模的高龄老年人口，人口高龄化趋势将不断加剧和深入，这将给日本公共养老保险提出更高的要求。

表 6 – 18　　　　　　　日本人口平均预期寿命：历史和预测值　　　　单位：岁

分类	1950 ~ 1955 年	1995 ~ 2000 年	2010 ~ 2015 年	2025 ~ 2030 年	2050 ~ 2055 年	2095 ~ 2100 年
0 岁人口预期寿命	62.80	80.51	83.28	85.33	88.56	93.88
65 岁人口剩余寿命	12.51	19.57	21.62	23.07	25.50	29.80
80 岁人口剩余寿命	5.42	9.06	10.36	11.24	12.83	15.99

资料来源：United Nations，World Population Prospects.

表 6 – 19　　　　　　　日本人口结构：历史和预测值　　　　单位：%

年份	0 ~ 19 岁	20 ~ 64 岁	65 岁及以上	80 岁及以上
1950	45.42	49.26	4.89	0.44
2000	20.01	60.04	16.38	3.57
2015	16.42	52.35	24.18	7.05
2030	14.82	47.14	26.94	11.10
2050	14.69	40.65	31.63	13.03
2100	15.14	39.23	29.91	15.72

资料来源：United Nations，World Population Prospects.

2. 日本养老保险体系的基本内容

第二次世界大战期间，日本就开始建立了社会养老保险制度，于1941年颁布了《养老保险法》，但并未获得长足发展。直到二战以后，借助经济的恢复和快速发展，社会养老保险才真正得到重视并逐步发展起来。在1961年实施的《国民年金法案》开启了日本"国民皆年金"的时代。经过多次改革和不断完善，目前日本已建立起了较为成熟的三支柱养老保险体系。

第一支柱是政府主导的公共养老保险制度。政府主导的公共养老保险制度是日本养老保险体系的基石，具体由两个层次构成（见图6-2）。第一层次是具有普惠性的国民年金制度，始于1959年颁布的《国民年金法案》，以保障老年群体最基本生活需要为目的，由国家直接管理运营，要求所有20至59岁的居民都必须强制参与。资金来源于国家财政补助（大约占国民年金支出的一半）和雇员养老金缴费转出部分，参保人缴费金额执行统一标准，与个人收入无关。对于年收入低于一定标准的特殊群体（单亲家庭、残疾者等）可免缴纳保险费，由国家财政负担。参保者年满65周岁、缴费最少满10年就可领取国民养老金①，但若想获得全额国民养老金（每月6.6万日元）则需满足缴费40年的要求，参保人可提前领取国民养老金，但养老金待遇会根据提前领取年限被削减，相对应的，若推迟领取也会根据推迟领取年限增加每月养老金领取的额度。第二层次是强制性的、与收入相关联的养老金计划，又称为雇员养老金计划（Employees Pension Scheme），由厚生年金和共济年金构成②。其中，（1）厚生年金始于1944年，以提高老年人的生活水平和生活质量为目的，由国家设立专门机构负责管理，它与国民年金一起构成了日本养老保险体系的主体，其主要是面向民营企业雇员（70岁以下），原则上雇佣5人以上的企业单位都必须强制加入厚生年金。资金筹集主要来源于雇主和雇员缴纳的保险费，缴费比例是薪金总额（包括工资总额和奖金收入）的18.3%③，雇主和雇员各承担一半，保费的一部分需划转到国民年金。参保者年满65周岁，加入国民年金缴费满10年以上并加入厚生年金满一个月以上方可

---

① 从2017年4月1日起，领取国民养老金的缴费年限由至少25年改为至少10年。

② 2015年10月起，共济年金并入厚生年金，两者实现了制度上的统一。

③ 2004年的养老金制度改革规定，自2004年10月起每年将厚生养老金的保险费率提高0.345%，从改革前的13.58%提高到2017年的18.3%，以后将保持这一比例不变。

申请领取厚生养老金①。对于"特别提供的厚生养老金②"目前正在被逐渐取消，领取年龄也在逐步提高。（2）共济年金主要面向公共部门职员，覆盖了国家和地方公务员、私立学校教职人员以及农林渔业团体职员，资金筹集来源于参保人和政府缴纳的保险费，其中也包括了划入国民年金的部分。共济年金缴费比例依共济组合种类不同而存在差异，国家公务员共济组合缴费率最高，地方公务员共济组合缴费次之，而私立学校教职员共济组合缴费比例最低，三者缴费比例分别为 14.38%、12.96% 和 10.1%③，参保者年满 65 周岁并满足领取国民年金规定的最低缴费年限且加入共济年金满一个月以上方可申请领取共济养老金。

			厚生年金	共济年金	
第二层					
		私营企业雇员	公务员、私立学校教职人员	
	国民年金				
	第一类参保人：自雇者及配偶、20岁以上的学生、其他不具备厚生年金和共济年金资格的人	第二类参保人：厚生年金和共济年金参保人	第三类参保人：第二类参保人的无工作或低收入配偶
第一层			

图 6 - 2　日本公共养老保险体系框架

资料来源：郑秉文. 中国养老金发展报告 2016——"第二支柱"年金制度全面深化改革 [M]. 北京：经济管理出版社，2016：561.

第二支柱主要是企业自愿举办的职业年金，对第一支柱的公共养老金起到了重要的补充作用。在日本，有各种形式的自愿职业养老金计划，传统的职业年金计划包括厚生年金基金计划（Employee Pension Funds）和适格退休年金计划（Tax - Qualified Pension Plans），前者于 1944 年推出，主要以员工超过 500 名的大型企业职员为对象；后者于 1965 年设立，目标定位于拥有至少 15 名或更多员工的小型企业。两项计划一般都委托生命

---

① 厚生养老金的发放金额包含国民年金的定额部分和厚生养老金的报酬比例部分两个方面，其中报酬比例部分 = 平均工资 × 缴费期限 × 支付比例，即平均工资越高、缴费期限越长，领取的养老金金额越多。

② 特别提供的厚生养老金指的是参保人在 60 ~ 64 岁期间申请的厚生养老金。

③ 张伊丽. 人口老龄化背景下日本公共养老金制度的经济学分析 [D]. 上海：华东师范大学，2013：127.

保险公司、信托银行等机构运行。然而，伴随着日本经济的长期停滞发展，对退休收入保障而言，传统的两项职业年金计划被认为既不持久也不充分①，因此在 2001 年和 2002 年日本分别引入了待遇确定型职业年金计划和缴费确定型职业年金计划，前者主要以雇主缴费进行融资，主要包括合同式计划和基金式计划两类；后者包括企业年金型计划和个人型计划。同时，在日本还有针对农民、个体经营者等自雇职业者建立的国民年金基金计划。除了这些计划之外，雇主还会使用账面储备计划（Book Reserve Arrangements）②，此外，政府还针对规模较小的企业建立了小型企业退休津贴互助计划（Smaller Enterprise Retirement Allowance Mutual Aid Alans）。

第三支柱是个人养老保险，它是日本公共养老保险制度的又一重要补充，是个人或家庭为了获得高水平、高质量的老年生活而自愿向商业寿险公司购买养老保险产品，主要包括个人年金保险和团体年金保险。日本拥有全球第二大的寿险市场，年金保险市场比较发达，年金产品多样化，满足了日本国民多元化的养老需求。为了鼓励个人购买年金保险，日本政府制定了年金保险税收优惠政策，缴纳的保费能在一定限额内免缴所得税。在日本有接近 90% 的家庭拥有生命保险，平均每个家庭拥有 4.3 份保单（包括年金保险）③。

3. 日本社会养老保险应对长寿风险的改革经验

（1）多种措施并举，开源节流。人口高龄化现象的凸显与各年龄段预期寿命的大幅度延长给日本养老保险财务可持续发展带来了极大的挑战，为了应对长寿风险的冲击，日本政府自 20 世纪 80 年代以来实施了一系列旨在实现开源节流的多种措施，具体包括：①随着人口预期寿命的延长，日本政府数次调整了法定退休年龄政策，逐渐提高民众的法定退休年龄。在 20 世纪 80 年代日本的法定退休年龄已由过去的 55 岁提高到 60 岁，在 1994 年的养老保险改革中，规定将领取定额部分养老金的法定年龄从 60 岁逐步延长到 65（男性在 2013 年达到此标准，女性则是 2018 年）；在

---

① 日本政府决定自 2002 年起用 10 年的过渡期把适格退休年金计划转化为其他年金形式，因此该计划已在 2012 年终止；而厚生年金基金计划自 2014 年起日本政府也不再批准建立新的此类计划。

② 该养老计划安排就是 20 世纪 20 年代在日本盛行的"一次性退职金计划"，也是日本企业年金的最早形式，目前在日本仍有不少企业保留了这一计划，在 2008 年初拥有该计划的公司占比高达 85.3%。

③ 郑秉文. 中国养老金发展报告 2015——"第三支柱"商业养老保险顶层设计 [M]. 北京：经济管理出版社，2016：267.

2000 年的改革中又规定提高与收入相关联养老金领取的法定年龄，规定将由 60 岁渐进提高到 65 岁。②提高养老保险缴费率（额）。日本在 1994 年的养老保险改革中规定将国民年金的个人月缴保险费提高到 11110 日元，1995 年为 11700 日元，以后每年增加 500 日元，预计到 2015 年调整达到每月 21700 日元；厚生年金缴费率由原来的 14.5% 上调到 16.5%，1996 年为 17.35%，以后每五年上调 2.5%，直到 2025 年最终达到工资比例的 29.8%[①]。针对保险费上调过快，在 2004 年的公共养老保险制度改革中又进行了适当调整，规定国民年金的月保险费从 2005 年 4 月起在原来 13300 日元的基础上，每年提高 280 日元，直到 2017 年提高到每月 16900 日元，并固定在这一水平保持不变；厚生年金的缴费率则从 2004 年 10 月起在原来 13.58% 的基础上每年提高 0.354%，直到 2017 年达到工资收入的 18.3%（个人和企业各承担一半）并保持不变。③降低基本养老保险（厚生年金）待遇水平。在 2000 年的养老保险改革中决定将厚生年金的支付标准下调 5%，按照物价指数进行调整；在 2004 年的改革中再次调整了厚生年金的待遇支付标准，改革后的厚生年金替代率[②]预计将从 2004 年的 59.3% 下降到 2023 年的 50.2%。④扩大养老金缴纳对象。一是将公共养老保险参保者的年龄从 25 岁降低到 20 岁，对于 20 岁的学生在 1991 年之前属于自愿加入，而之后被要求强制加入公共养老保险，为了解决大多数学生上学阶段无收入来源，无保费承担能力，日本还建立了养老保险费补缴制度，允许学生上学期间申请暂缓缴纳保险费，但需在其工作后的十年内补齐缴费；二是要求 65~69 岁仍在工作的老年人继续缴纳保险费。⑤加大对国民年金的财政资助。在 2000 年的养老保险改革中计划在未来加大对国民年金的财政资助，逐步上调国民年金的财政负担比例，逐步从原来的 1/3 提高到 1/2，到 2004 年调整完成，增加的费用完全由国家税收承担[③]。

（2）建立养老保险自动调整机制。为了减轻预期寿命增加对公共养老保险制度的影响，实现或维持预定的缴费率目标，受瑞典和德国公共养老保险制度改革的启发，日本在 2004 年改革中引入了养老保险自动调整机制，将人口因素纳入养老保险待遇的计算中，从而建立起了与预

---

① 权彤. 战后日本养老社会保障制度变迁研究 [M]. 北京：人民出版社，2017：175.
② 此处的替代率是指丈夫的厚生年金和夫妇两人的基本养老金之和占在职人员平均工资的比例。
③ 通过调整个人所得税、消费税以及养老金课税标准等途径来扩大国家财政收入来源，从而实现增加国家财政资助的目标。

期寿命变化相关联的养老金待遇调整机制。当养老金收不抵支出现赤字时，该调整机制将被启动，此时退休者最初的养老金待遇水平由于调整率（Modifier）将会被削减，直到系统恢复偿付能力为止。调整率根据日本劳动力人口的减少情况和人口预期寿命的增加程度来确定，具体计算如下：

$$调整率 = 公共养老金计划参保人员的下降率$$
$$+ 65 岁人口剩余寿命的增长率 \qquad (6.6)$$

为了便于计算，日本的调整机制假设 65 岁人口剩余寿命的增长速度是固定的，每年 0.3%，这一数据是基于 2002 年作出的对 2000～2025 年的预测，保持剩余寿命的固定增长率是为了避免养老金待遇调整的同比波动。引入调整率后，日本养老金待遇的计算将依赖于工资增长率、CPI 和调整率进行动态调整，预计调整率将使新退休人员每年的公共养老金福利平均减少 0.9%，这一调整的预期效果是将平均替代率从 2004 年的 59%降低到 2023 年的 50%，旨在人口快速高龄化的情况下稳定养老保险体系的财务状况。具体规定为：针对养老金已领取者，养老金调整取决于 CPI 和调整率；而对于初始养老金领取者，养老金调整取决于工资增长率和调整率。如果 CPI 或工资增长率高于调整率时，养老金调整率为二者之差；如果 CPI 或工资增长率未高于调整率且为正值，则养老金调整率为 0；如果 CPI 或工资增长率高于调整率且为负值，则养老金调整率为 CPI 或工资增长率[1]。如果养老金替代率下降的速度比预期的快得多，到 2009 年降至 50%或更低，调整机制将被停止，政策将被审查。因此，法律包含了一项条款要求至少 5 年进行一次精算测评，以确定是否启动养老保险调整机制。

改革后，由于引入了调整机制，一定程度上抑制了日本养老金支出的增长幅度，改善了日本公共养老金的收支状况。正如贝塚启明等（2006）研究指出，在养老金引入收支平衡机制后，日本公共养老金的支付标准每年下降 0.9%，使 2025 年的养老金支付总额减少 20 万亿日元左右，部分地解决了公共养老金财政收支失衡的问题[2]。

---

① 柳清瑞. 基于人口老龄化的日本养老金调整机制分析 [J]. 东北亚论坛，2005 (4).
② 张伊丽. 人口老龄化背景下日本公共养老金制度的经济学分析 [D]. 上海：华东师范大学，2013：85 – 86.

6.3　社会养老保险应对长寿风险的国际经验对中国的启示

6.3.1　改革应立足国情因地制宜

　　任何一个国家的公共养老保险制度都是植根于特定国家的政治、经济、文化等环境,各国不同的社会结构和文化背景决定了公共养老保险制度各具特色,同时也决定了其改革具有一定的路径依赖性。因此在面临长寿风险冲击时,诚然全球公共养老保险制度改革具有一定的趋同性,但各国改革路径、实施策略却存在差异性。从国外公共养老保险应对长寿风险的改革中可看到,不同的国情决定了不同的应对长寿风险的改革策略。从改革取向看,有的国家改革比较谨慎,遵循原有的公共养老保险制度模式,在此基础上辅之进行调节和完善,而有的国家改革却比较激进,对原有制度进行彻底调整,摒弃原有制度模式,取而代之建立全新的公共养老保险制度;从改革实施策略看,虽然很多国家都将公共养老保险与预期寿命相关联,但具体实施方案却是千差万别,有的国家建立完全积累的个人账户制,有的国家建立名义账户制,有的国家在公共养老保险制度内建立了纳入人口因素的与偿付能力相关的自动调整机制,有的国家将公共养老金待遇的确定和调整与预期寿命相挂钩,有的国家将领取公共养老金待遇的年龄与预期寿命相挂钩,有的国家将缴费年限与预期寿命相挂钩,而有的国家采用上述几种方案的组合等。再进一步,当我们将视线集中在都建有与偿付能力相关的自动调整机制的三个国家:德国、瑞典和日本,也发现其机制结构、复杂程度各不相同。德国的自动调整机制最为复杂,预期寿命的影响主要通过制度赡养率这一中间变量来体现,是一个隐性的参数,而在瑞典和日本的自动调节机制中人口预期寿命直接出现在计算公式中是一个显性参数。虽然日本在建立公共养老保险自动调整机制时借鉴了瑞典的经验,但日本并未采用瑞典的方法来计算周转率,因为在日本的社会保障体系下,很难计算出这一指标,这是由于日本的社会保障制度提供了包括残疾福利在内的各种各样的福利;此外,日本的人口状况与瑞典的情况也大不相同。在日本,劳动力正在减少,这意味着公共养老保险制度的参保人口正在下降，而瑞典的情况并非如此①。

综上所述，无论各个国家采用何种改革取向，实施何种改革策略，都是基于各自的经济、政治、社会、历史传统等诸多制约因素基础上的，因此，我国公共养老保险在应对长寿风险的改革中应因地制宜，不能完全照搬其他国家的模式或经验，只有充分考虑自身国情基础上进行的改革，才能保证其顺利进行并取得成功。

6.3.2 加快发展第二三支柱养老保险

公共养老保险制度蕴含的长寿风险是一种不可分散风险，无法通过大数法则来分散，这就意味着伴随养老保险制度覆盖面范围的逐步扩大，公共养老保险的长寿风险也会像滚雪球一样越来越大。在人口高龄化凸显的背景下，任何单一支柱的公共养老保险，无论是传统的现收现付制，还是完全基金积累制，又或是名义账户制都无法独自承担长寿风险的冲击，需要一种合力来共同解决和分担。从国外公共养老保险应对长寿风险的改革路径和经验中也佐证了这一观点，在面临长寿风险冲击下，大多数国家都注重发挥政府和市场的共同作用，纷纷建立了多支柱、多层次的养老保险体系，寻求多方合作共同应对长寿风险。多支柱、多层次养老保险体系的建立可以实现养老保险长寿风险由原来的政府独自承担向政府、企业和个人三方共担的转移，例如德国里斯特养老保险计划实施推广后，第一支柱法定养老金占退休收入的比例从85%下降到70%；而第二支柱养老金的占比则从原来的5%上升到20%，这表明政府承担的长寿风险得到了逐渐的转移。我国早在20世纪90年代初就开始探索建立多层次的养老保险体系，但经过20多年的发展，时至今日，我国多层次的养老保险体系发展极不平衡，仍表现为一种单支柱的发展格局，退休人员的老年生活保障主要依赖于基本养老保险，来自市场的退休收入比重太低，基本养老保险负担过重而其他两个层次发展严重不足（见表6-20）。随着我国人口预期寿命的快速持续改善，急需加快发展第二三支柱养老保险，形成多层次、多支柱、多样化的长寿风险转移分担机制，促进基本养老保险稳健可持续发展。

---

① John A. Turner. Autopilot：Self-Adjusting Mechanisms for Sustainable Retirement Systems ［R］. Society of Actuaries Policy Paper，April 2007.

表 6 – 20　　　　　　　　我国三层次养老保险体系基金积累状况

	基金累计结存 （亿元）	收入规模 （亿元）	支出（领取） 规模（亿元）	参与人数 （万人）
基本养老保险	43965	37991	34004	88777
企业年金	11075	—	295.95	2324.75
职业年金[a]	—	—	—	—
商业养老保险[b]	—	3488.44	920.59	—

注：a. 职业年金尚在推行中，没有公告数据。表中没有公告数据的地方均用"—"表示。
b. 商业养老保险的数据在公告中也没有，为了出于比较，表中的收入和支出数据是根据 2016 年保险公司寿险业务保费收入规模（17442.22 亿元）和寿险业务给付规模（4602.95 亿元）的 20%计算得出，此计算依据出自于郑秉文. 中国养老金发展报告 2015——"第三支柱"商业养老保险顶层设计［M］. 北京：经济管理出版社，2015：11.
资料来源：根据中华人民共和国人力资源和社会保障部《2016 年度人力资源和社会保障事业发展统计公报》《2016 年全国企业年金基金业务数据摘要》和中国银行保险监督管理委员会《2016 年保险统计数据报告》整理。

6.3.3　构建与预期寿命相关联的自动调整机制

在长寿风险加剧的大背景下，过去 20 多年，越来越多的国家在养老保险改革中将人口预期寿命与公共养老保险相挂钩，建立起了与预期寿命相关联的养老保险自动调整机制，以此来应对人口预期寿命的增加和预期寿命估计的不确定性。约翰·A. 特纳（John A. Turner，2007）研究指出自动调整机制的引入能减少公共养老保险制度的破产风险，他认为如果没有自动调整机制，传统的现收现付制 DB 计划将会由于人口预期寿命的持续增长而最终破产；如果在传统的现收现付制 DB 计划中引入养老金待遇预期寿命指数化，则破产的风险就会大大降低；如果在此基础上，再引入自动调节机制，那么破产风险就会消除（见表 6 – 21）。怀特豪斯（White-house，2007）考察研究了 17 个 OECD 国家，其中在公共养老保险制度中引入了自动调整机制的 13 个国家中长寿风险都实现了部分转移，但各国退休人员承担长寿风险的程度却存在巨大差异，跨度明显，从挪威的 10%到澳大利亚的 30%再到葡萄牙的 100%，而在波兰已超过 100%。这主要是由于各个国家养老保险体系的整体结构存在差异而引起。例如，在波兰、葡萄牙、芬兰等国的退休收入计划中有 90%或更多的退休收入计划与预期寿命挂钩；而在挪威和匈牙利，这一比例分别为 12.5%和 35%；在澳大利亚和丹麦，虽然大约有 60%的养老金与预期寿命挂钩，但基于收入调查的养老金待遇将会在一定程度上部分抵消由于预期寿命延长而被自动削减的待遇。在其他未引入自动调整机制的 4 个国家中公共养老保险的长寿风险并未实现转移，仍然完全由政府承担[1]，但在这些国家自愿的私人养老金计划比较发达（包括企业年金），在提供老年人退休收入保障方面起着重要的作用，随着私人养老金 DB 计划向 DC 计划的转变，大部分的长寿风险也将越来越多的由参保者个人承担。

表 6 – 21 共养老保险类型与破产风险

公共养老保险类型	破产风险
现收现付制 + DB 计划	高，由于预期寿命的增加
引入预期寿命指数的 DB 计划	中等，由于生育率、劳动参与率和实际工资增长的变化
引入预期寿命指数和自动调整机制的 DB 计划	没有，因为自动调节机制能防止短缺发生
个人账户的 DC 计划	没有，承诺的待遇等于账户余额的年金价值

资料来源：JohnA. Turner. Autopilot：Self – Adjusting Mechanisms for Sustainable Retirement Systems［R］. Society of Actuaries Policy Paper，April 2007.

我国目前的基本养老保险制度缺乏抵御长寿风险的自动调整机制，重要的制度参数例如养老金领取年龄、缴费率、替代率、计发月数等都未建立起与人口预期寿命相关联的自动调整机制，这是对制度财务可持续性的一个最大潜在威胁，也是一个最大的制度缺陷[2]。基于上述分析，在未来我国社会养老保险的改革完善过程中需重点关注预期寿命延长这一因素，加快探索构建适合我国国情的与预期寿命相关联的自动调整机制，这不仅能实现长寿风险在代际之间的分摊，促进我国社会养老保险的长期财务可持续，同时也能减少阶段性调整面临的阻力和压力。但与此同时，由于自动调整机制的引入会使得养老金待遇随预期寿命的延长而自动降低，因此，为了防止老年人口陷入贫困，在构建自动调整机制的同时，还应尽快改革和完善我国的救助制度以及相关的一些配套措施。

---

[1] 这些国家普遍也实施了针对预期寿命延长冲击的改革，例如延迟退休、削减待遇、增加缴费等等，但由于这些参数并未与预期寿命变化自动挂钩，因此虽然减缓了预期寿命延长对公共养老保险的冲击，但长寿风险并未得到转移，政府仍然是风险的主要承担者。

[2] 郑秉文. 中国养老金发展报告 2014——向名义账户制转型［M］. 北京：经济管理出版社，2014：5.

第 7 章

我国社会养老保险应对长寿
风险的政策思路和对策建议

7.1　我国社会养老保险应对长寿风险的政策思路

7.1.1　总体思路

"不谋万世者,不足以谋一时;不谋全局者,不足以谋一域。"社会养老保险长寿风险是由于人口整体预期寿命延长而产生的一种系统性风险,因此,应对社会养老保险长寿风险的挑战和冲击,不能孤军奋战,单条腿走路,而需要一种系统性策略,需要政府、市场和个人发挥合力,多种应对策略和方案组合,多条腿走路。在长寿风险加剧的大背景下,我国社会养老保险防控长寿风险的制度改革优化必须要坚持从大局出发,从长远出发,从战略高度出发进行顶层战略设计,这样方能实现我国社会养老保险财务可持续。我国社会养老保险制度改革优化的宏观思路是:以新时代中国特色社会主义思想为指导,将增进民生福祉,保证国民"老有所养",实现社会公平正义为改革的根本目标,通过养老保险制度整合重组,构建城乡统筹的多层次、多主体、可持续的养老保险体系。第一,逐步横向整合现行并行的三项养老保险制度的基础养老金,建立不区分身份差异的统一普惠型国民年金制度作为养老保险体系的第一支柱。国民年金主要体现政府责任,资金筹集来源于税收或财政补贴,个人无须缴费,只要满足养老金领取资格每个公民都能领取等额的养老金待遇,为保证国民退休后维持基本的生活水平,养老金待遇大约为社会平均工资的30%~35%①。第二,逐步纵向整合和完善个人账户,在推进国民年金建设的同时,将城镇职工基本养老保险个人账户剥离,整合并入企业年金,将机关事业单位工作人员养老保险个人账户剥离,整合并入职业年金。企业年金和职业年金主要体现个人责任,以个人缴费为主,缴费与职工工资挂钩,强制参与,采用缴费确定型实账积累模式,实行市场化运作,政府给予税收优惠和政策扶持。与此同时,做大城乡居民养老保险个人账户规模,同样以个人缴费为主,采用完全积累制,实行市场化运作,但采取自愿参与原则,政府通过税收优惠和财政补贴激励城乡居民自愿参加。第三,通过多种激励政策引导鼓励金融机构积极参与养老保险体系建设,创新各种商业年金计划,养老金融产品,鼓励民众自愿参与或购买各种类型的个人储蓄养老保险计划,切实发挥市场的养老补充保障作用。经过横纵两次整合重组后,最终形成"基础+分项"的三层次社会养老保险体系(见表7-1)。

表7-1　　　整合重组后的三层次社会养老保险体系

层次	名称	目标群体	筹资模式	给付模式	参与
第一层次	国民年金	全体国民	现收现付制	DB型	自动
第二层次	企业年金	城乡就业人员	基金完全积累制	DC型	强制
	职业年金	机关事业单位职工	基金完全积累制	DC型	强制
	个人账户养老金	城乡居民,主要是非就业人员	基金完全积累制	DC型	自愿
第三层次	个人自愿储蓄养老保险	全体国民	—	—	自愿

7.1.2 基本目标与原则

社会养老保险应对长寿风险的基本目标,其一是减缓或化解长寿风险对社会养老保险的财务影响,提升社会养老保险制度的财务可持续性;其二是防止老人陷入贫困,保证其待遇充足。如何合理兼顾可负担性和充足性,实现均衡,这是一个复杂的系统性工程,涉及众多的利益关系,需要

① 林义. 中国多层次养老保险的制度创新与路径优化[J]. 社会保障评论, 2017 (3).

通盘考虑，长远规划。为此，提出了以下几条制度改革优化中应当遵循的基本原则。

1. 坚持公平与效率相结合的原则

公平和效率是一个对立统一体，在社会保险领域公平是调整和平衡各种关系的基本原则，效率则意味着竞争和激励。在应对长寿风险冲击时，社会养老保险制度改革优化过程必须将公平与效率相结合，其内含的核心问题是在多大范围内实现长寿风险的共担。主要体现在以下三个方面：其一，在纯粹的现收现付制模式下，如果人口预期寿命延长但保持原有制度参数不变，则长寿风险将由缴费者，也就是当前代工作人口共担。这意味着相同缴费率下，寿命延长一代将比当前代人获得更多的养老金财富，显然会导致代际不公。这也就是说，为了应对长寿风险冲击，不能以牺牲在职一代的合理权益为代价，每一代人都比前一代人生活得更长久，理当承担一部分预期寿命延长导致的额外财务负担，这部分额外负担可通过对养老金待遇和领取资格的调整，实现长寿风险在各代人口之间的转移共担。其二，在纯粹的基金完全积累制模式下，缴费和享受的待遇遵循严格的精算平衡，养老保险制度本身不会面临长寿风险的困扰，但如果预期寿命延长且没有外源性融资，则个人的养老金待遇会降低，长寿风险会施加到参保者个人身上，当养老金待遇低于某一标准时，个人将陷入贫困，这与政府举办公共养老保险的初衷相背离。因此，需要政府未雨绸缪，建立具有收入再分配性质的社会兜底网，提供政府担保或政府救助，例如通过建立基于家计调查的最低养老金保障制度，保证参保者能获得最低的老年收入保障，防止退休者因个人长寿风险陷入贫困，保证了一定程度的社会公平。其三，在面临长寿风险时，没有单一完美的养老保险财务机制，依靠任何单一的制度模式都不能完全解决社会养老保险的长寿风险问题，必须将公平和效率相结合，有效组合多种制度模式，协同发展，合力应对长寿风险。

2. 坚持精算平衡原则

精算平衡原则是保障任何保险制度可持续的前提和基础，也是社会养老保险应对长寿风险政策选择时应当遵循的重要原则，在该原则指导下选择的应对方案才具有针对性和可实施性。通过第 6 章的分析可知，在面临长寿风险冲击时，各国都采取了一些积极的应对措施，但没有一个放之四海而皆准的方案。什么样的措施或政策才能提升我国社会养老保险抗长寿风险的能力？回答这个问题，不能拍脑袋，摸着石头过河，必须建立在精算原则基础上。长寿风险的形成主要是决策者低估了未来人口的预期寿命，从而加重制度的财务负担。因此，在选择长寿风险应对策略前，关键就是要定期科学测算未来人口的死亡率变化趋势，并在此基础上，通盘考虑其他各项影响因素，通过政策模拟和敏感性分析，合理赋值制度内参数，精算测定不同政策选择对养老保险基金财务收支平衡的影响，在保证制度财务可持续和待遇充足的前提下为应对政策的选择提供精算依据。

3. 坚持政府与市场相结合的原则

传统的公共养老保险之所以在人口预期寿命延长时背负了沉重的支付压力，原因在于政府举办的公共养老保险是老年人口退休收入的唯一或主要来源，且政府提供的老年收入保障过于慷慨。在面对长寿风险冲击时，如果单一依靠政府承担预期寿命延长导致的额外成本，这将会加大政府财政支出压力，加压于国家经济社会的总体格局，进而对经济发展产生严重后果。因此，为了解决社会养老保险的长寿风险问题，不能也不应该完全由政府独自承担，而需要依靠政府和市场两方面共同发力，共同分担社会养老保险的长寿风险，其实质也就是需要不断改革和优化社会养老保险制度，实现老年收入来源的多渠道、多元化。首先，政府需不断完善基本养老保障制度，提供兜底和基本生活保障，防止老年人陷入贫困。其次，大力发展补充养老保险市场，鼓励企业为职工建立企业年金、职业年金；鼓励商业保险公司积极参与社会保险体系建设、积极创新养老保险产品，满足不同群体的长寿风险管理需求；鼓励个人积极为养老做储备，激发个人购买商业性年金养老保险产品的需求，让更多的主体参与到长寿风险分担机制建设中来，形成老年收入的多支柱、多层次来源，实现长寿风险在更多主体间的共担。最后，在资本市场上，积极探索长寿风险的创新性解决方案，例如长寿风险证券化、长寿风险期权等，切实提升资本市场转移长寿风险的能力，最终实现长寿风险在政府与市场更大范围内的分散与共担。

7.2　我国社会养老保险应对长寿风险的对策建议

根据前述章节分析可知，我国现行社会养老保险运行存在诸多制度因素制约，使得社会养老保险蕴含着巨大的长寿风险，威胁着制度的偿付能力和财务可持续。立足国情，借鉴国际经验，基于我国社会养老保险应对长寿风险的总体思路、基本目标和原则，防范化解我国社会养老保险长寿风险，需要一种系统性策略，应着力围绕以下对策和路径展开，发挥合力共同应对。

7.2.1 加快推进养老保险制度优化步伐，提升制度抗长寿风险能力

在长寿风险加剧的大背景下，政府可以通过不断改革和优化社会养老保险制度来降低长寿风险发生的概率和导致的损失，以此提升制度本身抗长寿风险的能力，这也是当前各国政府普遍采用的应对策略。根据前述分析，本书认为政府可以通过调整社会养老保险制度参数、改革个人账户制度设计、提升社会养老保险统筹层次三个方面来综合提升社会养老保险抗长寿风险的能力，预防或减缓长寿风险对社会养老保险财务可持续性的冲击。

1. 调整社会养老保险制度参数

人口预期寿命的提高，增加了公共养老金的成本，并给它们的融资带来了压力。在人口预期寿命延长的背景下，政府可根据变动的预期寿命情况调整制度参数，以此来减缓长寿风险的冲击。可供选择的政策工具主要包括以下几种①：一是降低最低受益年龄的月平均养老金待遇水平，以便减少预期寿命增加导致的养老金待遇既定支付的成本；二是自动地或周期性对预期寿命进行评估，适时提高养老金的受益年龄，以便缩短养老金待遇的领取时间；三是调整延迟退休情况下的养老金待遇增长；四是增加缴费，可以根据预期寿命增长所导致费用增加进行指数化。一般情况下，需要上述政策的一定组合才能取得较好的效果。就我国目前的养老保险制度状况而言，应对长寿风险可实施调整的制度参数主要包括：

（1）渐进提高法定退休年龄。国外实践经验表明，提高法定养老金领取年龄是公共养老保险应对长寿风险最为普遍和有效的一种控制对策。我国目前的法定退休年龄仍执行着 20 世纪 50 年代的退休制度，该退休制度已与当今我国老年人口的平均预期寿命、老年人口身体状况以及社会养老

---

① 尼古拉斯·巴尔和彼得·戴蒙德. 养老金改革：理论精要［M］. 郑秉文等译. 北京：中国劳动社会保障出版社，2013：83.

保险制度的经济承受力严重不匹配，同时，也与世界主要国家的全额养老金领取年龄存在较大差距。因此，通过提高养老金待遇领取年龄来应对我国社会养老保险长寿风险有很大的操作空间，第 5 章的实证分析也表明提高法定退休年龄对缓解长寿风险的冲击具有明显的效应。在实践中，养老金领取年龄的调整可采取两种方式：一种方式是周期性调整，政府相关部分定期评估人口预期寿命情况，当预期寿命达到既定变化时就可以推定为需要调整。另一种方式是自动调整，将养老金待遇领取年龄与人口预期寿命直接挂钩，实现养老金领取年龄随预期寿命变化自动调整，这种调整方式具有较强的透明度和政治吸引力。当采用自动调整时应坚持调整规则与出生日期有关、调整规则明晰和逐年进行调整三项原则。考虑到我国幅员辽阔，地区之间经济发展水平和公共卫生条件不均衡，各地区之间、不同收入阶层之间人口预期寿命情况存在很大差异，因此，本书认为通过周期性调节养老金领取年龄更适合我国国情，但需要事先立法明确有关调整实施细则，例如什么时候需要调以及如何调，以此增强民众的可预见性，以便减少周期性调整的阻力。与此同时，需要有专门的机构负责收集和处理人口死亡率数据，并定期评估人口预期寿命和养老保险基金财务可持续状况。在这方面可以借鉴英国的经验，成立专门的死亡率数据机构（例如英国的 CMIB），全面收集和系统管理死亡人口数据资料，研究死亡率预测方法，定期公布死亡率的历史数据和预测数据；设立政府专属精算部门（例如英国的 GAD），定期对政府举办的各种养老保险计划进行精算评估（通常每五年需做一次养老市场评估），发布精算报告，为政府调整养老金领取年龄提供咨询建议。

　　（2）增加缴费年限，夯实缴费基数。增加缴费是公共养老保险应对长寿风险的又一重要对策，可通过增加缴费基数、增加缴费年限和增加缴费率三条途径来实现。就我国目前的社会养老保险制度参数设计而言，进一步增加缴费率不具有可行性，而增加缴费年限和夯实缴费基数则具有很大实施或操作空间。这是因为：①我国目前的社会养老保险缴费率已处于相对较高水平，详见表 7-2。从表中可看出，2016 年 OECD 国家中公共养老保险缴费率高于我国的只有匈牙利、意大利、拉脱维亚和西班牙四个国家，分别为 30.8%、33%、34.1% 和 28.3%；捷克的缴费率与我国持平都为 28%；而老龄化程度较深、人口预期寿命较长的德国、法国、日本等国家公共养老保险缴费率均未达到 20%，远低于我国 28% 的缴费率，因此通过进一步提高缴费率来应对长寿风险不具有现实可行性。②我国养老金待遇领取资格为缴费满15年且达到退休年龄就可领取养老金，与OECD国家相比，我国15年的缴费年限远低于大多数OECD国家，前述研究分析指出大多数OECD国家领取全额养老金的缴费年限都要求达到30~40年，要求缴费最长的国家是比利时已达到45年，是我国法定缴费年限的3倍。因此，在渐进提高法定退休年龄的同时，建议提高最低缴费年限。③根据《国务院关于完善企业职工基本养老保险制度的决定》的规定，基本养老保险缴费基数为上年度在岗职工平均工资，但现实中为数不少的企业想方设法逃避足额缴费，致使缴费基数不实情况越来越严重。造成这种状况的主要原因除了征缴法律不健全，关键的原因是征缴机构不具有强制执行力且企业违法成本较低。鉴于目前的征缴情况，本书认为就缴费基数而言，中短期内应该重点关注的问题是如何加强征缴管理，夯实缴费基数。具体可以从三方面着手：一是加强部门间的沟通协作，提升联合执法检查力度，严格审核企业的征缴基数，特别是严格确定工资范围，将各种合法收入纳入工资基数，防止企业少报缴费基数；二是统一征缴机构，由税务机构负责统一征收，税务机构具有强制执行缴费的权利，所征收的缴费收入立即转交给养老金管理机构，这也是许多国家采用的运作方式；三是通过多种媒体宣传，提高单位和个人的社会保险意识，认真履行缴费义务。

表7-2　　　2016年部分OECD国家公共养老保险缴费率比较　　单位：%

国家	雇员	雇主	合计	国家	雇员	雇主	合计
澳大利亚	0.0	9.5	9.5	斯洛伐克	4.0	14.0	18.0
比利时	7.5	8.9	16.4	瑞典	7.0	11.4	18.4
加拿大	5.0	5.0	10.0	瑞士	4.2	4.2	8.4
丹麦	0.3	0.5	0.8	土耳其	9.0	11.0	20.0
芬兰	7.2	18.0	25.2	奥地利	10.3	12.6	22.9
法国	7.3	10.4	17.7	捷克	6.5	21.5	28.0
德国	9.4	9.4	18.8	爱沙尼亚	—	16.0	16.0
匈牙利	10.0	20.8	30.8	希腊	6.7	13.3	20.0
冰岛	0.0	7.4	7.4	爱尔兰	4.0	10.8	14.8
以色列	3.8	3.8	7.6	拉脱维亚	10.5	23.6	34.1
意大利	9.2	23.8	33.0	挪威	8.2	14.1	22.3

续表

国家	雇员	雇主	合计	国家	雇员	雇主	合计
日本	8.9	8.9	17.8	葡萄牙	6.4	13.8	20.2
韩国	4.5	4.5	9.0	斯洛文尼亚	15.5	8.9	24.4
卢森堡	8.0	8.0	16.0	西班牙	4.7	23.6	28.3
荷兰	4.9	0.0	4.9	英国	12.0	13.8	25.8
波兰	9.8	9.8	19.6	美国	6.2	6.2	12.4

资料来源：Pensions at a Glance 2017：OECD and G20 Indicators.

此外，虽然降低养老金待遇水平是国外公共养老保险应对长寿风险的重要对策，但我国目前养老保险体系发展的现状决定了通过降低基本养老金待遇水平来缓解长寿风险，短期来看是不具有可行性的，因为目前我国的养老保险体系还是一种单支柱的发展格局，基本养老保险待遇是大多数退休职工主要的、唯一的生活来源。在这种情况下，如果实施降低待遇措施不仅会遇到非常大的阻力，因为养老金待遇具有刚性特征，同时也不符合国家增进民生福祉，全面建设小康社会的目标。国际经验表明，实施降低养老金待遇水平应对长寿风险的国家往往都是三支柱或三层次养老保险体系发展比较完善的国家。考虑到我国实际的情况，当务之急是考虑如何完善顶层设计，撬动企业年金市场和个人储蓄养老保险市场的发展，切实推进多层次养老保险体系的构建，为未来基本养老保险待遇下调创造空间和可能。

2. 改革个人账户制度设计

理论上，个人账户制度由于遵循精算收支平衡原则，寿命的增长对制度财务可持续性没有影响，因为预期寿命的增加会降低福利水平，预期寿命指数会自动发生，因此个人账户余额向终身生存年金的转化能自动适应人口预期寿命的变化，也就是说个人账户制具有自动应对长寿风险的能力。但在我国并行的三项养老保险制度中引入的个人账户，由于设计缺陷，严重脱离了精算平衡原则，引入的个人账户不仅不具有这种自动应对能力，反而推高了社会养老保险蕴含的长寿风险。鉴于个人账户设计的缺陷，可以从以下两方面加以完善。一是改革现有年金除数（也就是通常所说计发月数）计算公式，实现了个人账户的封闭运行。我国现行的计发月数是基于第五次全国人口普查的新出生人口的预期寿命计算得到且十多年来一直保持不变，新出生人口预期寿命与退休人口剩余寿命是两个不同的概念，后者与养老金支出密切相关。因此，建议在年金除数计算公式中引入退休群组剩余寿命，且年金除数应该随着剩余寿命的变动而相应变动，这样才能保证个人账户的计发遵循精算原则，避免出现长寿者个人账户养老金挤占统筹账户养老金现象的发生。二是可借鉴瑞典的经验，改革个人账户计划下死亡人口养老金分配规则，取消个人账户基金的可继承性，将"削减人员"的账户合并后转移给予其同年龄组仍活着的参保人，这样就能实现个人账户长寿者与短寿者的基金互济。针对目前我国个人账户的完全基金积累制定位，贸然取消个人账户的可继承性将会遇到非常大的阻力，且会重挫参保者向个人账户供款的积极性，在此情形下可借鉴商业年金保险的做法，将个人账户养老金待遇的领取方式设定为最低保证年金形式①，在个人账户养老金计发月数中引入一个领取养老金待遇的最少年数，若参保者在规定的最少年数内死亡，个人账户基金可继承，反之则丧失继承权，个人账户剩余的基金将由同批仍然生存的参保者共享。

3. 完善社会养老保险管理体制，提升统筹层次和高度

完善我国社会养老保险管理体制，提升社会养老保险统筹层次②是我国社会养老保险应对长寿风险的重要对策。统筹范围的大少和统筹层次的高低与制度抗风险能力的强弱具有正向关系，社会养老保险统筹层次的提高，能扩大基金风险池，能在更大范围内实现长寿风险的对冲和分担，提升制度抗风险的能力。通过前述分析可知我国人口预期寿命具有明显的区域化特征，预期寿命最长的地区已达到了发达国家的水平，地区预期寿命的最大值和最小值在 2010 年仍相差 12.09 岁。从风险管理的角度来看，这种预期寿命的阶梯状分布存在着寿命对冲的较大空间，但当前我国养老保险基金地区分割统筹管理，基金规模效应低，不能实现横向调剂，导致了地区间养老金余缺并存的畸形局面，限制了长寿风险的对冲和互济。虽然 2018 政府出台了基本养老保险基金中央调剂金制度，迈出了全国统筹的第一步，在该调剂制度下可实现余缺调剂，均衡各地区、各省份之间的养老负担，但养老金中央调剂制度仅仅是养老保险全国统筹的一个过渡性政策，并不是真正意义上的全国统筹，只有真正实现全国预决算、全国统

---

① 最低保证年金是商业年金保险的一种类型，是为了防止被保险人过早死亡而丧失领取年金的权利而产生的年金形式。
② 统筹层次是指养老保险资金流的收入、支出、管理与核算的等级。

收统支，统一数据库等等，才能切实有效地应对长寿风险冲击。为了实现这一目标，需要明确如下实践路径①：（1）明确缴费基数的计算口径与缴费率，确保全国范围内采用统一标准；（2）在坚持统账结合的大格局下，将当前的统账混合转化为统账分离；（3）固化财政补贴责任，并在中央与地方之间实行合理分担；（4）剥离旧账，分别处置；（5）统一监管，垂直经办。

7.2.2　建立养老保险与预期寿命相联动的调整机制，增强制度自动回应长寿风险的能力

自动调整机制（Automatic Adjustment Mechanisms，AAMs）是一种确保养老金制度的某些特征以预先确定的方式、不需要额外的干预就能对人口、宏观经济和金融发展作出自动反应的规则②，它具有调整幅度小、调整可预见性和调整透明性等特性。由于人口预期寿命改善程度存在不确定性，为了有效应对长寿风险冲击，促进社会养老保险财务长期可持续，在社会养老保险制度中建立与人口预期寿命相关联的自动调整机制显得尤为重要。自动调整机制的引入意味着制度具有某种程度上的自动反应能力，适应经济和人口变化结果，特别是人口预期寿命变化。通过人口寿命变化与制度参数调整的相互制衡，能较好应对到达退休年龄时出现的预期寿命超预期延长的问题。社会养老保险制度中引入自动调整机制是 OECD 各国公共养老保险应对长寿风险呈现出的新趋势，至少有 12 个国家在公共养老保险改革中已引入了自动调整机制来应对长寿风险。怀特豪斯（White-house，2007）和 OECD（2011）研究都指出在公共养老保险制度中引入与预期寿命相关联的自动调整机制能改变长寿风险在退休参保人员和养老金提供者（通常是政府）之间的分布，实现长寿风险由政府向个人的转移。

根据各国实践，自动调整机制主要包括两种形式：其一是预期寿命指数化的调整机制，引入这种自动调整机制的国家比较多，其特点是将公共养老保险的重要制度参数与人口预期寿命直接挂钩，人口预期寿命因素的

① 郑功成. 从地区分割到全国统筹——中国职工基本养老保险制度深化改革的必由之路［J］. 中国人民大学学报，2015，29（3）.
② Arbatli. Elif C. and Feher, Csaba and Ree, Jack and Saito, Ikuo and Soto, Mauricio. Automatic Adjustment Mechanisms in Asian Pension Systems［R］. IMF Working Paper No. 16/242. 2016.

影响比较显性。具体又可通过三种方式实现：（1）养老金待遇水平预期寿命指数化，主要代表国家葡萄牙和芬兰。一般来说，采用这种指数化是为了确保对退休人员终生收入的期望现值，年度养老金待遇的减少抵消了预期寿命延长带来的对终身养老金福利的影响，从而增加了领取养老金待遇的年数。在这种情况下，当评估终身养老金财富时，预期寿命指数化并不会削减养老金福利，因为福利的减少可以通过个人延长工作时间来抵消，这也为退休者延长工作时间提供了动力。采用这种指数化调整方式能有效应对长寿风险冲击，美国国会预算办公室在2005年的预算中指出，如果将人口预期寿命与初始社会保障福利相挂钩，从2012年开始实施，将消除未来75年赤字的43%，并将破产日期延长7年。（2）待遇领取年龄预期寿命指数化，也就是将养老金待遇领取年龄与预期寿命相联系，当人口预期寿命延长时，适时调整养老金待遇领取年龄，采用这种指数化是为了确保退休者养老金领取年限相对固定，从而锁定政府未来养老金支出成本。主要实施国家包括意大利、希腊、荷兰以及丹麦。（3）缴费年限预期寿命指数化，也就是将领取全额养老金的供款年限与预期寿命相联系，当人口预期寿命延长时，适时调整养老金缴费年限，采用这种指数化是为了确保缴费年限与养老金领取期限之间的比例相对固定，从而实现养老金融资与给付的相对均衡，有效减缓预期寿命延长对养老金待遇水平下降的冲击，采用这种方式主要以法国（预计2020年开始调整）为典型代表。其二是与养老金偿付能力相挂钩的指数化调整机制，引入这种自动调整机制的国家相对较少，主要国家包括德国、瑞典、日本（详细分析见第6章相关内容）。上述两种形式都能自动应对人口预期寿命带来的挑战，有的国家单独选择其中一种方式，也有的国家将两种方式协调综合运用。

鉴于我国的实际情况，需要尽快建立与预期寿命相关联的社会养老保险自动调整机制，抵御长寿风险冲击，可考虑以下优化路径。

一是完善立法，以法律形式明确人口预期寿命或人口因素是基本养老保险待遇水平确定和调整的重要依据。《中华人民共和国社会保险法》从法律上规定根据职工平均工资增长和物价上涨情况适时提高基本养老金。从既有制度规定来看，基础养老金待遇调整只强调盯住价格指数和工资指数，忽略了人口预期寿命因素。从第4章的实证分析可知，在过去的二十多年里，人口预期寿命增长是我国养老金支出水平持续走高的重要影响因素。国外经验也表明，近二三十年来，相对于利率变化，人口寿命延长对养老金成本的影响更大更严重①，长寿风险已成为公共养老保险面临的重大风险。因此，应加快完善立法，在基本养老金待遇确定和调整机制中引入人口预期寿命改善因素，实现养老金随预期寿命自动调整，避免政府干预和提高公众预期。

二是加快推进多层次养老保险体系平衡发展，做大做强补充养老保险市场，为养老金自动调整机制的建立，合理有序降低养老金待遇水平营造良好的外部环境。

三是在推进多层次养老保险体系建设的同时，同步推进建立基本养老保险自动调整机制。虽然上述两种自动调整机制都能应对长寿风险，维持社会保险体系的偿付能力，但预期寿命指数化在解决未来的养老金融资问题上还有很长的路要走，它并不能完全解决这些问题，而与养老金制度偿付能力相挂钩的指数化调整机制包含了养老金福利与人口统计之间的自动联系，特别是预期寿命变化或劳动力规模，在应对长寿风险和高龄化的财政可持续性方面被认为是一个很有前途的途径②。

因此，本书建议在建立基本养老金自动调整机制时，优先考虑建立与养老保险偿付能力相挂钩的自动调整机制，在这方面可借鉴德国经验，建立一个综合考虑人口因素（包括人口预期寿命、生育率、人口迁移和劳动参与率等）与制度偿付能力相联系的自动调整机制，并事先设定触发变量，可以是事前触发、事后触发或两者兼具备，一旦满足触发事件就认定为应该进行的调整。

7.2.3 大力发展补充养老保险，减轻政府养老责任，实现长寿风险的合理转移和共担

社会养老保险长寿风险是聚合性长寿风险，具有不可分散特性，完全依赖政府难以实现有效应对，从国外实践经验来看，通过多层次养老保险体系协同发展，增强企业、保险公司等其他主体的养老保障责任，实现社会养老保险长寿风险承担主体多元化已成为各国政府应对社会养老保险长寿风险的一种共识和重要途径。目前我国基本养老保险一支独大、三层次发展严重失衡，急需大力发展第二支柱和第三支柱，通过平衡三支柱之间

①② Arbatli. Elif C. and Feher, Csaba and Ree, Jack and Saito, Ikuo and Soto, Mauricio. Automatic Adjustment Mechanisms in Asian Pension Systems [R]. IMF Working Paper. 2016. No. 16/242.

的关系逐步将政府承担的养老责任部分向个人和市场转移，以此实现社会养老保险长寿风险的转移和多层次、多主体共担，而在此过程中，如何成功撬动我国第二、三层次补充养老保险市场是决定着我国社会养老保险能否成功实现长寿风险转移和合理分担的关键点和着力点。

　　第一，破解企业年金发展瓶颈，进一步扩大企业年金参与率，实现企业年金由大型国有企业向广大中小型企业的延伸。企业举办各种类型的年金计划不仅能吸引和留住优秀人才，同时也能减轻政府公共养老金支出的压力，进而分散和转移了政府承担的长寿风险。虽然我国早在 20 世纪 90 年代初就开始探索建立企业年金制度，但经过 20 多年的探索发展，我国企业年金仍处于艰难发展的境地。在 2017 年底，全国有 8.04 万户企业建立了企业年金，不到全国企业法人单位的 10%；参保职工人数为 2331 万人，占全国就业人口的比例仅有 3%，占城镇基本养老保险参保职工的比例也只有 5.79%；企业年金基金累计结存 12880 亿元，仅占城镇职工基本养老保险基金累计结余规模的 29.35%[1]。从以上数据可看出，我国企业年金发展乏力，覆盖面较低，并未承担起企业在养老保险体系建设中被赋予的补充作用。而相比国外，在世界上建立养老保险制度的国家中，有 30% 以上国家的企业年金制度覆盖了约 1/3 的劳动人口，而甚至有些国家年金覆盖率几乎达到 100%，例如丹麦、法国等[2]。希望通过企业来转移和分散社会养老保险面临的长寿风险，必须从扩大企业年金参与率这个问题入手，需要采取多种措施，推出组合拳。（1）降低企业年金制度门槛。根据我国《企业年金试行办法》规定，企业建立年金计划需要满足三个基本条件[3]，但由于目前我国的企业主体具有私营企业和小微企业占比大、生命周期短、员工流动性强等特征，基本满足不了规定的三个条件，这使得大量中小企业被排斥在企业年金制度之外。（2）引入"自动加入"[4] 机制。自动加入机制具有半强制性特性，对企业年金扩面效果明显，例如，美国在《2006 年养老金保护方案》中以立法的形式确定了自动加入机制，使得新入职雇员的参与率从 2006 年之前的 60% 增加到 90%；英国在《2008 年的养老金法案》中也实施自动加入机制，企业年金参与率得到极

---

① 数据来源于《2017 年度人力资源和社会保障事业发展统计公报》，经作者整理计算得出。
② 柳发根. 我国企业年金覆盖面扩展问题研究文献综述 [J]. 改革与战略，2014，30（2）.
③ 三个基本条件是：依法参加基本养老保险并按时足额缴费；企业管理基础好，民主管理制度比较健全；企业经营相对稳定，经济状况良好。
④ "自动加入"是指雇员在入职时就被默认为自动加入了年金制度，如果打算退出，就需要专门提出申请并得到雇主的允许。

大提升，截至 2015 年 3 月，参加企业年金计划的雇员占比为 59.2%，其中有 26% 的雇员为法案实施后自动加入①。因此，当前应抓住阶段性降低社保费率的契机，引入自动加入机制，积极推进中小企业的年金计划发展。(3) 以区域或行业为单位，大力发展集合年金计划，形成行业年金和零售年金并行发展②，前者主要定位省（市、区）级层面，以行业为基础，依托行业协会建立；后者主要定位于县级及以下地区，以区域为单位，聚集相同性质的市场主体，建立集合型零售年金计划。(4) 打破单一信托模式的企业年金运行方式，允许团体年金保险合同模式的存在，给企业特别是中小企业更多建立年金计划的灵活性。(5) 适时引入合格默认投资工具和生命周期基金，完善企业年金税收优惠政策，最大限度地调动企业和个人参与年金计划的积极性，推动企业年金发展。

第二，注重发挥商业保险公司作用，拓展社会养老保险空间，增强其在长寿风险管理中的责任。多层次养老保险体系的建立以及多层次长寿风险分担机制的建立都离不开商业保险公司的参与，从国外经验可看出商业保险公司的作用已渗透到养老保险的各个层次，它不仅是企业年金和个人储蓄养老保险计划的主要提供者，同时它还是公共养老保险的辅助提供者③和积极参与者。保险公司本身就是经营风险的专门组织，具有管理风险的天然优势，是政府转移长寿风险的重要载体。其一，它可以通过提供多样化的补充养老保险业务满足不同风险偏好消费者的养老需求，减少民众退休后对基本养老保险的过度依赖。经验表明，公共养老金支出较高、政府承担较大长寿风险的国家，往往个人商业养老保险市场发展滞后，反之亦然。例如，在商业养老保险市场比较发达的美国，个人退休后的养老金收入大约有 42% 来源于第三支柱的商业养老保险计划。商业养老保险市场的高度发达能有效分散老年人的退休收入风险，减轻政府公共养老金支出压力，从而实现长寿风险从政府向商业养老保险公司的部分转移。其二，它可以通过参与社会养老保险市场化运作，实现政府长寿风险的转移。例如，智利、新加坡等国家，允许参保者退休后可以将个人账户积累的资金向商业保险公司购买年金产品，这样商业养老保险公司就取代了原来由政府承担参保者退休后生存年金的给付责任，从而也就将个人账户中

---

① 郑秉文.《中国养老金发展报告 2016——"第二支柱"年金制度全面深化改革》［M］. 北京：经济管理出版社，2016：5.
② 林义. 中国多层次养老保险的制度创新与路径优化［J］. 社会保障评论，2017，1 (3).
③ 在德国第一支柱的吕路普养老保险产品就是由商业保险公司提供且为唯一供给主体。

的长寿风险转移给了商业保险公司。长期以来，我国政府高度重视发挥商业养老保险在养老保障体系建设中的作用，在一些重要报告文件中提出"发挥商业养老保险制度的补充作用""把商业保险建成社会保障体系的重要支柱""保险成为政府、企业、居民风险管理和财富管理的基本手段，成为政府改进公共服务、加强社会管理的有效工具"等重要论述，为商业保险公司参与管理社会养老保险长寿风险提供了良好的政策环境，并规划了一个宏伟蓝图。为了实现社会养老保险长寿风险合理向商业保险转移这一目标，可着力围绕如下路径展开：（1）突破体制机制的障碍，不断完善和优化政策环境，完善促进商业保险参与加快发展企业年金和职业年金计划的具体措施。（2）转变和拓宽补充养老保险的发展思路，合理制定激励措施，鼓励商业保险积极参与个人养老储蓄保险计划。（3）积极探索政府购买养老服务新方式，发挥商业养老保险公司专业化优势。可考虑允许参保者退休后将个人账户基金购买商业保险年金产品，让商业机构承担部分预期寿命变化的风险，或者由政府和商业保险公司两者共同提供年金产品，让退休者有更多的选择机会。

第三，完善个人税收递延型商业养老保险试点方案，以此为契机，逐步建立覆盖全体城乡居民的具有补贴性的个人储蓄养老保险计划。《关于开展个人税收递延型商业养老保险试点的通知》规定从 2018 年 5 月 1 日起在上海市、苏州工业园区和福建省（含厦门市）实施个人税收递延型商业养老保险（以下简称"税延险"）试点工作[1]，这表明我国在推动补充养老保险市场上又迈出了新的关键一步。为了撬动"税延险"市场，进一步做大做强个人储蓄养老保险，当务之急是在试点基础上进一步扩大实施范围，允许更多的商业保险机构参与进来，拓宽参保渠道，允许个人直接向保险公司购买"税延险"[2]，增强其客户投保的便捷性和自主性。此外，建议在试点基础上进一步完善"税延险"试点方案。首先，扩大目标群体覆盖范围。目前试点方案中"税延险"的目标群体仅限于税收政策的纳税人，并不包括农业从业者，并且对于大量的农民工群体而言也是游离在目标群体边缘。其次，针对我国城乡居民收入分配差距悬殊的局面，建议在税收优惠基础上增加财政直接补贴激励方式，广泛调动中低收入者参保的

---

① 凡是在试点地区纳税的纳税人都可自愿办理个人税收递延型商业养老保险，保险费享有税收优惠，参保人当月收入的6%可享受税前列支，但最高减免金额为1000元，退休待遇领取时按7.5%的比例纳税。

② 在首批获得经营资格的保险机构主要采取的是与企业合作方式为个人提供产品服务。

积极性。在具体设计财政补贴额度时，可考虑我国传统文化中的家庭元素，从家庭这一基本单位出发，补贴金额与家庭规模相关联。最后，逐步扩大产品供给主体，实现产品供给主体多元化。目前试点方案中仅允许由保险公司提供产品，但由于我国保险行业过去的口碑声誉导致部分民众对商业保险公司还持有偏见或质疑，因此在未来应逐步放松产品供给主体，允许银行、基金公司等金融机构参与进来，满足民众的不同偏好与多样化需求。

7.2.4　探索建立社会养老保险精算管理系统，实现对长寿风险的精算管理

　　精算管理是风险管理的重要手段，国际上社会保险制度比较完善的国家大都不同程度的建立了相应的精算制度，例如美国、日本等国家在社会保障署设有专门的精算机构，负责定期评估社会保障的财务状况；英国、澳大利亚等国家设立有独立于政府部门的政府精算署，负责对社会保险项目提供精算评估；还有些国家则是指定专门的研究机构定期提供社会保险精算评估结果。社会保险精算管理系统的建立强有力地保障了社会保险的财务稳健和安全，成为了其长期可持续发展的根本保证和基石。我国社会养老保险制度建立及历次改革过程，虽然在试点方案和正式方案落地之前，相关部门会进行相应的调查研究，但总体来看，缺乏对制度财务可持续的深入论证[①]，实际工作中并未实施社会保险精算管理，也未定期发布精算报告。近年来，政府出台的一些决定、纲要和报告中多次提及在社会保险中坚持精算平衡原则，这表明政府已逐渐开始意识到社会保险精算管理的重要性，但无论是理论上还是实际工作中都没有建立起社会保险精算管理系统，对养老保险制度可能存在的潜伏风险危机（包括长寿风险）缺乏认识、综合评估以及动态监测。因此，应尽快探索建立社会养老保险精算管理系统，实现对社会养老保险长寿风险的精算管理，促进养老保险财务可持续发展。首先，法律先行，完善相关法律法规，从制度上保证社会养老保险精算管理的开展与实施。我国现行的《中华人民共和国社会保险法》缺乏对社会保险精算管理方面的相关规定，因此应加快完善有关法律法规，明确精算人才培养、精算标准、精算数据基础、精算报告制度等方面的具体要求，为社会保险精算管理系统的建立提供法律支撑。其次，加

---

①　王晓军. 社会保险精算管理——理论、模型与应用［M］. 北京：科学出版社，2011：3.

强人口基础数据库的建设。有效评估长寿风险的先决条件是能准确评估出未来死亡率的发展趋势，这必须建立在完善的人口基础数据库之上。目前，有关我国人口的基础数据特别是人口死亡状况数据严重缺乏，表现为数据期限较短且不连续、质量不高，划分标准较单一，仅从城市、镇和农村加以区分，缺乏口径较小的人口基础数据，这严重制约了对长寿风险的度量与评估。针对这种现状，急需建立人口基础数据库，完善人口死亡数据的收集、处理和公布办法，在这方面可借鉴英国经验，专门成立死亡率数据机构或部门。最后，需进一步加大精算人才培养力度。精算师是进行社会保险精算管理工作的人才基础，国外经验表明，公共养老保险计划的稳定可持续发展需要精算技术的保驾护航，社会养老保险防范化解长寿风险需要精算提供重要技术支撑。但由于我国精算教育起步比较晚，精算技术水平不高、精算专业人才供给严重不足，还主要供职于商业保险公司。截至 2018 年 4 月底，我国共有 1104 名精算师，保险行业精算人员缺口达到 5141 人①。未来应大力推进精算学的发展，加大精算专业人才培养，支持精算学的研究，壮大我国精算人才队伍并切实提高我国精算技术水平。

7.2.5　强化养老保险基金投资运营管理，助力养老保险制度抵御长寿风险

养老保险基金投资收益是仅次于保费征缴收入的第二大收入来源渠道，良好的基金投资运营状况能为养老保险制度财务可持续提供助力和支持，同时也是社会养老保险应对长寿风险的重要途径。养老保险基金运作良好，基金投资回报率高，制度的造血功能就越强，则制度抵御长寿风险的能力也越强，反之亦然。目前我国并行的三项社会养老保险制度，都采取了部分基金积累模式，这决定了我国社会养老保险会有大量的累积基金结余，如果累积基金营运得好，不仅可以充实和补足养老金隐性债务和基金收支缺口，同时也有助于社会养老保险制度抵御长寿风险冲击②。尽管

---

① 康民. SOA 第三届中国年会：三方面应对保险精算人员缺口挑战 [N]. 中国保险报，2018 – 05 – 31.

② 虽然前述的测算表明提高资金投资回报率并未实质缓解城镇职工基本养老保险面临的长寿风险，但这是由于历史原因，城镇职工个人账户长期空账运行，该制度项下没有太多的积累资金可供运用，但随着城乡居民养老保险和机关事业单位养老保险的长期深入发展，个人账户积累的基金将会越来越庞大，在此前提下，投资回报率的提高，增加了制度的融资能力，必然会有助于缓解长寿风险的冲击。

前述分析表明提高养老保险基金投资收益率对解决长寿风险导致的基金收支缺口帮助不大，主要原因是由于在现行制度情形下，我国养老保险基金一直保持赤字增长，无积累的基金可用，但随着我国城乡居民养老保险扩面工作的推进以及《划转部分国有资本充实社保基金实施方案》的实施，未来将会有上万亿的资金注入社保基金，社保基金投资总量将会迅速扩容。在长寿风险加剧的背景下，应抓住机遇，充分利用养老保险基金筹集发放时间差，投资运营好社会保险基金，进一步做大储备基金蛋糕，充分实现其保值增值，切实增强制度抵御长寿风险的能力。针对目前我国社会保险基金投资管理体制不畅、基金保值增值能力较弱等投资运营现状，首先，需要进一步健全完善资本市场，优化市场结构，培育和发展专业投资机构，创新各种金融产品，完善交易机制，最终形成多层次、全覆盖、高效率的市场体系，为养老保险基金投资创造良好的市场基础；其次，完善养老保险基金管理运营制度，实施精细化管理，提高内部管理水平；最后，加速推进地方养老基金受托社会保障基金理事会管理工作，积极推进养老保险基金市场化运营，进一步拓宽养老保险基金投资渠道和范围，审慎推进境外投资，加强研究，合理制度和执行战略资产配置计划，实现基金的长效保值增值。

7.2.6　探索建立国有资本充实社保基金的长效机制，增强养老保险制度的风险储备能力

国有资本充实社保基金拓宽了社保基金的筹资渠道，增强了社会养老保险制度的融资能力和风险储备能力。通过增大社会养老保险基金池，有利于弥补长寿风险导致的养老金支出缺口，增强社会养老保险的财务可持续。通过划拨国有资产充实社保基金这也是国际上比较通行的做法，例如挪威的石油基金，其收益根据固定的公式注入社保体系中。我国关于划拨国有资产充实社保基金的讨论从 20 世纪 90 年代就已开始。2001 年《国务院关于印发减持国有股筹集社会保障资金管理暂行办法的通知》开启了国有资产充实社保基金的实践，但在实施过程中屡遭暂停①，真正划拨进社保基金的资金规模也微不足道。2017 年 11 月出台的《国务院关于印发划转部分国有资本充实社保基金实施方案的通知》中明确将中央和地方国有

---

① 原因是在国有股减持过程中对证券市场造成了重大的冲击。

及国有控股大中型企业、金融机构纳入划转范围，以期通过此举扩大社保基金筹资渠道，进一步壮大全国社保基金规模，提升应对风险的融资能力。然而在实施方案中也明确指出"结合基本养老保险制度改革及可持续发展要求，若需进一步划转，再作研究"，这表明当前的国有资本充实社保基金在实践中还处在摸索阶段。为此，需要在试点基础上逐步探索建立国有资本充实社保基金的长效机制，切实为社会养老保险应对人口高龄化和长寿风险冲击提供制度保障。首先，可考虑进一步扩展国有资本充实社保基金的受益群体范围，建议将划拨的国有资本直接充实社会保障基金，有利于更好发挥社会保障基金的保护屏障作用。按照目前方案规定，划拨国有资本的基本目标是弥补因实施视同缴费年限政策形成的基金缺口，这表明目前划拨国有资本的享受群体仅针对企业职工基本养老保险一项，而把另外两项基本养老保险排除在了制度之外，从长远来看，这显然有失公平，也不利于全体国民共享经济发展成果。其次，加快建立专门的机构统一负责运营划拨的国有资本。根据目前方案规定，中央企业划拨的国有股权与地方企业划拨的国有股权分属不同的机构负责运营管理，这就会导致划拨的国有资本在投资运营上出现极大的差异。这种差异一方面表现为基金的投资回报率，这可从历年我国养老保险基金投资回报与社会保障基金投资回报的差异比较中就可窥见一斑，我国社会保障基金自成立以来年均投资收益率达到了 8.37%，而养老保险基金的年均投资收益率却不到 2%，若划拨的国有资本不能很好实现保值增值，那划拨的初衷意义也就难以实现；另一方面各省的国有企业数量、国有企业盈利能力以及国有资产的存量股权也存在差异，这将会导致划拨的国有资本基数在各省份之间存在较大差异，加之各省份经济发展状况、基金投资运营能力参差不齐，分割的投资运营管理必然会有碍于划拨国有资本充实社保基金整体功能的发挥，因此建议尽快由国家成立专门的机构统一负责管理运营划拨的国有资本。

7.2.7　实行积极的老年政策，鼓励老年人口就业

实施积极老年政策，鼓励和支持老年人口继续就业，这不仅能缓解人口高龄化背景下的劳动力短缺现象，提高劳动参与率，也能增加养老保险基金来源并相对减轻公共养老保险支出负担，对缓解公共养老保险长寿风险具有重要作用，这也是 OECD 大多数国家未来发展的方向和趋势。我国

城镇老年人口就业率比较低，根据 2010 年人口普查资料数据显示，镇的 60 岁及以上老年人口就业率为 22.3%，而城市仅为 6.7%，远低于镇老年人口就业水平。据有关调查数据显示，我国城市老年人口就业意愿大于实际就业的比例，这意味着如果有合适的就业机会和条件，老年人实际就业的比例会显著增加①。因此，政府应创造宽松的政策环境，完善老年人再就业权利保障政策，可考虑建立老年人就业指导中心，负责开展（准）老年人的再就业技能培训，为老年人提供就业指导；成立老年人志愿者组织，为老年人提供适当的有酬工作机会；大力发展老龄化产业，增加老年人的就业岗位；加大宣传，提高社会对老年人再就业的认可度；松绑退休与养老金领取之间的一一对应关系，建立基于老年人工资收入调查的部分养老金领取机制，激发老年人再就业积极性。

---

① 李梅花. 日本、韩国人口老龄化与老年人就业政策研究 [D]. 长春：吉林大学，2014：140.

参 考 文 献

（一）中文部分

[1] 艾蔚．基于金融衍生工具视角的长寿风险管理 [J]．保险研究，2011 (3)．

[2] 艾慧，张阳，杨长昱，吴延东．中国养老保险统筹账户的财务可持续性研究——基于开放系统的测算 [J]．财经研究，2012 (2)．

[3] 毕小龙．中国社会养老保险制度——经济转型、人口老龄化与社会养老保险 [M]．广州：暨南大学出版社，2009．

[4] 陈秉正，祝伟．长寿风险管理研究综述 [A]．北大赛瑟论坛文集·2008 [C]．北京大学中国保险与社会保障研究中心，2008．

[5] 程永宏．现收现付制与人口老龄化关系定量分析 [J]．经济研究，2005 (3)．

[6] 董克用，王燕．养老保险 [M]．北京：中国人民大学出版社，2000．

[7] 段白鸽．动态死亡率建模与长寿风险量化研究评述 [J]．保险研究，2015 (4)．

[8] 段白鸽，陆婧文．长寿风险对保险公司年金产品定价的影响——基于区块 Bootstrap 方法的实证分析 [J]．山西财经大学学报，2015 (8)．

[9] 杜鹃．长寿风险与年金保险研究 [J]．金融发展研究，2008 (6)．

[10] 范叙春，朱保华．预期寿命增长、年龄结构改变与我国国民储蓄率 [J]．人口研究，2012 (4)．

[11] 付秀峰．职工基本养老保险基金长寿风险研究 [D]．杭州：浙江大学，2015．

[12] 封进，张馨月，张涛．经济全球化是否会导致社会保险水平的下降：基于中国省际差异的分析 [J]．世界经济，2010 (11)．

[13] 高全胜，伍旭，王赛．人口寿命指数：指数构造及其长寿风险管理应用流程 [J]．保险研究，2011 (12)．

[14] 高全胜. 长寿风险的稳健对冲与稳健管理技术研究进展 [J]. 保险研究, 2015 (12).

[15] 郭金龙, 周小燕, 陆明涛. 长寿风险及其管理的理论和实证分析 [M]. 北京: 经济管理出版社, 2017.

[16] 郭金龙, 周小燕. 长寿风险及管理研究综述 [J]. 金融评论, 2013 (2).

[17] 郭灵凤. 瑞典公共养老金模式的嬗变: 结构改革与参数因素 [J]. 欧洲研究, 2017 (5).

[18] 耿靖. 养老金业务全面风险管理 [J]. 保险研究, 2009 (9).

[19] 胡仕强, 许谨良. 长寿风险、养老金体制与资本积累 [J]. 财经研究, 2011 (8).

[20] 胡仕强. 长寿风险、投资组合与退休决策 [J]. 财经论丛, 2013 (1).

[21] 胡仕强. 死亡率免疫理论及其在长寿风险对冲中的应用 [J]. 财经论丛, 2014 (10).

[22] 胡仕强. 长寿风险的影响及其应对策略研究 [M]. 杭州: 浙江大学出版社, 2016.

[23] 胡秋明. 可持续养老金制度改革的理论与政策研究 [D]. 西南财经大学, 2009.

[24] 胡英. 中国分城镇乡村人口平均预期寿命探析 [J]. 人口与发展, 2010 (2).

[25] 韩猛, 王晓军. Lee – Carter 模型在中国城市人口死亡率预测中的应用与改进 [J]. 保险研究, 2010 (10).

[26] 韩猛, 王晓军. 个人年金产品中蕴含的长寿风险研究 [J]. 保险研究, 2013 (6).

[27] 韩猛, 王晓军. 长寿风险对未来年金净保费的影响 [J]. 数理统计与管理, 2014 (6).

[28] 黄顺林, 王晓军. 基于 VaR 方法的长寿风险自然对冲模型 [J]. 统计与信息论坛, 2011 (2).

[29] 金博轶. 动态死亡率建模与年金产品长寿风险的度量——基于有限数据条件下的贝叶斯方法 [J]. 数量经济技术经济研究, 2012 (12).

[30] 金博轶. 我国人口死亡率建模与养老金个人账户的长寿风险分析 [J]. 统计与决策, 2013 (23).

［31］金博轶．随机利率条件下保险公司长寿风险自然对冲策略研究［J］．保险研究，2013（5）．

［32］金博轶．长寿风险、弹性退休计划与养老金收支平衡［J］．经济与管理评论，2013（4）．

［33］金刚，柳清瑞，张秋秋．分段预期寿命对国民储蓄率的影响效应［J］．中国人口科学，2015（3）．

［34］景鹏．城镇企业职工基本养老保险统筹账户缴费率动态调整研究［M］．成都：西南财经大学出版社，2017．

［35］姜向群．人口老龄化对退休金负担影响的量化研究［J］．人口研究，2006（2）．

［36］康民．SOA第三届中国年会：三方面应对保险精算人员缺口挑战［N］．中国保险报，2018－05－31．

［37］林义．社会保险制度分析引论［M］．成都：西南财经大学，1997．

［38］林义．养老保险改革的理论与政策［M］．成都：西南财经大学，1995．

［39］林义．论多层次社会保障模式［J］．中国保险干部管理学院学报，1994（1）．

［40］林义．制度分析及其方法论意义［J］．经济学家，2001（4）．

［41］林义，邱添．国外养老待遇调整谁说了算［J］．中国社会保障，2011（7）．

［42］林义，林熙．人口老龄化与养老保险制度可持续发展需要重视的问题［J］．老龄科学研究，2015（3）．

［43］林义．社会保险（第四版）［M］．北京：中国金融出版社，2016．

［44］林义，周娅娜．德国里斯特养老保险计划及其对我国的启示［J］．社会保障研究，2016（6）．

［45］林义．中国多层次养老保险的制度创新与路径优化［J］．社会保障评论，2017（3）．

［46］罗淳．从人口老龄化到高龄化：基于人口学视角的一项探索性研究［M］．北京：中国社会科学出版社，2001．

［47］罗伯特·霍尔茨曼等．名义账户制的理论与实践——社会保障改革新思想［M］．郑秉文等译．北京：中国劳动社会保障出版社，2009．

[48] 刘安泽，张东，刘兵. 研究长寿风险管理的一个新思路 [J]. 山东商业职业技术学院学报，2007（2）.

[49] 刘贵平. 人口年龄结构对养老保险的影响 [J]. 人口与经济，1996（5）.

[50] 刘贵平. 养老保险的人口学研究 [M]. 北京：中国人口出版社，1999.

[51] 刘学良. 中国养老保险的收支缺口和可持续性研究 [J]. 中国工业经济，2014（9）.

[52] 刘生龙，胡鞍钢，郎晓娟. 预期寿命与中国家庭储蓄 [J]. 经济研究，2012（8）.

[53] 柳清瑞. 基于人口老龄化的日本养老金调整机制分析 [J]. 东北亚论坛，2005（4）.

[54] 柳发根. 我国企业年金覆盖面扩展问题研究文献综述 [J]. 改革与战略，2014（2）.

[55] 李志生，吕勇斌，刘恒甲. 长寿风险的识别与量化研究：来自中国的数据 [J]. 统计与决策，2011（16）.

[56] 李志生，刘恒甲. Lee - Carter 死亡率模型的估计与应用 [J]. 中国人口科学，2010（3）.

[57] 李佳. 长寿风险对教育和退休决策的影响 [J]. 统计研究，2015（2）.

[58] 李绍泰. 人口老龄化下合理养老金支出研究 [J]. 人口与经济，2013（5）.

[59] 李雪艳. 瑞士再：善用年金可化解长寿风险 [N]. 中国保险报，2007 - 04 - 02（004）.

[60] 李珍. 社会保障理 [M]. 北京：中国劳动社会保障出版社，2001.

[61] 李珍. 中国社会养老保险基金管理体制选择——以国际比较为基础 [M]. 北京：人民出版社，2005.

[62] 李旭东. 贵州人口老龄化，经济增长对养老保险支出影响实证研究 [J]. 西北人口，2010（6）.

[63] 李浏清. 养老金全国统筹：央地分责尤为关键——访全国人大常委会委员、中国社会保障学会会长、中国人民大学教授郑功成 [J]. 中国人力资源社会保障，2018（3）.

［64］李永胜．人口统计学［M］．成都：西南财经大学出版社，2003.

［65］李梅花．日本、韩国人口老龄化与老年人就业政策研究［D］．长春：吉林大学，2014.

［66］林毓铭．养老保险与医疗保险多支柱体系建设——应对人口老龄化危机的长远之策与应急之策［M］．北京：知识产权出版社，2010.

［67］卢仿先，尹莎．Lee - Carter 方法在预测中国人口死亡率中的应用［J］．保险职业学院学报，2005（6）．

［68］［美］劳伦斯·汤普森．老而弥智：养老保险经济学［M］．孙树菌等译．北京：中国劳动社会保障出版社，2003.

［69］尼古拉斯·巴尔．养老金改革的真实情况［J］．金融与发展，2009（9）．

［70］尼古拉斯·巴尔，彼得·戴蒙德．养老金改革：理论精要［M］．郑秉文等译．北京：中国劳动社会保障出版社，2013.

［71］潘纪一，朱宏国．世界人口通论［M］．北京：中国人口出版社，1991.

［72］权彤．战后日本养老社会保障制度变迁研究［M］．北京：人民出版社，2017.

［73］秦桂霞，王永茂，张建业．关于长寿风险证券化的思考［J］．统计与决策，2008（14）．

［74］乔治·E. 瑞达，迈克尔·J. 麦克纳马拉．风险管理与保险原理（第十二版）［M］．刘春江译．北京：中国人民大学出版社，2015.

［75］瑞士再保险公司．年金：长寿风险的私营解决方案［J］．sigma，2007（3）．

［76］尚勤，秦学志．随机死亡率和利率下退休年金的长寿风险分析［J］．系统工程，2009（11）．

［77］孙祁祥．保险学（第四版）［M］．北京：北京大学出版社，2009.

［78］孙蓉，兰虹．保险学原理．成都：西南财经大学出版社，2006.

［79］苏宗敏，王中昭．人口老龄化背景下中国基本养老保险支出水平的探析［J］．宏观经济研究，2015（7）．

［80］谭召辉，崔玉杰．模糊环境下考虑长寿风险的投资组合优化模型［J］．统计与决策，2010（1）．

［81］田梦，邓颖璐．我国随机死亡率的长寿风险建模和衍生品定价

[J]. 保险研究，2013（1）.

[82] 田玥. 养老保险个人账户的长寿风险问题研究 [D]. 天津：南开大学，2009.

[83] 唐青. 全覆盖背景下养老保险可持续发展研究——以财务可持续发展为主线 [M]. 成都：西南财经大学出版社，2017.

[84] 王晓军，黄顺林. 中国人口死亡率随机预测模型的比较与选择 [J]. 人口与经济，2011（1）.

[85] 王晓军，任文东. 有限数据下 Lee - Carter 模型在人口死亡率预测中的应用 [J]. 统计研究，2012（6）.

[86] 王晓军. 社会保险精算管理——理论、模型与应用 [M]. 北京：科学出版社，2011.

[87] 王晓军，赵明. 寿命延长与延迟退休：国际比较与我国实证 [J]. 数量经济技术研究，2015（3）.

[88] 王晓军，姜增明. 长寿风险对城镇职工养老保险的冲击效应研究 [J]. 统计研究，2016（5）.

[89] 王志刚，王晓军，张学斌. 我国个人年金长寿风险的资本要求度量 [J]. 保险研究，2014（3）.

[90] 王鉴岗. 养老保险收支平衡及其影响因素分析 [J]. 人口学刊，2000（2）.

[91] 王云波. 长寿风险及其管理 [N]. 中国保险报，2011 - 09 - 08（002）.

[92] 王海东. 基本养老保险制度研究——以保障水平为视角 [M]. 北京：中国人事出版社，2014.

[93] 王新梅. 瑞典记账制养老金的给付与自动调节 [J]. 社会保障研究，2018（1）.

[94] 吴忠观. 人口科学辞典 [M]. 成都：西南财经大学出版社，1997.

[95] 吴忠观等. 人口学（修订本）[M]. 重庆：重庆大学出版社，2005.

[96] 吴连霞. 中国养老保险制度变迁机制研究 [M]. 北京：中国社会科学出版社，2012.

[97] 吴晓坤，王晓军. 中国人口死亡率 Lee - Carter 模型的再抽样估计、预测与应用 [J]. 中国人口科学，2014（4）.

[98] 邬沧萍，姜向群. 老年学概论（第2版）[M]. 北京：中国人民大学出版社，2011.

[99] 邬沧萍. 世界人口 [M]. 北京：中国人民大学出版社，1983.

[100] 魏华林，宋平凡. 随机利率下的长寿风险自然对冲研究 [J]. 保险研究，2014（3）.

[101] 温勇等. 人口统计学 [M]. 南京：东南大学出版社，2006.

[102] 谢世清. 长寿风险的创新解决方案 [J]. 保险研究，2011（4）.

[103] 谢世清. 长寿风险证券化的理论研究动态 [J]. 保险研究，2014（3）.

[104] 谢世清，郏雨薇. 极端死亡率风险与长寿风险证券化的比较研究 [J]. 中央财经大学学报，2015（1）.

[105] 谢志刚，周晶. 重新认识风险这个概念 [J]. 保险研究，2013（2）.

[106] 薛新东. 我国养老保险支出水平的影响因素研究——基于2005~2009年省级面板数据的实证分析 [J]. 财政研究，2012（6）.

[107] 薛惠元. 新型农村社会养老保险风险管理研究 [M]. 北京：中国社会科学出版社，2013.

[108] 余伟强. 长寿风险的证券化探索 [J]. 复旦学报（自然科学版），2006（5）.

[109] 杨再贵. 公共养老金的OLG模型分析：原理和应用 [M]. 北京：光明日报出版社，2010.

[110] 杨一心，何文炯. 养老保险缴费年限增加能够有效改善基金状况吗？——基于现行制度的代际赡养和同代自养之精算分析 [J]. 人口研究，2016（3）.

[111] 养老保险制度改革与发展研究课题组. 养老保险制度改革与发展研究 [M]. 北京：华龄出版社，2014.

[112] 袁志刚等. 养老保险经济学：解读中国面临的挑战 [M]. 北京：中信出版社，2016.

[113] 曾燕，郭延峰，张玲. 基于长寿风险与OLG模型的延迟退休决策 [J]. 金融经济学研究，2013（4）.

[114] 曾燕，陈曦，邓颖璐. 创新的动态人口死亡率预测及其应用 [J]. 系统工程理论与实践，2016（7）.

[115] 曾燕，曾庆邹，康志林. 基于价格调整的长寿风险自然对冲策

略 [J]. 中国管理科学, 2015 (12).

[116] 曾忠东. 保险企业全面风险管理研究 [D]. 成都: 四川大学, 2006.

[117] 祝伟, 陈秉正. 中国城市人口死亡率的预测 [J]. 数理统计与管理, 2009 (4).

[118] 祝伟, 陈秉正. 个人年金产品蕴含的长寿风险分析——生命表修订的启示 [J]. 保险研究, 2008 (3).

[119] 祝伟, 陈秉正. 动态死亡率下个人年金的长寿风险分析 [J]. 保险研究, 2012 (2).

[120] 赵明, 王晓军. 保险公司长寿风险度量 [J]. 统计研究, 2015 (12).

[121] 赵怡, 司文晴. 职工工资、养老金替代率与养老保险基金支出——基于因素分析法的分解分析 [J]. 社会保障研究, 2015 (2).

[122] 张勇. 死亡率、生命周期消费与个人账户养老金 [J]. 数量经济技术经济研究, 2014 (4).

[123] 张山山, 刘锦桃. 中国各地区人口预期寿命及地理分布分析 [J]. 西北人口, 2014 (4).

[124] 张兴. 提高法定退休年龄政策国际比较 [J]. 中国劳动, 2013 (5).

[125] 张琴, 陈柳钦. 风险管理理论沿袭和最新研究趋势综述 [J]. 金融理论与实践, 2008 (10).

[126] 张伊丽. 人口老龄化背景下日本公共养老金制度的经济学分析 [D]. 华东师范大学, 2013.

[127] 郑功成. 中国社会保障制度变迁与评估 [M]. 北京: 中国人民大学出版社, 2002.

[128] 郑功成. 中国社会保障改革与发展战略——理念、目标与行动方案 [M]. 北京: 人民出版社, 2008.

[129] 郑功成. 中国社会保障改革与发展战略 (养老保险卷) [M]. 北京: 人民出版社, 2011.

[130] 郑功成. 从地区分割到全国统筹——中国职工基本养老保险制度深化改革的必由之路 [J]. 中国人民大学学报, 2015 (3).

[131] 郑秉文. 养老保险"名义账户"制的制度渊源与理论基础 [J]. 经济研究, 2003 (4).

[132] 郑秉文. 中国养老保险发展报告 2012 ［M］. 北京：经济管理出版社，2012.

[133] 郑秉文. 中国养老金发展报告 2015——"第三支柱"商业养老保险顶层设计 ［M］. 北京：经济管理出版社，2016.

[134] 郑秉文. 中国养老金发展报告 2014——向名义账户制转型 ［M］. 北京：经济管理出版社，2014.

[135] 郑秉文. 中国养老金发展报告 2016——"第二支柱"年金制度全面深化改革 ［M］. 北京：经济管理出版社，2016.

[136] 周志凯. 养老金个人账户制度研究 ［M］. 北京：人民出版社，2009.

[137] 周志凯. 试论养老保险制度可持续发展的条件 ［J］. 经济体制改革，2005 (6).

[138] 周娅娜，林义，景鹏. 城镇职工基本养老金调整方案设计与检验 ［J］. 保险研究，2017 (9).

[139] 周娅娜，林义. 预期寿命对中国养老保险支出的影响效应——基于省级面板数据的实证分析 ［J］. 财经理论与实践，2018 (5).

（二）英文部分

[140] Antolin, P. Longevity Risk and Private Pensions ［R］. OECD Working Papers on Insurance and Private Pensions, 2007, 12 (3).

[141] Anja D. E. Waegenaereet al., Longevity Risk ［J］. De Economist, 2010, No. 2.

[142] Arbatli. Elif C. and Feher, Csaba and Ree, Jack and Saito, Ikuo and Soto, Mauricio. Automatic Adjustment Mechanisms in Asian Pension Systems ［R］. IMF Working Paper, 2016, No. 16 /242.

[143] Biffis, E. and D. Blake. Mortality – Linked Securities and Derivatives ［R］. Pensions Institute, Cass Business School, Discussion Paper, 2009, PI – 0829.

[144] Brown J. R. and Orszag P. R. The political Economy of Government – Issued Longevity Bonds ［J］. The Journal of Risk and Insurance, 2006, 73 (4).

[145] Blake D. , T. Boardman, A. Cairns and K. Dowd. Taking the Long View, Pensions Institute ［R］. Pensions Institute, Cass Business School, Discussion Paper, 2009, PI – 0909.

［146］ Blake, D., A. Cairns, K. Dowd, and R. MacMinn. Longevity Bonds: Financial Engineering, Valuation, and Hedging ［J］. Journal of Risk and Insurance, 2006, 73.

［147］ Blake, D. P., A. J. G. Cairns, and K. Dowd. The Birth of the Life Market, Asia – Pacific ［J］. Journal of Risk and Insurance, 2008, 3.

［148］ Bloom, David E., David Canning and Bryan Graham, Longevity and Life – Cycle Savings ［J］. Scandinavian Journal of Economics, 2003, 105 (3).

［149］ Biffis, E. and D. Blake. Securitizing and tranching longevity exposure ［J］. Insurance: Mathematics and Economics, 2010, 46.

［150］ Barrieu P., Bensusan H., El Karoui N., et al. Understanding, modelling and managing longevity risk: key issues and main challenges ［J］. Scandinavian actuarial journal, 2012 (3).

［151］ Biffis E., Blake D. Securitizing and tranching longevity exposure ［J］. Insurance: Mathematics and Economics, 2010, 46 (1).

［152］ Bisetti E., Favero C. A. Measuring the Impact of Longevity Risk on Pension Systems: The Case of Ital ［J］. North American Actuarial Journal, 2014, 18 (1).

［153］ Bongaarts J. Population Aging and the Rising Cost of Public Pensions ［J］. Population and Development Review, 2004, 30 (1).

［154］ Blake D., Mayhew L. On The Sustainability of the UK State Pension System in the Light of Population Ageing and Declining Fertility ［J］. The Economic Journal, 2006, 116 (512).

［155］ Blake D., Cairns A. and Dowd K. Living with Mortality: Longevity Bonds and Other Mortality – linked Securities ［J］. British Actuarial Journal, 2006, 12 (1).

［156］ Cowley A., Cummins J. D. Securitization of life insurance assets and liabilities ［J］. Journal of Risk and Insurance, 2005, 72 (2).

［157］ Chomik, R. and E. R. Whitehouse. Trends in Pension Eligibility Ages and Life Expectancy, 1950 – 2050 ［R］. Social, Employment and Migration Working Paper, 2010, No. 105.

［158］ Cox S. H., Lin Y. Natural hedging of life and annuity mortality risks ［J］. North American Actuarial Journal, 2007, 11 (3).

[159] Chan W. S. , Li J. S. H. , Li J. The CBD Mortality Indexes: Modeling and Applications [J]. North American Actuarial Journal, 2014, 18 (1).

[160] Coughlan G. , et al. q – Forwards: Derivatives for Transferring Longevity and Mortality Risk [R]. J P. Morgan, 2007.

[161] Dowd K. , D. Blake, A. J. G. Cairns, and P. Dawson. Survivor Swaps [J]. Journal of Risk and Insurance, 2006, 73.

[162] European Commission (DG ECFIN) and the Economic Policy Committee (AWG). The 2009 Ageing Report: Economic and Budgetary Projections for the EU – 27 Member States (2008 – 2060) European Economy [R]. Brussels, Tab. Graph. Ann, 2009.

[163] Gatzert N. , Wesker H. Mortality risk and its effect on shortfall and risk management in life insurance [J]. Journal of Risk and Insurance, 2012, 1.

[164] Holzmann R. , Stiglitz J. E. Y. New Ideas about Old Age Security: Toward Sustainable Pension in the 21st Century [M]. The World Bank, 2001.

[165] John A. Turner. Autopilot: Self – Adjusting Mechanisms for Sustainable Retirement Systems [R]. Society of Actuaries Policy Paper, April 2007.

[166] James M. Buchanan. Social Insurance in a Growing Economy: A Proposal for Radical Reform [J]. National Tax Journal, 1968.

[167] Lee, R. D. , A. Mason and T. Miller. Saving, Wealth and Population [D]. University of California at Berkeley, Processed, 1998.

[168] Li Hongbin, Jie Zhang, and Junsen Zhang. Effects of Longevity and Dependency Rates on Saving and Growth: Evidence from a Panel of Cross Countries [J]. Journal of Development Economics, 2007, 84 (1).

[169] Linfoot, A. Longevity Risk Financing – A Reinsurer's Perspective [C]. World Risk and Insurance Economics Congress, 25 – 29 July 2010.

[170] Lin Y, Cox S. H. Securitization of Mortality Risks in Life Annuities [J]. Journal of Risk and Insurance, 2005, 72 (2).

[171] Lee R. , Edwards R. The Fiscal Effects of Population Aging in the US: Assessing the Uncertainties in Tax Policy and the Economy [C]. MIT Press, 2002.

[172] Milevsky M. A. , David Promislow S. Mortality derivatives and the

option to annuitise [J]. Insurance: Mathematics and Economics, 2001, 29 (3).

[173] MacMinn R., Brockett P. and Blake D. Longevity Risk and Capital Markets [J]. The Journal of Risk and Insurance, 2006, 73 (4).

[174] M. Martin Boyer, Oanna Mejza, Lars Stentoft. Measuring Longevity Risk: an Application to the Royal Canadian Mounted Police Pension Plan [J]. Risk Management and Insurance Review, 2014, Vol. 17, No. 1.

[175] Milevsky, M. A., Promislow, S. D., and Young, V. R. Killing the Law of Large Numbers: Mortality Risk Premiums and the Sharpe Ratio [J]. Journal of Risk and Insurance, 2006. Vol. 73, No. 4.

[176] Michael Boskin, Laurence J. Kotlikoff and John Shoven. Personal Security Accounts: A Proposal for Fundamental Social Security Reform [M]. In Susan Wachter eds., Social Security and Private Pension: Providing for Retirement in 21st Century, Philadelphia: Lexington Books, 1988.

[177] Olivieri A. Uncertainty in Mortality Projections: An Actuarial Perspective [J]. Insurance: Mathematics and Economics, 2001, 29 (2).

[178] Olivieri, A. and E. Pitacco. Solvency Requirements for Pension Annuities [J]. Journal of Pension Economics and Finance, 2003, 2 (2).

[179] OECD. Pensions at a Glance 2017: OECD and G20 Indicators [M]. OECD Publishing, Paris. 2017.

[180] OECD. Linking Pensions to Life Expectancy [M]. in Pensions at a Glance 2011: Retirement-income Systems in OECD and G20 Countries, OECD Publishing, Paris. 2011.

[181] Stallard E. Demographic Issues in Longevity Risk Analysis [J]. The Journal of Risk and Insurance, 2006, 73 (4).

[182] Stevens, R., A. De Waegenaere, and B. Melenberg. Longevity Risk and Hedge Effects in a Portfolio of Life Insurance Products with Investment Risk [R]. Tilburg University, Working Pape, 2010.

[183] Tamm, K. and M. Kirova. Longevity Risk and Protection for Canada [R]. Swiss Re, Order no: 270_0211_en. 2011.

[184] Torben M. Andersen. Social Security and Longevity [R]. CESifo Working Paper, 2005, 1577.

[185] Torben M. Andersen. Increasing longevity and social security re-

forms – A legislative procedure approach [J]. Journal of Public Economics, 2008.

[186] Wang et al. An optimal mix for hedging longevity risk in life insurance companies: the immunization theory approach [J]. Journal of Risk and Insurance, 2010, 77 (2).

[187] Whitehouse, E. R. Life – Expectancy Risk and Pensions: Who Bears the Burden? [R]. Social, Employment and Migration Working Paper, OECD Publishing, Paris, 2007, No. 60.

[188] Xie, Z. Risk and Regulation-a Broader View on Their Consistency [J]. Annals of Actuarial Science, 2013, 7 (2).

[189] Zugic, R. , G. Jones, C. Yiasoumi, K. McMullan, A. Tacke, M. Held and B. Moreau. Longevity [C]. CRO Forum, 2010, order no: 1504320_10_en.

附录 1

两个基准情形下基本养老保险
参保人口及参保人口结构预测

附表 1－1　　　　　2012 年基准下的参保职工总人数　　　　单位：个

年份	总和	在职职工		退休职工	
		男性	女性	男性	女性
2017	361296921	157877336	110941379	38357671	54120535
2018	363661902	158676670	111367361	38780914	54836958
2019	365640207	159662429	111863317	38824525	55289936
2020	367253294	160236384	112059877	39093405	55863628
2021	368790671	161087618	111560061	39047611	57095380
2022	370168212	160498116	111189023	40360883	58120191
2023	371508196	158656547	109926831	42898114	60026704
2024	372680821	157400719	108720308	44760634	61799160
2025	373681440	155929888	107047033	46751001	63953518
2026	374611048	154357872	105455473	48809580	65988124
2027	375433630	153155772	103849974	50446310	67981574
2028	376097016	150815294	102278235	53139374	69864113
2029	376660442	148702771	100866726	55556787	71534158
2030	377138295	146098628	99595759	58420930	73022979
2031	377711643	143836899	98453447	60997541	74423756
2032	378360764	141753737	97746254	63437806	75422967
2033	379216438	139919738	96945390	65743433	76607877

续表

年份	总和	在职职工		退休职工	
		男性	女性	男性	女性
2034	380176060	138449466	96167712	67744060	77814823
2035	381265517	137284653	95714411	69504585	78761868
2036	382473117	136342784	95232498	71102962	79794873
2037	383740691	135934553	94281245	72201396	81323496
2038	385865993	135763594	94290473	73508380	82303546
2039	387911874	135427243	94318672	74929773	83236186
2040	389852141	135358332	94275330	76011049	84207430
2041	391636349	135181071	93545125	77103733	85806421
2042	393215899	134243286	92310298	78829741	87832574
2043	394556324	133874047	91332758	79842027	89507491
2044	395655646	133424751	90174789	80785584	91270523
2045	396472060	132753169	88849670	81781706	93087515
2046	397023210	131117253	89070625	83581775	93253558
2047	397328475	128851591	89411522	85863046	93202316
2048	397426470	126908940	89895397	87692749	92929384
2049	397335853	124782942	89578920	89589220	93384771
2050	397033529	122560182	89394875	91459695	93618776

附表 1-2　　　　2012 年基准下的四类参保职工人数　　　单位：个

年份	老人		老中人		新中人		新人	
	男性	女性	男性	女性	男性	女性	男性	女性
2017	4604381	11118394	8073931	13115347	104069583	77610652	79487112	63217521
2018	4078617	10374311	7626833	12825303	103164929	77196685	82587205	65808020
2019	3583596	9630108	7174287	12515945	102194035	76745966	85535037	68261234
2020	3121169	8888643	6717306	12186720	101154778	76255756	88336537	70592386
2021	2693563	8154139	6257371	11837147	100045923	75723333	91138372	72940822
2022	2300902	7426424	5798199	11468320	98865769	75145220	93894129	75269250

续表

年份	老人		老中人		新中人		新人	
	男性	女性	男性	女性	男性	女性	男性	女性
2023	1945193	6721234	5342422	11084548	97609829	74523725	96657217	77624029
2024	1626883	6041435	4892124	10683613	96276391	73857101	99365956	79937318
2025	1346361	5394874	4449241	10263361	94863359	73143654	102021928	82198663
2026	1100137	4781532	4015648	9822314	93369236	72382132	104682430	84457618
2027	887187	4206373	3595894	9361438	91792526	71570603	107326475	86693134
2028	703732	3668124	3193174	8881550	90129512	70706196	109928250	88886477
2029	548601	3168640	2810465	8384122	88381445	69787300	112519047	91060822
2030	422060	2716406	2449931	7870273	86549454	68812859	115098112	93219199
2031	316958	2300710	2113082	7341515	84634741	67782233	117769660	95452745
2032	232321	1926827	1802843	6805820	82639264	66690320	120517114	97746254
2033	164542	1589273	1520504	6269496	80561846	65529804	123416279	100164694
2034	109987	1286765	1267605	5737610	78406314	64297607	126409619	102660553
2035	71752	1030167	1043809	5214645	76174900	62991356	129498776	105240111
2036	41665	807426	848135	4704433	73871895	61608998	132684051	107906515
2037	18284	616698	680088	4211242	71503024	60150697	135934553	110626104
2038	0	455626	538227	3738663	69073097	58617153	139660650	113782577
2039	0	319535	406152	3289864	66589593	57011460	143361272	116933998
2040	0	215954	302978	2867426	64061496	55340210	147004907	120059170
2041	0	127124	218938	2472727	61499115	53609068	150566751	123142626
2042	0	59523	154799	2110135	58912798	51824472	154005429	126148742
2043	0	0	102079	1781976	56307945	49991160	157306050	129067113
2044	0	0	61818	1442513	53691169	48115493	160457347	131887305
2045	0	0	27432	1140339	51069264	46204952	163438178	134591894
2046	0	0	0	876338	48447942	44266374	166251086	137181471
2047	0	0	0	644447	45808917	42305803	168905721	139663588
2048	0	0	0	447093	43186313	40329334	171415376	142048353
2049	0	0	0	280452	40584560	38342050	173787602	144341188
2050	0	0	0	129756	38005733	36352102	176014144	146531792

附表 1 - 3　　　　　　2017 年基准下的参保职工总人数　　　　单位：个

年份	总和	在职职工		退休职工	
		男性	女性	男性	女性
2017	361344630	157886573	110943136	38382291	54132630
2018	363772560	158695210	111372705	38830381	54874263
2019	365829648	159690645	111874280	38898047	55366677
2020	367539994	160274162	112078422	39193465	55993945
2021	369192307	161134739	111587684	39176107	57293777
2022	370700795	160553221	111227517	40519436	58400622
2023	372172806	158718253	109974760	43089899	60389893
2024	373477100	157469675	108776832	44986200	62244394
2025	374609928	156005921	107110686	47012104	64481216
2026	375672542	154440829	105525563	49107624	66598527
2027	376629554	153246641	103925748	50782457	68674708
2028	377428646	150912103	102359026	53518824	70638692
2029	378130585	148805778	100952040	55982851	72389915
2030	378750726	146206476	99685437	58898330	73960484
2031	379469160	143950014	98546717	61529906	75442523
2032	380266350	141872072	97844126	64028508	76521644
2033	381276351	140043626	97046761	66397998	77787967
2034	382394755	138579121	96272232	68466801	79076601
2035	383649766	137420806	95822350	70301238	80105372
2036	385030467	136484561	95343110	71981769	81221026
2037	386480980	136083865	94392358	73170235	82834522
2038	388797417	135918918	94403356	74576541	83898601
2039	391043089	135588046	94433421	76107486	84914136
2040	393190885	135525629	94391575	77306071	85967610
2041	395186152	135354878	93661443	78522438	87647393
2042	396980972	134420470	92423683	80381022	89755797
2043	398539018	134057811	91443747	81528626	91508833

续表

年份	总和	在职职工		退休职工	
		男性	女性	男性	女性
2044	399860074	133616383	90280840	82613939	93348913
2045	400897019	132952089	88949669	83755012	95240249
2046	401670825	131320783	89170195	85708521	95471325
2047	402200539	129053712	89511691	88153770	95481367
2048	402527938	127110726	89996947	90154358	95265907
2049	402671025	124978928	89678162	92231757	95782178
2050	402604164	122747902	89492342	94291453	96072466

附表 1-4　　　2017 年基准下的四类参保职工人数　　　单位：个

年份	老人		老中人		新中人		新人	
	男性	女性	男性	女性	男性	女性	男性	女性
2017	4611091	11124716	8080979	13118122	104087971	77614933	79488823	63217995
2018	4090856	10392970	7640690	12834015	103203261	77210447	82590785	65809536
2019	3600008	9666754	7194455	12534189	102253527	76775498	85540701	68264516
2020	3141614	8947787	6744093	12218227	101237555	76308091	88344365	70598261
2021	2717929	8239130	6291093	11885771	100153594	75806318	91148230	72950242
2022	2327963	7539351	5838380	11537920	99000099	75267568	93906215	75283301
2023	1973935	6857638	5388692	11175362	97773630	74688461	96671895	77643192
2024	1656234	6196381	4943843	10795671	96472184	74067068	99383614	79962106
2025	1375427	5563693	4505699	10396667	95093871	73401867	102043029	82229674
2026	1128066	4959749	4075943	9976880	93636963	72691915	104707480	84495546
2027	913369	4389663	3659130	9536896	92100501	71935168	107356099	86738730
2028	727727	3851944	3258550	9077024	90481436	71128246	109963214	88940505
2029	570060	3349098	2877072	8598649	88781206	70270018	112560291	91124191
2030	440860	2890806	2516721	8102647	87000503	69359525	115146722	93292943
2031	332927	2465672	2179093	7589981	85140967	68395636	117826933	95537951
2032	245487	2080260	1867000	7068108	83203613	67373276	120584481	97844126

续表

年份	老人		老中人		新中人		新人	
	男性	女性	男性	女性	男性	女性	男性	女性
2033	175008	1729549	1582040	6543583	81188949	66285203	123495627	100276392
2034	117783	1412290	1325674	6021074	79099476	65128141	126502990	102787328
2035	77378	1140909	1097819	5504534	76938231	63898997	129608616	105383281
2036	45299	902848	898059	4997772	74710531	62595931	132812442	108067586
2037	20070	696596	726107	4504985	72424058	61218610	136083865	110806689
2038	0	520277	580311	4029827	70081761	59767409	139833387	113984444
2039	0	369059	442568	3575325	67692241	58244165	143560724	117159006
2040	0	252274	334155	3143657	65262524	56653726	147235021	120309528
2041	0	150177	244531	2736535	62800030	55001269	150832756	123420855
2042	0	70861	175150	2358817	60313295	53292250	154313047	126457552
2043	0	0	117088	2013319	57807489	51529943	157661861	129409318
2044	0	0	71897	1644746	55289592	49719165	160868831	132265841
2045	0	0	32359	1312393	52762220	47867452	163912522	135010072
2046	0	0	0	1018012	50232682	45980745	166796623	137642763
2047	0	0	0	755821	47676278	44065443	169531204	140171795
2048	0	0	0	529165	45134057	42126418	172131027	142607271
2049	0	0	0	335023	42606914	40170117	174603770	144955201
2050	0	0	0	156303	40096649	38203336	176942707	147205169

附录 2

两个基准情形下基本养老保险
基金收支状况预测结果

附表 2-1　　　　　2012 年基准下的养老保险基金收支状况　　　　单位：亿元

年份	基金收入	基金总支出			当期结余	累计结余
		基础养老金	过渡性养老金	个人账户养老金		
2017	28095.83	15027.68	11726.14	1840.05	-498.04	35763.47
2018	30623.19	16618.76	12714.62	2085.79	-795.99	35682.76
2019	33408.40	18185.37	13652.93	2332.49	-762.39	35634.02
2020	36350.96	20013.30	14675.66	2632.48	-970.48	35376.21
2021	39491.83	22046.65	15700.45	2980.11	-1235.38	34848.35
2022	42500.74	24735.80	16953.19	3464.74	-2653.00	32892.33
2023	45376.42	28533.26	18531.83	4180.28	-5868.95	27681.22
2024	48557.14	32380.58	20001.69	4926.63	-8751.77	19483.08
2025	51822.48	36852.87	21529.47	5821.89	-12381.74	7491.00
2026	55294.66	41650.78	22969.10	6816.43	-16141.65	-8500.84
2027	58799.75	46658.97	24290.57	7883.54	-20033.32	-28534.16
2028	62247.48	52739.13	25699.14	9224.42	-25415.22	-53949.38
2029	65984.30	59115.84	26962.55	10666.67	-30760.77	-84710.15
2030	69831.63	66307.15	28157.67	12338.04	-36971.24	-121681.39
2031	74029.07	73693.21	29065.18	14104.61	-42833.93	-164515.31
2032	78298.76	81342.39	29847.11	15981.89	-48872.63	-213387.94
2033	82857.91	89685.46	30483.31	18079.16	-55390.03	-268777.97
2034	87816.61	98491.34	30943.63	20342.37	-61960.73	-330738.70
2035	93315.66	107335.04	31216.09	22728.49	-67963.95	-398702.65

续表

年份	基金收入	基金总支出			当期结余	累计结余
		基础养老金	过渡性养老金	个人账户养老金		
2036	99237.54	116715.84	31180.24	25266.91	-73925.45	-472628.10
2037	105067.56	126755.23	31064.42	28041.47	-80793.56	-553421.66
2038	111818.50	137255.15	30866.21	31017.86	-87320.72	-640742.38
2039	118927.01	148157.79	30578.90	34315.88	-94125.55	-734867.93
2040	126595.50	159989.73	30210.25	37799.42	-101403.90	-836271.83
2041	134291.58	172990.66	29660.33	41992.56	-110351.97	-946623.81
2042	140996.79	188482.76	29039.03	47097.93	-123622.93	-1070246.74
2043	148568.12	203176.89	28345.75	52222.95	-135177.48	-1205424.21
2044	156358.30	219268.63	27567.97	57715.14	-148193.44	-1353617.66
2045	164259.74	236710.35	26722.54	63769.56	-162942.71	-1516560.37
2046	173003.64	253369.23	25729.98	69758.60	-175854.16	-1692414.53
2047	180923.18	271713.05	24685.16	76072.96	-191547.99	-1883962.52
2048	189598.28	289853.22	23594.87	82837.81	-206687.63	-2090650.15
2049	197772.69	310754.23	22462.34	90973.84	-226417.71	-2317067.87
2050	206307.57	332527.59	21287.66	101247.97	-248755.66	-2565823.53

附表 2-2　　　　　　**2017 年基准下的养老保险基金收支状况**　　　　单位：亿元

年份	基金收入	基金总支出			当期结余	累计结余
		基础养老金	过渡性养老金	个人账户养老金		
2017	28096.98	15032.58	11729.92	1840.56	-506.07	35755.45
2018	30625.90	16631.04	12723.89	2087.07	-816.10	35654.45
2019	33413.22	18207.97	13669.74	2334.87	-799.36	35568.19
2020	36358.48	20050.39	14702.88	2636.44	-1031.24	35248.31
2021	39502.66	22103.01	15741.37	2986.22	-1327.94	34625.33
2022	42515.38	24817.58	17011.78	3473.84	-2787.82	32530.02
2023	45394.95	28646.20	18611.46	4193.32	-6056.03	27124.59
2024	48580.03	32529.78	20105.38	4944.50	-8999.63	18667.45
2025	51850.01	37044.97	21660.76	5845.79	-12701.51	6339.29

续表

年份	基金收入	基金总支出			当期结余	累计结余
		基础养老金	过渡性养老金	个人账户养老金		
2026	55327.23	41892.22	23131.16	6847.61	−16543.76	−10077.68
2027	58837.88	46957.13	24486.98	7923.44	−20529.67	−30607.35
2028	62291.16	53104.22	25934.14	9275.16	−26022.36	−56629.71
2029	66034.09	59558.46	27240.33	10730.43	−31495.13	−88124.84
2030	69887.77	66840.18	28482.64	12417.60	−37852.65	−125977.49
2031	74092.13	74328.31	29440.29	14202.65	−43879.12	−169856.62
2032	78369.44	82092.92	30276.10	16101.47	−50101.05	−219957.67
2033	82936.71	90569.27	30970.68	18224.34	−56827.59	−276785.26
2034	87904.26	99527.00	31493.33	20517.53	−63633.60	−340418.86
2035	93413.42	108542.00	31831.98	22938.46	−69899.02	−410317.87
2036	99345.70	118116.16	31864.69	25517.07	−76152.22	−486470.10
2037	105186.42	128376.32	31822.72	28338.43	−83351.05	−569821.15
2038	111948.86	139126.59	31702.87	31369.06	−90249.65	−660070.80
2039	119069.65	150311.50	31497.71	34729.99	−97469.54	−757540.35
2040	126751.81	162462.54	31213.85	38285.53	−105210.11	−862750.46
2041	134461.92	175812.17	30745.63	42561.03	−114656.92	−977407.37
2042	141177.63	191699.62	30204.97	47763.09	−128490.06	−1105897.43
2043	148762.57	206822.87	29590.03	52996.42	−140646.75	−1246544.19
2044	156566.46	223398.16	28883.90	58611.57	−154327.17	−1400871.35
2045	164481.31	241371.19	28104.36	64804.82	−169799.06	−1570670.42
2046	173241.79	258592.24	27167.44	70944.86	−183462.75	−1754133.17
2047	181173.76	277558.59	26171.40	77429.77	−199986.01	−1954119.17
2048	189863.55	296377.74	25122.77	84386.80	−216023.77	−2170142.94
2049	198045.07	318039.27	24024.17	92747.01	−236765.38	−2406908.32
2050	206585.16	340646.86	22873.89	103327.96	−260263.55	−2667171.87

后 记

本书是在我博士论文的基础上进一步修改完成的。回想博士论文写作历程，思绪万千，感悟良多，那一幕幕写作过程中的惆怅困顿、长时间凝视电脑而又百思不得其解的沮丧，以及豁然开朗如沐春风般的喜悦都还历历在目，让我深深体会到了学术之路，漫漫其修远。

感谢我的导师林义教授。林教授学识渊博，治学严谨，为人谦和，无论是多年前的硕士求学，还是成家后的博士求学，老师从不嫌我资质愚钝，始终给予我最大的指导与教诲，宽容与理解，不仅使我掌握了做学问的基本要领，更明白了做人的道理，能成为恩师的弟子深感荣幸。在博士论文的写作过程中，从选题到结构，从写作到修改，每一个环节都得到了导师的悉心指导，都花费了导师的无数心血和劳动。

感谢西南财经大学保险学院的各位老师，再次回到学院，见到你们备感亲切。感谢卓志教授、陈滔教授、丁少群教授、胡秋明教授、孙蓉教授、彭雪梅教授等各位尊敬的老师们，正是有了你们的授业和解惑，我才能够顺利完成学业。

感谢博士求学期间给予我关心、帮助和鼓励的同学和朋友们，与你们的思想交流和知识探讨，使我获得了诸多论文写作灵感，与你们一同度过的美好时光永远值得怀念。感谢云南财经大学金融学院各位领导和同事，感谢你们一直以来对我工作和学习的关心和支持。

最后，感谢我的家人，你们的默默奉献和理解是推动我求学路上不断前行的动力，感谢你们在我求学最困难的时候给予我最大的鼓励和信心，感谢我的宝贝王子周小朋友，是你给妈妈带来了最大的勇气、欢笑和希望！

囿于作者学识能力所限，书中可能存在疏漏之处，恳请读者批评指正。

2020 年 6 月